Toma de decisiones práctica
Una introducción al
Proceso Jerárquico Analítico (AHP) usando
Super Decisions v2 y v3

I0043785

Enrique Mu, PhD
Universidad de Pittsburgh

Milagros Pereyra-Rojas, PhD
Universidad de Pittsburgh

Enero 2020

Traducción
Margarita A. Delgado, PhD

1

Toma de decisiones prácticas: Una introducción al Proceso Jerárquico Analítico (AHP) usando *Super Decisions* v2 y v3. Primera Edición. Enrique Mu y Milagros Pereyra-Rojas. Primera Publicación 2020 por *MPR Trade,* Pittsburgh, PA. USA,

ISBN: 978-1-7345127-1-7

Derechos de Autor de la versión en Inglés

Translated from the English Editions:

Practical Decision Making - An Introduction to The Analytic Hierarchy Process (AHP) Using Super Decisions v3 by Enrique Mu and Milagros Pereyra-Rojas Copyright © Springer International Publishing AG 2018. All Rights Reserved.

Practical Decision Making - An Introduction to The Analytic Hierarchy Process (AHP) Using SuperDecisions 2.2 by Enrique Mu and Milagros Pereyra-Rojas Copyright © The Authors 2016. All Rights Reserved.

Derechos de Autor de la versión en Español

Toma de Decisiones Practicas: Una Introducción al Proceso Jerárquico Analítico (AHP) Usando Super Decisions v2 y v3. Enrique Mu and Milagros Pereyra-Rojas, 2019, Pittsburgh, PA. USA. Derechos de Autor: Enrique Mu and Milagros Pereyra-Rojas.

Descargo de responsabilidad

La información en este libro es correcta y completa a lo mejor de nuestro conocimiento. Aún así, los autores y la editorial se eximen de cualquier responsabilidad en relación con la precisión y el uso de esta información.

Prólogo a la primera edición en español

El campo de la toma de decisiones de AHP está en continuo desarrollo. Recientemente, la Fundación *Creative Decisions* ha lanzado su nuevo Super Decisions v3. Esta versión diverge drásticamente de las versiones anteriores. Creative Decisions Foundation ha anunciado su intención de mantener en funcionamiento ambas versiones (v2 y v3). Mientras que Super Decisions v2 tiene características gráficas atractivas, Super Decisions v3 ofrece una interfaz fácil, en particular para los modelos de puntajes. La falta de libros de texto adecuados de AHP en Español nos convenció de la necesidad de preparar un libro completo para enseñar AHP usando Super Decisions v2 o v3, dado que consideramos que ambas versiones serán necesarias dependiendo de la tarea específica.

Enrique Mu & Milagros Pereyra-Rojas
Pittsburgh, Enero 2020

Agradecimientos

Este libro no hubiera sido posible sin la asistencia de la Dra. Elena Rokou, Jefa de Investigación de la Creative Decisions Foundation y desarrolladora de la nueva versión de Software Super Decisión v3. La Dra. Rokou ayudó generosamente a los autores con la laboriosa tarea de familiarizarse con una nueva versión del software durante su prueba beta y cuando la documentación del software aún era incipiente. Asimismo, la Sra. Rozann Saaty, vicepresidenta de la Fundación de Decisiones Creativas, fue muy alentadora, como es habitual, con nuestra iniciativa y, finalmente, el Dr. Thomas Saaty, (1926 – 2016) quien nos recibió calurosamente en sus clases, donde pudimos hacer un seguimiento del uso de la nueva versión del software en su curso. Él nunca dejó de inspirarnos hasta su penoso fallecimiento.

Prólogo a la primera edición en Inglés

Desde la histórica publicación de "Toma de decisiones para líderes" por Thomas L. Saaty en 1980, ha habido varios libros sobre el tema. Algunos de ellos tratan sobre la teoría del Proceso Jerárquico Analítico (AHP) y otros discuten sus aplicaciones. La pregunta es si se necesita un nuevo libro sobre AHP y por qué. La respuesta se basa en nuestra propia experiencia como académico y profesional de la metodología AHP.

En primer lugar, el AHP apareció como una metodología intuitiva y matemáticamente simple en el campo de la toma de decisiones de múltiples criterios en la investigación de operaciones (OR). Es por esta razón que la mayoría de los libros de AHP asumen que el lector tiene conocimientos básicos de matemática para OR. Incluso los libros que pretenden ser extremadamente simples de entender, generalmente exigen del lector "álgebra lineal básica y familiaridad con los vectores" como requisito previo. A decir verdad, estos libros son muy fáciles de entender si tiene los antecedentes matemáticos requeridos. Sin embargo, el problema comienza cuando intentamos enseñar AHP a los responsables de toma de decisiones fuera del campo OR. La simplicidad de AHP sugiere que los responsables de toma de decisiones de todas las disciplinas pueden aprovechar la metodología si pueden aprenderla sin tener que lidiar con la jerga matemática (no importa lo simple que sea para un profesional de OR).

Enseñar los fundamentos y aplicaciones de AHP a estudiantes que no se especializan en la investigación de operaciones requiere un enfoque diferente del que ofrecen los libros tradicionales. De manera similar, al explicar y enseñar el método AHP a los ejecutivos corporativos, queda claro que estos profesionales están en la mejor posición para aprovechar el método AHP, pero al mismo tiempo carecen del tiempo o el interés para aprender las matemáticas en las que se basa . Se necesita un enfoque que les brinde una rápida comprensión del método y, lo que es más importante, que aprendan lo suficientemente bien como para usarlo en sus decisiones de negocios.

El objetivo de este libro es satisfacer esa necesidad. Este manual proporciona una comprensión rápida e intuitiva de la metodología utilizando ejemplos de hojas de cálculo y explica paso a paso cómo usar el método utilizando Super Decisions, un software disponible de forma gratuita y desarrollado por Creative Decisions Foundation. El nivel de matemáticas utilizado en este libro es del nivel de escuela secundaria y hemos evitado usar términos sofisticados para que el procedimiento sea fácil de entender. Este libro se basa en 15 años de experiencia practicando y enseñando AHP a ejecutivos y estudiantes que no se especializan en la investigación de operaciones, y se basa en notas de clase desarrolladas para este propósito a lo largo de estos años. Por esta razón, también estamos en deuda con nuestros estudiantes de AHP por inspirarnos a escribir este libro.

Pittsburgh   Enrique Mu
Marzo 2016   Milagros Pereyra-Rojas

Agradecimientos
(1ª edición en Inglés)

Un libro introductorio sobre el Proceso Jerárquico Analítico (AHP, por sus siglas en inglés) no hubiera sido posible sin la creación de esta metodología. El primer autor ha sido bendecido con la oportunidad de trabajar y ser asesorado por el propio creador de AHP, el Dr. Thomas Saaty, y por esta razón está muy agradecido. Además, el trabajo conjunto con Rozann Whitaker en International Journal and Symposium of the Analytic Hierarchy Process (IJAHP / ISAHP, Revista y Simposio Internacional del Proceso Jerárquico Analítico) ha sido inestimable para permitirnos comprender la necesidad de difundir la parte práctica de AHP a las personas potencialmente interesadas en su uso. También, agradecemos a Heriberto Ortega, un estudiante apasionado de AHP, que revisó los ejemplos, y a Emily Shawgo, que fue clave para el desarrollo del material complementario. Finalmente, sin los estudiantes y profesionales de AHP, no habría habido la necesidad ni la motivación de escribir nada y por esta razón merecen crédito por dar vida a este libro.

Tabla de Contenidos

Como usar este Libro

Este libro provee una simple y rápida introducción a la teoría y practica del Proceso Jerárquico analítico (AHP por sus siglas en Ingles) y ha sido dividido en una forma modular para propósitos prácticos.

Si usted esta interesado en la teoría y practica de AHP usando Super Decisions v2, lea este libro en la secuencia provista por la tabla de contenidos; es decir, del capitulo 1 and capitulo 10, donde el nivel básico esta constituido por los capítulos 1 – 3, nivel intermedio por los capítulos 4 – 7 y el nivel avanzado por los capítulos 8 – 10. Usted también puede beneficiarse de la lectura de los apéndices A y B aunque estos son opcionales e independientes del software usado.

Si usted esta interesado en la teoría y practica de AHP usando Super Decisions v3, lea el libro en la siguiente secuencia: Capítulos 1, 2 y 11 para el nivel básico (salte el capitulo 3), seguido de los capítulos 12, 5, 13 y 7 para el nivel intermedio (salte capítulos 4 & 6). El nivel avanzado es común a todas las versiones de software y esta constituido por los capítulos 8, 9 y 10. También se puede beneficiar de los apéndices A y B aunque, como se menciono anteriormente, so opcionales e independientes del software.

Si usted prefiere familiarizarse con los fundamentos de la teoría del AHP únicamente, sin enfocarse en ningún software en particular, usted puede leer los capítulos 1, 2, 5, 7, 8, 9 & 10. Si desea profundizar un poco mas en las bases matemáticas del AHP, puede leer el apéndice B.

Si usted esta familiarizado con la teoría de AHP y desear usar este libro como una introducción practica al software Super Decisions v2, usted puede saltar directamente al capitulo 3 (desarrollo de modelos), seguido por el capitulo 4 (añadiendo sub-criterios) y capitulo 6 (modelos de puntaje). El apéndice A es conveniente dado que se relaciona con aspectos prácticos del uso del AHP.

Si usted esta familiarizado con la teoría del AHP y desea usar este libro como una introducción practica al software Super decisions v3, usted puede saltar directamente a los capítulos 11, 12 y 13 para este propósito. El apéndice A es también conveniente dado que trata con aspectos prácticos del uso del AHP.

Como puede ver, estamos tratando de honrar nuestro compromiso de hacer que este libro sea una introducción practica y útil a las necesidades de nuestros diferentes lectores.

Parte I: Nivel Básico

Capítulo 1:¿Por qué se necesita otra metodología de toma de decisiones?

Enrique Mu[a*,1] and Milagros Pereyra-Rojas[b,2]

[a] Carlow University, Pittsburgh, PA, USA
[b] University of Pittsburgh, Pittsburgh, PA, USA
[1] Email: muex@carlow.edu.
[2] Email: milagros@pitt.edu.

Sinopsis

Henry Mintzberg definió tres tipos de rol gerencial: interpersonal, informacional y decisional (1989). El rol informacional se refiere a la habilidad del gerente de ser una figura representativa, motivacional, y un vínculo con el público (por ejemplo, Steve Jobs en Apple). El tipo informacional se refiere al rol del gerente como bróker y diseminador de información. El rol decisional se refiere al poder y la habilidad de tomar decisiones.

Si bien Mintzberg argumenta que diferentes gerentes tienen diferentes habilidades relativas a su rol, también subraya que los gerentes tienen la habilidad y el poder de encausar a sus organizaciones hacia acciones que conducirán a resultados exitosos o funestos. Basándonos en esta aseveración, ser capaz de tomar decisiones de manera efectiva es una habilidad fundamental tanto para gerentes como para líderes. Al fin y al cabo, serán las decisiones correctas o incorrectas las que conduzcan a una firma al éxito o al fracaso. Y esto es cierto tanto a nivel organizacional como a nivel individual.

1.1 La necesidad de metodologías para toma de decisiones

El modelo de toma de decisiones más popular a nivel individual fue el propuesto por Simon (1960). Este define la toma de decisiones como un proceso que incluye los pasos de: inteligencia, diseño, selección e implementación. La etapa de *inteligencia* está asociada a la pregunta: ¿Cual es la decisión que enfrentamos? La etapa de *diseño* permite proponer alternativas y criterios para evaluarlos, mientras que la etapa de selección consiste en aplicar los criterios propuestos para escoger la mejor o mejores alternativas al problema. La última etapa consiste en *implementar* la alternativa seleccionada.

Este modelo, al igual que otros modelos similares, asume que los individuos son procesadores de información racionales que buscan maximizar los beneficios de sus decisiones (comportamiento económico). Sin embargo, estas suposiciones han sido fuertemente cuestionadas en años recientes (Camerer 1994). Experimentos en psicología cognitiva han demostrado que los individuos son víctimas fáciles de una serie de sesgos tales como el fenómeno de *enmarcamiento* (cambiar la manera en que una decisión es presentada – por ejemplo, como ganancia o pérdida – hace que los individuos cambien de opinión), *anclaje* (la decisión del individuo se ve influenciada por la información que se le muestra primero), y muchos otros sesgos cognitivos (Kahneman 2011).

Por ejemplo, si se presentan dos proyectos de inversión a un grupo de personas, uno en que la probabilidad de perder la inversión es de 20% y otro en que hay un 80% de probabilidad de tener ganancias; las personas preferirán invertir en el segundo proyecto, aunque ambos tienen el mismo riesgo (20% de probabilidad de perder y 80% de probabilidad de ganar). Este es un ejemplo del fenómeno de preferencia basado en el marco de referencia (enmarcamiento). En general, los humanos nos sentimos más inclinados hacia propuestas que se presentan en términos positivos (por ejemplo, ganancias) en comparación a aquellas que se presentan en términos negativos (en el ejemplo citado, pérdidas).

En otros estudios se ha encontrado que si se le pide a un grupo de individuos calcular la siguiente operación: 2 x 3 x 4 x 5 x 6 x 7 x 8 x 9, y a otro grupo compuesto por individuos de similar edad, educación, etc. que calcule el resultado de 9 x 8 x 7 x 6 x 5 x 4 x 3 x 2, el primer grupo, en general, calcula resultados más bajos que el segundo grupo. Esto se debe a que las personas se ven influenciadas por los primeros números que se les muestra. Este fenómeno se llama anclaje; de alguna manera el cálculo de la persona es definido o "anclado" por lo que se le muestra primero.

Estos estudios prueban que los seres humanos no somos procesadores de información fríos y calculadores. El hecho de que los individuos puedan escoger alternativas independientemente de su beneficio económico no dice bien de los individuos en su rol de *homo economicus*.

Desafortunadamente, estos sesgos cognitivos no ocurren sólo en casos aislados, de hecho, su influencia constante en decisiones financieras, políticas, sociales y profesionales ha quedado ampliamente demostrada (Piatelli-Palmerini 1994). Por ejemplo, en 1982, McNeil, Sox y Tversky sometieron a un grupo selecto de médicos en los Estados Unidos a una prueba. Usando datos clínicos reales, estos investigadores demostraron que los doctores son tan propensos a cometer errores basados en el marco referencial de la decisión (error de enmarque) como cualquier otra persona. Si se le informaba a los doctores que había una expectativa de mortalidad de 7% para las personas que se sometían a una cierta intervención quirúrgica, dudaban en recomendarla. Si, por otro lado, se les decía que había un 93% de chance de sobrevivencia de la operación, estaban mas inclinados a recomendar el procedimiento quirúrgico a sus pacientes.

Si esto sucede con profesionales médicos, ¿qué se puede esperar del resto de nosotros? Si bien hay varios casos de decisiones individuales erradas con resultados fatales, las decisiones grupales no han corrido mejor suerte. A nivel grupal, decisiones desastrosas, tales como la invasión de la Bahía de Cochinos (también conocida como Playa Girón) bajo el mando del Presidente Kennedy, o la locura de inversiones en compañías de Internet también han sido atribuidas a problemas asociados con sesgos cognitivos en la toma de decisiones. Sin lugar a dudas, hay necesidad de metodologías para toma de decisiones que puedan ayudar a minimizar los sesgos e incrementar la probabilidad de tomar decisiones eficientes.

Una de las razones por las que hay interés en el trabajo en grupos en organizaciones modernas es precisamente por la posibilidad de minimizar los sesgos cognitivos y obtener una sinergia de participación grupal. Sin embargo, no se ha probado que ésta sea la solución definitiva a los problemas en la toma de decisiones. La psicología organizacional ha demostrado que como parte de un grupo, las personas individuales están expuestas a diversos problemas que dificultan las decisiones grupales (Forsyth 2013). Entre los sesgos cognitivos grupales cabe mencionar el *pensamiento de grupo* (groupthinking), que consiste en el deseo del individuo de no actuar (o decidir) de manera diferente de lo que parece ser el consenso del grupo (Janis 1972). Otro sesgo grupal es causado por un *desbalance de poder* que hace que los miembros del grupo con menos poder e influencia traten de no antagonizar a aquellos con mayor poder en el grupo, etc.

1.2 Metodologías de Toma de Decisiones

Posiblemente el método más conocido para toma de decisiones, descrito por Benjamin Franklin en una carta a Joseph Priestley, es el conocido como la lista de Pros y Contras. En este método se formula el problema claramente, se proponen soluciones posibles alternativas, y se establecen los pros y contras de cada una. Luego, según la importancia de cada factor PRO/CONTRA y cómo éste puede ser intercambiado con los otros (por ejemplo, el beneficio/satisfacción de un PRO específico puede ser cancelado por el costo/dolor de dos CONTRAS específicos), la mejor alternativa se determina en base al resultado neto del intercambio de PROS y CONTRAS.

A pesar de sus limitaciones, este método representa una gran mejora con respecto a simplemente tomar decisiones en base a nuestra intuición. Las ventajas de este método (así como de la mayoría de métodos de toma de decisiones en general) consisten en permitir: primero, la estructuración de un problema que a primera vista no parece susceptible de ser estructurado; y segundo, permite compartir los criterios decisorios con otras personas para obtener más ideas y opiniones. El método mencionado funciona bien para problemas simples pero tiene la desventaja de no ser capaz de cuantificar con precisión la importancia relativa de cada factor a ser intercambiado. Además el proceso se complica cuando el número de alternativas y factores es muy grande. Por ende, se necesita un método mejor.

Hay varios métodos de toma de decisiones pero la mayoría requiere entrenamiento especifico en áreas tales como economía, investigación de operaciones, probabilidad, etc. Sin embargo, lo que se necesita es una metodología que pueda ser aplicada de manera más natural por las personas responsables de la toma de decisiones.

El Proceso Analítico Jerárquico (Analytic Hierarchy Process, AHP por sus siglas en inglés) desarrollado por el profesor Thomas Saaty en 1980 permite estructurar la decisión jerárquicamente (para reducir su complejidad) y mostrar relaciones entre objetivos (o criterios) y las posibles alternativas. Tal vez la mayor ventaja de este método sea el permitir la inclusión de intangibles, tales como nuestra experiencia, preferencias subjetivas e intuición, de una manera lógica y estructurada.

La popularidad de este método ha crecido desde su implementación como software de computadora a mediados de los 80 y el desarrollo de sistemas de soporte para decisión grupal como, por ejemplo, *Decision Lens* (Decision Lens 2015). El Proceso Analítico Jerárquico AHP ha sido usado por instituciones en más de 50 países en todo el mundo y en el software *Super Decisions* (Super Decisions 2015), que se encuentra disponible, sin costo, de la *Fundación para Decisiones Creativas* (*Creative Decisions Foundation*) y permite la aplicación de la metodología AHP (Creative Decisions Foundation 2015). La *Fundación para Decisiones Creativas* y el software *Super Decisions* dan información sobre los últimos desarrollos y novedades sobre el método y sus aplicaciones.

1.3 Conclusión

El Proceso Analítico Jerárquico (conocido como AHP por sus siglas en inglés) ha sido ampliamente discutido y utilizado desde su aparición oficial (Saaty 2012). Aunque ha habido varias objeciones relacionadas a algunos aspectos de la práctica y teoría del AHP (ver, por ejemplo, Brunelli 2015), éstas han sido discutidas hasta el punto que AHP se ha constituido en uno de los métodos de múltiples criterios para toma de decisiones más extensamente usados a nivel mundial debido a su nivel intuitivo y rigor matemático. Desde sus orígenes en la academia y el gobierno, hasta su uso por parte de empresas listadas en Fortune 500, AHP se ha convertido en parte de las herramientas esenciales de los gerentes y líderes modernos.

Referencias

Brunnelli, M. (2015). *Introduction to the Analytic Hierarchy Process*. Springer.

Camerer, C. (1994). En J. H. Hagel & A. Roth (Eds.), *Handbook of Experimental Psychology*. New Jersey: Princeton University Press.

Creative Decisions Foundation. (2015). Creative Decision Foundation. Recuperado de http://www.creativedecisions.net.

Decision Lens. (2015). Decision Lens. Recuperado de http://www.decisionlens.com.

Forsyth, D. R. (2013). *Group Dynamics*. Sixth Edition. Wadsworth Publishing.

Janis, I. L. (1972). *Victims of Group Thinking*. Boston, MA: Houghton-Mifflin.

Kahneman, D. (2011). *Thinking Fast and Slow*. N.Y: Farrar, Straus and Giroux.

Mintzberg, H. (1989). *Mintzberg on Management: Inside Our Strange World of Organizations*. N.Y: The Free Press.

Piattelli-Palmerini, M. (1994). *Inevitable Illusions: How Mistakes of Reason Rule Our Minds*. N.Y: John Wiley & Sons.

Saaty, T. L. (2012). *Decision Making for Leaders: The Analytic Hierarchy Process for Decisions in a Complex World*. Third revised edition. Pittsburgh: RWS Publications.

Simon, H. A. (1960). *The New Science of Management Decision*. N.Y: Harper & Row.

Super Decisions. (2015). Super Decisions. Recuperado de https://www.superdecisions.com

Capítulo 2 : Comprendiendo el Proceso Analítico Jerárquico (AHP)

Enrique Mu[a*,1] and Milagros Pereyra-Rojas[b,2]

[a] Carlow University, Pittsburgh, PA, USA
[b] University of Pittsburgh, Pittsburgh, PA, USA
[1] Email: muex@carlow.edu.
[2] Email: milagros@pitt.edu.

Sinopsis

En este capítulo explicaremos los fundamentos del Proceso Analítico Jerárquico (AHP). Para una introducción teórica al método, referimos al lector a la discusión original del AHP de Saaty (2012) o a Brunelli (2015). Los conceptos del AHP serán explicados desde un punto de vista práctico, usando ejemplos para mayor claridad.

Usaremos un ejemplo sencillo para explicar este método[1]: nuestro objetivo es comprar un auto nuevo. Nuestra compra está basada en varios criterios tales como costo, comodidad y seguridad (el lector puede pensar en muchos mas pero solo usaremos tres para propósito de esta ilustración). Podríamos evaluar varias alternativas pero asumamos que solo tenemos dos: Auto 1 y Auto 2. Para analizar la decisión de comprar un auto usando el AHP debemos seguir los siguientes pasos:

(1) Desarrollar un modelo para la decisión: descomponer la decisión en una jerarquía de objetivos, criterios y alternativas.
(2) Derivar prioridades (pesos) para los criterios: la importancia de los criterios se compara por pares con respecto al objetivo deseado para derivar los pesos. Luego podemos verificar la consistencia de los juicios; es decir, se hace una revisión de los juicios para asegurar un nivel de consistencia razonable en términos de proporcionalidad y transitividad.

Para desarrollar un modelo
https://www.youtube.com/watch?v=KOa8YCYDq0Q
Para derivar prioridades (pesos) de los criterios
https://www.youtube.com/watch?v=tlAU2kb8Ifk&t=25s
Para derivar prioridades locales (preferencias) para las alternativas
https://www.youtube.com/watch?v=neLQ5F0UnGA
Para derivar todas las prioridades
https://www.youtube.com/watch?v=esXjRJyiyFU

---

[1] Para este capítulo se recomienda que el lector siga los cálculos de este ejemplo usando una hoja de cálculo.

(3) Derivar prioridades locales (preferencias) para las alternativas: derivar prioridades o alternativas con respecto a cada criterio de manera separada (siguiendo un proceso similar al del paso anterior, es decir, comparando las alternativas por pares con respecto a cada criterio). Se verifica y ajusta la consistencia cuando es necesario.

(4) Derivar las prioridades generales (síntesis de modelo): se combinan todas las prioridades alternativas obtenidas como una suma ponderada (es decir, tomando en cuenta el peso de cada criterio) para establecer las prioridades generales de las alternativas. La alternativa con la prioridad general más alta constituye la mejor elección.

(5) Llevar a cabo el análisis de sensibilidad: se hace un estudio de cómo cambios en los pesos de los criterios pueden afectar el resultado para entender la lógica que subyace a los resultados obtenidos.

(6) Tomar una decisión final: basándose en los resultados de síntesis y el análisis de sensibilidad, se puede tomar una decisión.

Llegados a este punto, el lector se puede sentir un poco intimidado por términos como juicios, prioridades, comparación por pares, consistencia, etc. pero la discusión que presentamos a continuación aclarará estos temas.

2.1 Desarrollo de un Modelo

El primer paso en un análisis AHP es construir una jerarquía para la decisión. Esto también se llama modelo de decisión y consiste simplemente en crear una jerarquía para analizar la decisión.

El proceso analítico jerárquico (AHP) estructura el problema como una jerarquía. La Figura 2.1 muestra la jerarquía propuesta para nuestro ejemplo. Fíjese que el primer nivel de la jerarquía es nuestro objetivo; que en nuestro ejemplo es comprar un auto. El segundo nivel en la jerarquía está constituido por los criterios que usaremos para decidir la compra. En nuestro ejemplo hemos mencionado tres criterios: costo, comodidad y seguridad. El tercer nivel consiste en las alternativas disponibles.[2] En este caso: Auto 1 y Auto 2.

---

[2] Los criterios, alternativas y objetivos se conocen como elementos del modelo.

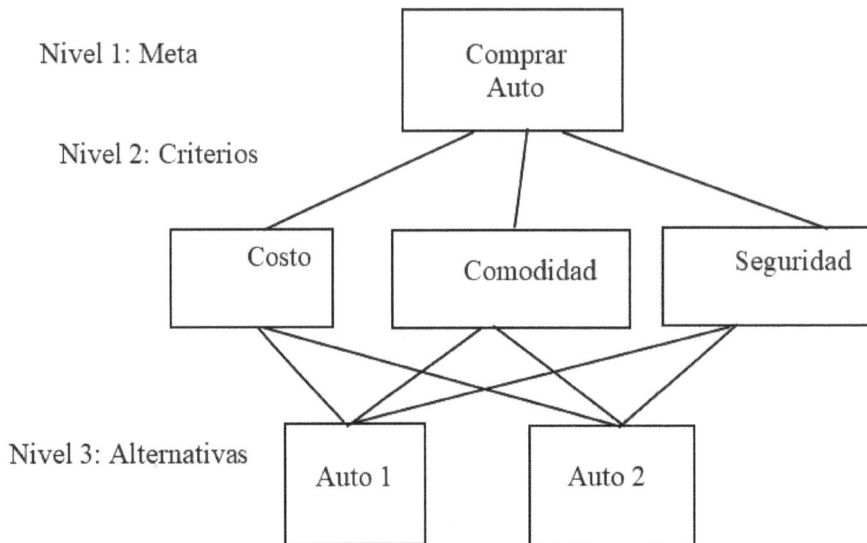

Nivel 1: Meta — Comprar Auto

Nivel 2: Criterios — Costo, Comodidad, Seguridad

Nivel 3: Alternativas — Auto 1, Auto 2

Fig. 2.1. Jerarquía de decisión para comprar un auto

Las ventajas de esta descomposición jerárquica son claras. Al estructurar el problema de esta manera es posible comprender mejor la decisión que se quiere lograr, los criterios a ser usados y las alternativas a ser evaluadas. Esta etapa es crucial y es aquí donde, en problemas más complejos, es posible pedir la participación de expertos para asegurar que se hayan considerado todas las alternativas y criterios posibles. También es importante notar que en el caso de problemas complejos puede ser necesario incluir niveles adicionales en la jerarquía tales como sub-criterios.

2.2 Derivación de Prioridades (Pesos) para los Criterios

No todos los criterios tienen la misma importancia. Es por ello que el segundo paso del proceso AHP consiste derivar prioridades relativas (pesos) para los criterios. Se denominan prioridades relativas porque las prioridades de criterios obtenidas se miden entre ellas como veremos en la siguiente discusión.

Es claro que para comprar un auto (como para otras decisiones), no todos los criterios tienen la misma importancia en un momento dado. Por ejemplo, un estudiante puede dar más importancia al factor costo que a la comodidad o seguridad, en tanto que un padre de familia puede darle más importancia al factor seguridad que a los otros. Evidentemente, la importancia o peso de cada criterio será diferente y por esta razón, primero debemos derivar la prioridad relativa de cada criterio con respecto a cada uno de los otros criterios por comparación por pares usando una escala numérica—desarrollada por Saaty (2012) para este propósito—que se muestra en la Tabla 2.1.[3]

---

[3] En esta tabla, los valores intermedios 2, 4, 6 y 8 se usan para situaciones de incertidumbre. Por ejemplo, cuando la persona que toma la decisión tiene dudas sobre si calificar una comparación de pares como "moderadamente más importante (3)" o "fuertemente más importante (5)," una solución posible es

Tabla 2.1 Escala de comparaciones por pares de Saaty

Juicio verbal	Valor numérico
Extremamente más importante	9
De *muy fuertemente* a *extremamente* más importante	8
Muy fuertemente más importante	7
De *fuertemente* a *muy fuertemente* más importante	6
Fuertemente más importante	5
De *moderadamente* a *fuertemente* más importante	4
Moderadamente más importante	3
De *igualmente* a *moderamente* más importante	2
Igualmente importante	1

Para llevar a cabo la comparación por pares es necesario crear una matriz comparativa con los criterios involucrados en la decisión, como se muestra en la Tabla 2.2.

Tabla 2.2 Matriz de comparaciones por pares de los criterios con respecto a la meta

Comprar un auto	Costo	Comodidad	Seguridad
Costo			
Comodidad			
Seguridad			

Cada celda en la matriz de comparación tendrá un valor de la escala numérica mostrada en la Tabla 2.1 para reflejar nuestra preferencia relativa (también llamada juicio de intensidad o, simplemente, juicio) en cada uno de los pares comparados. Por ejemplo, si consideramos que el costo es *fuertemente más importante* que el factor comodidad, la celda de comparación de costo-comodidad (es decir, la intersección de la fila 'costo' y la columna 'comodidad') contendrá el valor 7 como se muestra en la Tabla 2.3. Matemáticamente esto significa que la razón de la importancia del costo con respecto a la importancia de la comodidad es siete (costo/comodidad = 7). Por este motivo, la comparación opuesta, la importancia de la comodidad en relación a la importancia del costo, dará el recíproco de este valor (comodidad/costo = 1/7) como se muestra en la celda comodidad-costo en la matriz comparativa en la Tabla 2.3. La lógica es intuitivamente obvia. Por ejemplo, si en la vida cotidiana decimos que una manzana A es dos veces más grande que una manzana B (A/B = 2), esto implica que la manzana B es la mitad del tamaño de la manzana A (B/A = 1/2). De manera similar, si consideramos que el costo es *moderadamente más importante* que la seguridad (costo/seguridad = 3), pondremos 3 la celda costo-seguridad (usando la escala de la Tabla 2.1) y la celda seguridad/costo contendrá el recíproco 1/3 (seguridad/costo = 1/3). Finalmente, si sentimos que la seguridad es *moderadamente más importante* que la comodidad, la celda seguridad-comodidad contendrá el valor 3 y la celda comodidad-seguridad, tendrá el

---

calificarla como "De moderada a fuertemente más importante;" es decir, un 4.

recíproco 1/3. Una vez que hayamos ingresado todos estos juicios en la matriz de comparaciones por pares (Tabla 2.2) obtendremos los resultados que se muestran en la Tabla 2.3.

Tabla 2.3 Matriz de comparación por pares con juicios de intensidad

Comprar un auto	Costo	Comodidad	Seguridad
Costo	1	7	3
Comodidad	1/7	1	1/3
Seguridad	1/3	3	1

Observando la matriz de comparación por pares de la Tabla 2.3 verá que cuando la importancia de un criterio se compara consigo mismo—en este caso, costo versus costo, comodidad versus comodidad, seguridad versus seguridad—el valor ingresado es 1 que corresponde a la intensidad de 'igual importancia' en la escala de la Tabla 2.1. Esto es intuitivamente correcto porque la razón de la importancia de un criterio dado con respecto a la importancia de ese mismo criterio siempre será igual.

Llegados a este punto, puede apreciar una de las grandes ventajas del Proceso Analítico Jerárquico (AHP): su simplicidad natural. Al margen de cuántos factores estén involucrados en la toma de decisión, el método AHP sólo requiere comparar un par de elementos por vez; algo que, debido a nuestra anatomía de pares (por ejemplo, dos manos), hemos hechos por siglos. Otra ventaja importante es que permite la inclusión de variables tangibles (por ejemplo, el costo) así como de variables intangibles (la comodidad, por ejemplo) como criterios en la decisión. La matriz comparativa (Tabla 2.3) muestra las prioridades relativas por pares para los criterios. Ahora necesitamos calcular las prioridades globales o pesos para los criterios. Existen dos métodos disponibles para este propósito: el exacto y el aproximado.

Aunque no vamos a mostrar el *método exacto* en detalle aquí, la idea general es muy simple. Elevar la matriz de comparaciones a potencias (por ejemplo, elevar la matriz a la segunda potencia, elevar la matriz resultante a la segunda potencia nuevamente, y así sucesivamente) varias veces a fin de capturar todas las interacciones, sumando los valores de cada fila y dividiendo por el total de la suma de todas las filas. Este cómputo se puede hacer en una hoja de cálculo muy fácilmente usando paquetes de software basados en el método AHP.

Como nuestro propósito es explicar *grosso modo* los elementos del método AHP, preferimos usar, por su simplicidad, el *método aproximado* en nuestro ejemplo. Sin embargo, recuerde que este método proporciona una aproximación válida a los pesos globales sólo cuando la matriz comparativa tiene un nivel muy bajo de inconsistencia.[4]

El *método aproximado* requiere la normalización de la matriz de comparación por pares; es decir, añadir los valores a cada columna (Tabla 2.4).

---

[4] Más adelante explicaremos el tema de inconsistencia en nuestra discusión.

Tabla 2.4 Suma de columnas

Comprar un auto	Costo	Comodidad	Seguridad
Costo	1.000	7.000	3.000
Comodidad	0.143	1.000	0.333
Seguridad	0.333	3.000	1.000
Suma	1.476	11.000	4.333

Luego, se divide cada celda por el total de la columna (Tabla 2.5). La matriz normalizada se muestra en la Tabla 2.5.

Tabla 2.5 Matriz normalizada

Comprar un auto	Costo	Comodidad	Seguridad
Costo	0.677	0.636	0.692
Comodidad	0.097	0.091	0.077
Seguridad	0.226	0.273	0.231

De esta matriz normalizada obtenemos las prioridades finales o globales (Tabla 2.8) simplemente calculando el valor promedio de cada fila—por ejemplo, para la fila del costo: $(0.677 + 0.636 + 0.692)/3 = 0.669$).

Si bien no existe una forma estandarizada de presentar los resultados, mostrar la matriz comparativa con los juicios originales (Tabla 2.4) acompañada de las prioridades calculadas (obtenidas en la Tabla 2.6) es una forma útil de ver los juicios y prioridades al mismo tiempo, como se puede observar en la Tabla 2.7.

Tabla 2.6 Calculo de prioridades: promedios de fila

Comprar un auto	Costo	Comodidad	Seguridad	Prioridad
Costo	0.677	0.636	0.692	0.669
Comodidad	0.097	0.091	0.077	0.088
Seguridad	0.226	0.273	0.231	0.243

Tabla 2.7 Presentación de resultados: juicios originales y prioridades

Comprar un auto	Costo	Comodidad	Seguridad	Prioridad
Costo	1.000	7.000	3.000	0.669
Comodidad	0.143	1.000	0.333	0.088
Seguridad	0.333	3.000	1.000	0.243

De acuerdo a los resultados de la Tabla 2.7, es claro que—para este ejemplo—damos más importancia al criterio de costo (0.669), seguido de seguridad (0.243). El factor comodidad tiene un peso mínimo (0.088) en nuestra decisión de compra. Otra observación importante es que la comparación de criterios por pares, a través de preguntas como: para comprar su auto ¿qué es más importante, el costo o la comodidad?, nos permite derivar, basándonos en nuestras preferencias, las prioridades finales o pesos para los criterios. Es decir, las prioridades no se asignan aleatoriamente sino que son derivadas en base a nuestros juicios y preferencias. Estas prioridades tienen validez matemática, como valores de medición derivados de una escala de proporciones, y también tienen un interpretación intuitiva. Observe que al sumar las prioridades en la Tabla 2.7 se obtiene 1. Esto es porque estas prioridades son pesos relativos y por ende podemos interpretar que el costo tiene 66.9% de la importancia total (100%) de los criterios, seguido por la seguridad con 24.3% y comodidad con 8.8%.

2.3 Consistencia

Una vez ingresados los juicios, es necesario verificar que sean consistentes. El siguiente ejemplo da la mejor ilustración de la idea de consistencia: si usted prefiere una manzana el doble que una pera y una pera el doble que una naranja, ¿cuánto preferiría una manzana con respecto a una naranja? La respuesta matemáticamente consistente es 4. De manera similar, en los criterios de una matriz comparativa, si damos un valor de 2 al primer criterio en relación al segundo y asignamos un valor de 3 al segundo criterio con respecto al tercero, el valor de preferencia del primer criterio con respecto al tercero debería ser 2 x 3 = 6. Sin embargo, si quien toma la decisión ha asignado un valor tal como 4, 5 o 7, habría un cierto nivel de inconsistencia en la matriz de juicios. Se espera y permite un cierto nivel de inconsistencia en el análisis AHP.

Dado que los valores numéricos se derivan de las preferencias subjetivas de los individuos, es imposible evitar algunas inconsistencias en la matriz final de los juicios. La pregunta es qué tanta inconsistencia es aceptable. Para este propósito, AHP calcula una razón de consistencia (Consistency Ratio, CR) comparando el índice de consistencia (Consistency Index, CI) de la matriz en cuestión (es decir, la matriz que contiene nuestros juicios) con el índice de consistencia de una matriz aleatoria (Random-like matrix Index, RI). Una matriz aleatoria es aquella en que los juicios han sido ingresados de manera aleatoria y, por tanto, se espera un alto nivel de inconsistencia. Específicamente, RI es el promedio CI de 500 matrices llenadas aleatoriamente. En Saaty (2012) encontramos el valor RI calculado para matrices de diferentes tamaños como se muestra en la Tabla 2.8.

Tabla 2.8 Índices de consistencia para una matriz generada aleatoriamente

n	3	4	5	6
RI	0.58	0.9	1.12	1.24

En AHP la razón de consistencia se define como CR donde CR= CI/RI. Saaty (2012) ha demostrado que una razón de consistencia (CR) de 0.10 o menos es aceptable para continuar el análisis AHP. Si la ratio de consistencia es mayor a 0.10, es necesario revisar los juicios para encontrar la causa de la inconsistencia y corregirla.

Dado que el cálculo de la ratio de consistencia se puede realizar fácilmente con programas de computadora, aquí nos limitamos a producir el siguiente estimado de este valor:
   (a) Comenzar con la matriz que muestra las comparaciones de juicio y prioridades derivadas (Tabla 2.7), reproducida para mayor conveniencia en la Tabla 2.9.

Tabla 2.9 Priorización de resultados

Comprar un auto	Costo	Comodidad	Seguridad	Prioridad
Costo	1.000	7.000	3.000	0.669
Comodidad	0.143	1.000	0.333	0.088
Seguridad	0.333	3.000	1.000	0.243

(b) Uso de prioridades como factores (pesos) para cada columna como se muestra en la Tabla 2.10.

Tabla 2.10 Prioridades como factores

Comprar un auto	Costo	Comodidad	Seguridad
Peso de Prioridades ->	*0.669*	*0.088*	*0.243*
Costo	1.000	7.000	3.000
Comodidad	0.143	1.000	0.333
Seguridad	0.333	3.000	1.000

(c) Multiplique cada valor de la primera columna de la matriz de comparación en la Tabla 2.10 por el peso de prioridad correspondiente (por ejemplo, $1.000 \times 0.669 = 0.669$; $0.143 \times 0.669 = 0.096$; $0.333 \times 0.669 = 0.223$) como se muestra en la primera columna de la Tabla 2.11; multiplique cada valor en la segunda columna por el peso de prioridad correspondiente (en este caso, 0.088); continúe este proceso para todas las columnas de la matriz de comparación (en nuestro ejemplo tenemos tres columnas). La tabla 2.11 muestra la matriz que resulta de completar este proceso.

Tabla 2.11 Cálculo de columnas ponderadas

Comprar un auto	Costo	Comodidad	Seguridad
Costo	0.669	0.617	0.729
Comodidad	0.096	0.088	0.081
Seguridad	0.223	0.265	0.243

(d) Sume los valores de cada fila para obtener un grupo de valores (suma ponderada) como se muestra en la Tabla 2.12.

Tabla 2.12 Cálculo de suma ponderada

Comprar un auto	Costo	Comodidad	Seguridad	Suma ponderada
Costo	0.669	0.617	0.729	2.015
Comodidad	0.096	0.088	0.081	0.265
Seguridad	0.223	0.265	0.243	0.731

(e) Divida los elemento del vector de la suma ponderada (obtenida en el paso anterior) entre la prioridad correspondiente a cada criterio, tal como se muestra en la Tabla 2.13. Calcule el promedio de los valores del paso anterior; a este valor se le llama λ_{max}.

Tabla **2.13** Calculo de λ_{max}

Suma ponderada	Prioridad	
2.015/	0.669 =	3.014
0.265/	0.088 =	3.002
0.731/	0.243 =	3.005
	Total	9.021
	Divida el total entre 3 para obtener Lambda$_{max}$ =	3.007

$$\lambda_{max} = (3.014 + 3.002 + 3.005)/3 = 3.007.$$

(f) Ahora necesitamos calcular el índice de consistencia (CI) de la siguiente manera:

$$C.I. = (\lambda_{max\_}n)/(n-1)$$

donde n es el número de elementos comparados (en nuestro ejemplo, n = 3).
Por lo tanto,

$$CI = (\lambda_{max} - n)/(n-1) = (3.007 - 3)/(3-1) = \mathbf{0.004}$$

(g) Ahora podemos calcular la ratio de consistencia, definida como:

$$CR = CI/RI$$

Por lo tanto,

$$CR = CI/RI = 0004/0.58 = \mathbf{0.006}$$

CI es el índice de consistencia calculado en el paso anterior con el valor de 0.004. RI es el índice de consistencia promedio de un gran numero de matrices para comparación generadas aleatoriamente. Este valor está disponible al público en tablas compiladas para este propósito (Tabla 2.8). En otras palabras, RI es el índice de consistencia que se obtendría si los valores de juicio asignados fueran totalmente aleatorios. Es posible demostrar (esto excede el alcance de este libro) que el valor de RI depende del numero de elementos (n) que se está comparando (vea los valores esperados en la Tabla 2.8). Se puede ver que para n = 3, RI = 0.58. Usando estos valores para CI (índice de consistencia)]y RI (índice de consistencia de una matriz aleatoria), se puede calcular que

$$CR = 0.004/0.58 = 0.006$$

Dado que el valor de 0.006 para la proporción de inconsistencia CR es menor a 0.10, podemos asumir que nuestra matriz de juicios es razonablemente consistente, de modo que, podemos continuar con el proceso de toma de decisiones usando el AHP.

2.4 Derivación de Prioridades Locales (Preferencias) para las Alternativas

Nuestro tercer paso consiste en derivar las prioridades relativas (preferencias) de las alternativas con respecto a cada criterio. Dicho de otro modo, ¿cuáles son las prioridades de las alternativas con respecto al costo, comodidad , y seguridad respectivamente? Dado que estas prioridades son válidas sólo con respecto a cada criterio específico, se les llama prioridades locales para diferenciarlas de las prioridades globales que calcularemos más adelante.

Como hemos indicado, necesitamos determinar las prioridades de las alternativas con respecto a cada uno de los criterios. Con este fin, hacemos una comparación en pares (usando la escala numérica de la Tabla 2.1) de todas las alternativas, con respecto a cada criterio incluido en el modelo de la toma de decisiones. En un modelo con dos alternativas se requiere hacer sólo una comparación (Alternativa 1 con Alternativa 2) para cada criterio; un modelo con tres alternativas requerirá hacer tres comparaciones (Alternativa 1 con Alternativa 2, Alternativa 2 con Alternativa 3, alternativa 1 con Alternativa 3) para cada criterio; y así sucesivamente. Habrá tantas matrices de comparación alternativas como criterios.

En nuestro ejemplo, solo hay dos alternativas (Auto 1 y Auto 2) y tres criterios. Esto significa que habrá tres matrices de comparación que corresponderán a las tres comparaciones siguientes:

Con respecto al criterio de costo: compare el Auto 1 con el Auto 2
Con respecto al criterio de comodidad: Compare el Auto 1 con el Auto 2
Con respecto al criterio de seguridad: Compare el Auto 1 con el Auto 2.

Podemos realizar estas comparaciones a través de una serie de preguntas como se ilustra más adelante con respuestas de muestra.

Pregunta Comparativa 1: Con respecto al criterio de costo, ¿qué alternativa es preferible: Auto 1 o Auto 2?

Para nuestro ejemplo, asumamos que preferimos *muy fuertemente* (usando la escala en la Tabla 2.1) el auto 1. Esto significa que en la celda Auto 1 – Auto 2 (es decir, la celda donde intersectan la fila "Auto 1" y la columna "Auto 2") de nuestra matriz de comparación en relación a las alternativas de costo (Tabla 2.14), asignamos el valor de 7 (valor asignado usando la escala de la tabla 2.1) para reflejar nuestra preferencia. Similarmente, asignamos el reverso recíproco 1/7 en la celda Auto 2-Auto 1 de la tabla.

Tabla 2.14 Comparación con respecto al costo

Costo	Auto 1	Auto 2
Auto 1	1.000	7.000
Auto 2	0.143	1.000
Suma	1.143	8.000

Al normalizar la matriz y promediar las filas obtenemos las prioridades (o preferencias) para cada una de las alternativas (Tabla 2.15) con respecto al costo.

Tabla 2.15 Preferencia con respecto al costo

Costo	Auto 1	Auto 2	Prioridad
Auto 1	0.875	0.875	0.0875
Auto 2	0.125	0.125	0.125

Dado que estas prioridades se aplican solo al criterio de costo se les llama *prioridades locales* con respecto al costo. Los resultados se resumen para mayor conveniencia en la Tabla 2.16.

Tabla 2.16 Resultados con respecto al costo

Costo	Auto 1	Auto 2	Prioridad
Auto 1	1.000	7.000	0.875
Auto 2	0.143	1.000	0.125

Pregunta Comparativa 2: con respecto al criterio de comodidad ¿cuál alternativa es preferible: el Auto 1 o el Auto 2?

Asumamos que *preferimos fuertemente* el Auto 2 con respecto al Auto 1; es decir, asignamos el valor de 5 (usando la escala de la Tabla 2.1) a la celda Auto 2 – Auto 1 en nuestra matriz de comparación con respecto a las alternativas de comodidad y el reverso reciproco 1/5 en la celda Auto 1 – Auto 2 (ver Tabla 2.17).

Tabla 2.17 Comparación con respecto a la comodidad

Comodidad	Auto 1	Auto 2
Auto 1	1.000	0.200
Auto 2	5.000	1.000
Suma	6.000	1.200

Tabla 2.18 Preferencia con respecto a la comodidad

Comodidad	Auto 1	Auto 2	Prioridad
Auto 1	0.167	0.167	0.167
Auto 2	0.833	0.833	0.833

Los resultados se resumen en la Tabla 2.19

Tabla 2.19 Resultados con respecto a la comodidad

Comodidad	Auto 1	Auto 2	Prioridad
Auto 1	1.000	0.200	0.167
Auto 2	5.000	1.000	0.833

Para nuestro ejemplo, digamos que el Auto 2 es extremamente preferible al Auto 1 con respecto a este criterio. Estos juicios se ingresan numéricamente (usando la escala de la Tabla 2.1) en las celdas respectivas en la Tabla 2.20.

Tabla 2.20 Comparación con respecto a la seguridad

Seguridad	Auto 1	Auto 2
Auto 1	1.000	0.111
Auto 2	9.000	1.000
Suma	10.000	1.111

Al normalizar la matriz y promediar las filas obtenemos las prioridades (o preferencias) locales para cada una de las alternativas (Tabla 2.21) con respecto a la seguridad.

Tabla 2.21 Preferencias con respecto a la seguridad

Seguridad	Auto 1	Auto 2	Prioridad
Auto 1	0.100	0.100	0.100
Auto 2	0.900	0.900	0.900

Los resultados se resumen en la Tabla 2.22.

Tabla 2.22 Resultados con respecto a la seguridad

Seguridad	Auto 1	Auto 2	Prioridad
Auto 1	1.000	0.111	0.100
Auto 2	9.000	1.000	0.900

Tenga en cuenta que al haber sólo dos alternativas para comparar con respecto a cada criterio simplifica los cálculos con respecto a la consistencia. Cuando sólo hay dos elementos a comparar (en nuestro ejemplo, Auto 1 y Auto 2) las matrices de comparación respectivas (Tablas 2.14, 2.17 y 2.20) siempre serán consistentes (CR = 0). Sin embargo, si el numero de elementos de comparación por pares es 3 o más se debe verificar la consistencia.

Podemos resumir los resultados de este paso indicando que si nuestro único criterio fuera el costo, el Auto 1 sería nuestra mejor opción (prioridad = 0.875 en la Tabla 2.16); si nuestro único criterio fuera la comodidad, nuestra mejor opción sería el Auto 2 (0.900 de prioridad en la Tabla 2.22). Como indicamos anteriormente, las prioridades (preferencias) de las alternativas, con respecto a cada criterio, se llaman prioridades locales (o preferencias). El resumen de las prioridades locales para cada alternativa se muestra en la Tabla 2.23.

Tabla 2.23 Prioridades (o preferencias) Locales de las alternativas con respecto a cada criterio.

Alternativas	Costo	Comodidad	Seguridad
Auto 1	0.875	0.167	0.100
Auto 2	0.125	0.833	0.900

2.5 Cómo Derivar las Prioridades Globales (Síntesis del Modelo)

Hasta este punto hemos obtenido prioridades locales que indican la alternativa preferida con respecto a cada criterio. En este cuarto paso, necesitamos calcular la prioridad global (también llamada prioridad final)[5] para cada alternativa; es decir, las prioridades que toman en cuenta no solo nuestra preferencia de alternativas para cada criterio sino también el hecho de que cada criterio tenga un peso diferente. Dado que estamos usando todos los valores provistos en el modelo, este paso se denomina síntesis de modelo.

Empezamos el calculo de la prioridad global usando la prioridad local de cada alternativa como el punto de inicio (Tabla 2.23, repetida a continuación para mayor conveniencia como Tabla 2.24).

Tabla 2.24 Tabla de prioridades locales como base

Alternativas	Costo	Comodidad	Seguridad
Auto 1	0.875	0.167	0.100
Auto 2	0.125	0.833	0.900

Luego necesitamos tomar en consideración los pesos de cada criterio (de 2.8) y para este propósito los insertamos en la tabla como se muestra en la Tabla 2.25.

---

[5] Es habitual referirse a las prioridades globales (también llamadas generales o finales) de las alternativas cuando son calculadas con respecto a todo el modelo; es decir, después del proceso de síntesis.

Tabla 2.25 Preparación para pesar las prioridades

	Costo	Comodidad	Seguridad
Peso de Criterio ->	*0.669*	*0.088*	*0.243*
Auto 1	0.875	0.167	0.100
Auto 2	0.125	0.833	0.900

Por ejemplo, el criterio de costo tiene una prioridad (o peso) de 0.669 y el Auto 1 tiene una prioridad (o preferencia) local de 0.875 en relación al costo; por tanto, la prioridad de peso con respecto al costo del Auto 1 es: $0.669 \times 0.875 = 0.585$. Un calculo similar es necesario para obtener las prioridades ponderadas con respecto a los criterios de comodidad y seguridad. La matriz resultante se muestra en la Tabla 2.26. Finalmente, la prioridad global del Auto 1 se obtiene sumando los resultados de cada fila. Este procedimiento se repite para cada una de las alternativas que están siendo evaluadas. Las prioridades globales de las alternativas se muestran en la última columna de la derecha de la Tabla 2.26.

Tabla 2.26 Cálculo de las prioridades globales

	Costo	Comodidad	Seguridad	Prioridad Global
Peso de Criterio ->	*0.669*	*0.088*	*0.243*	
Auto 1	0.585	0.015	0.024	0.624
Auto 2	0.084	0.074	0.219	0.376

Los cálculos de cada alternativa se muestran a continuación y los resultados se presentan en la Tabla 2.27 siguiendo la convención de mostrar las prioridades locales (celdas) y los pesos de cada criterio (en la parte superior de cada columna). Este proceso se llama síntesis del modelo (ver Tabla 2.27).

Tabla 2.27 Síntesis del modelo

	Costo	Comodidad	Seguridad	Prioridad Global
Peso de Criterio ->	*0.669*	*0.088*	*0.243*	
Auto 1	0.875	0.167	0.100	0.624
Auto 2	0.125	0.833	0.900	0.376

Expresado de otra manera:

Prioridad global del Auto 1:
$0.875 \times 0.069 + 0.167 \times 0.088 + 0.100 \times 0.243 = 0.624$

Prioridad global del Auto 2:
$0.125 \times 0.069 + 0.833 \times 0.088 + 0.900 \times 0.243 = 0.376$

Ahora podemos hacer una lista de las alternativas ordenadas según su prioridad o preferencia global como sigue:

Alternativas	Prioridad Global
1. *Auto 1*	**0.624**
2. *Auto 2*	0.376

En otras palabras, dada la importancia (o peso) de cada criterio de compra (costo, comodidad y seguridad), el Auto 1 es preferible (prioridad global = 0.624) en comparación al Auto 2 (prioridad global = 0.376).

2.6 Análisis de sensibilidad

Las prioridades globales se verán marcadamente influenciadas por los pesos dados a los criterios respectivos. Es útil realizar un análisis "y si…" para ver cómo los resultados hubieran cambiado si los pesos de los criterios hubieran sido diferentes. Este proceso se llama análisis de sensibilidad y constituye el quinto paso de nuestra metodología AHP. El análisis de sensibilidad nos permite comprender cuán robusta es nuestra decisión original y cuales son los criterios claves (es decir, qué criterios tuvieron mayor incidencia en los resultados originales). Ésta es una parte importante del proceso y, en general, no debería tomarse ninguna decisión final sin realizar un análisis de sensibilidad.

Tome nota de que en nuestro ejemplo (Tabla 2.27), el costo es de gran importancia (prioridad 0.669) y dado que el Auto 1 tiene una alta prioridad local (0.875) para este criterio, indudablemente esto influencia el resultado final de manera favorable para el auto 1. Las preguntas que nos podemos hacer en esta etapa son: ¿cuál sería la mejor alternativa si cambiamos la importancia de los criterios? ¿Y si diéramos la misma importancia a todos los criterios? ¿Y si diéramos más importancia a la seguridad o la consideráramos tan importante como el costo? Y así sucesivamente.

Para realizar un análisis de sensibilidad es necesario cambiar los pesos de los criterios y ver cómo cambian las prioridades globales de las alternativas. A modo de ilustración analizaremos las siguientes situaciones hipotéticas: (a) cuando todos los criterios tienen el mismo peso y (b) ¿qué peso se necesita para que el criterio de costo produzca un empate en las prioridades globales de las alternativas? (Esta es una pregunta lógica dado que sabemos que el costo es muy importante en el análisis original y el Auto 1 puntúa muy alto en este criterio haciendo que, como consecuencia, el Auto 1 sea la mejor alternativa. La Tabla 2.28 es la síntesis del modelo original (Tabla 2.27) donde la opción preferible es el Auto 1 (0.624).

Tabla 2.28 Situación Original –síntesis del modelo

	Costo	Comodidad	Seguridad	Prioridad Global
Peso de Criterio ->	*0.669*	*0.088*	*0.243*	
Auto 1	0.875	0.167	0.100	0.624
Auto 2	0.125	0.833	0.900	0.376

La Tabla 2.29 muestra el caso en que todos los criterios tienen el mismo peso (0.333). En esta segunda situación hipotética, la mejor opción ya no es el Auto 1 sino el Auto 2 (0.619). Esto se debe a que el Auto 2 gana en todos los criterios excepto en el costo. Al bajar el peso del costo (de 0.669 en la situación original a 0.333), la desventaja en el costo no es tan notable.

Tabla 2.29 Situación hipotética: todos los criterios tienen el mismo peso

	Costo	Comodidad	Seguridad	Prioridad Global
Peso de Criterio ->	*0.333*	*0.333*	*0.333*	
Auto 1	0.875	0.167	0.100	0.380
Auto 2	0.125	0.833	0.900	0.619

Esto también sugiere que las alternativas intercambian preferencias cuando el peso del costo está en el rango de 0.333-0.669. Para calcular el punto de equilibrio podemos probar con diferentes pesos para el costo y encontraremos que cuando el costo pesa aproximadamente 0.5 de la importancia global del criterio, el Auto 1 y el Auto 2 tendrán la misma preferencia para propósitos prácticos. Es decir, ambas alternativas tienen la misma preferencia como se muestra en la Tabla 2.30.

Tabla 2.30 Situación hipotética: el peso del costo genera preferencias iguales para las alternativas

	Costo	Comodidad	Seguridad	Prioridad Global
Pesos de Criterio ->	*0.500*	*0.250*	*0.250*	
Auto 1	0.875	0.167	0.100	0.504
Auto 2	0.125	0.833	0.900	0.496

2.7 Cómo Tomar la Decisión Final

Una vez que se han completado los pasos anteriores es posible tomar una decisión. Esto constituye el último paso en nuestro análisis AHP. Para ello, es necesario comparar las prioridades globales obtenidas y ver si las diferencias son lo suficientemente grandes para hacer una elección clara. También es necesario analizar los resultados del análisis de sensibilidad (Tablas 2.28, 2.29 y 2.30). A partir de este análisis, podemos expresar nuestra recomendación final de la siguiente manera: si la importancia del costo es más de 50% de la importancia global del criterio en la decisión, la mejor alternativa es el Auto 1 (Tabla 2.28). Sin embargo, si la importancia del costo es mucho menos que 50%, el Auto 2 es la mejor decisión (de las Tablas 2.29 y 2.30).

2.8 Conclusión

Es importante tener en cuenta que, contrariamente a la creencia común, el sistema no determina la decisión que debemos tomar, sino que los resultados se deben interpretar como un esquema de las preferencias de las alternativas basado en el nivel de importancia obtenido para los distintos criterios tomando en consideración nuestros juicios comparativos. En otras palabras, la metodología AHP nos permite determinar cuál alternativa es más consistente con nuestros criterios y el nivel de importancia que les damos.

Si bien los cálculos AHP se pueden realizar usando hojas de cálculo electrónicas, la aparición de paquetes de software como Expert Choice (2015), Super Decisions (2015) y Decision Lens (2015) ha hecho que los cálculos matemáticos de AHP sean mucho más sencillos de realizar. Un estudio de los paquetes de software AHP actuales está más allá del alcance de este libro. Sin embargo, referimos al lector a Ishizaka y Nemery (2013) para un estudio parcial de los paquetes de software AHP disponibles.

Referencias

Brunnelli, M. (2015). Introduction to the Analytic Hierarchy Process. Springer.

Decision Lens. (2015). Decision Lens. Recuperado de http://www.decisionlens.com.

Expert Choice. (2015). Expert Choice. Recuperado de http://www.expertchoice.com.

Ishizaka, A., & Nemery, P. (2013). *Multi-criteria decision analysis: Methods and software*. West Sussex, UK: John Wiley and Sons.

Saaty, T. L. (2012). *Decision Making for Leaders: The Analytic Hierarchy Process for Decisions in a Complex World*. Third Revised Edition. Pittsburgh: RWS Publications.

Super Decisions. (2015). Super Decisions. Recuperado de http://www.superdecisions.co

Capítulo 3: Cómo construir Modelos AHP Usando Super Decisions v2

Enrique Mu[a*,1] and Milagros Pereyra-Rojas[b,2]

[a] Carlow University, Pittsburgh, PA, USA
[b] University of Pittsburgh, Pittsburgh, PA, USA
[1] Email: muex@carlow.edu
[2] Email: milagros@pitt.edu

Sinopsis

Super Decisions (Super Decisions, 2015) es un paquete de software que se desarrolló para el análisis, síntesis y justificación de decisiones complejas que se basa en la metodología del proceso analítico jerárquico (AHP).

Super Decisions (2015) es un paquete de software que se desarrolló para el análisis, síntesis y justificación de decisiones complejas que se basa en la metodología del proceso analítico jerárquico (AHP). Este programa de cómputo desarrollado como producto gratuito por la Fundación para Decisiones Creativas (Creative Decisions Foundation, 2015), ha hecho que la metodología AHP para toma de decisiones sea mucho más fácil de usar y ha ayudado a hacer que AHP se convierta en el método preferido por muchas organizaciones privadas y gubernamentales.

El propósito de esta sección no es enseñar todos los usos posibles de Super Decisions—que puede ser utilizado no solo para AHP sino también para su generalización como proceso de red analítica ANP (por sus siglas en inglés, Analytic Network Process) – sino ilustrar los fundamentos básicos del software cuando se aplica al análisis AHP para tomar decisiones. Para este fin, usamos la versión disponible más reciente de Super Decisions v2. También instamos a los lectores a leer el manual de Super Decisions (la sección correspondiente a la construcción de modelos jerárquicos) disponible en la pestaña de Ayuda (Help) del paquete del software y buscar el manual para esta sección (Manual for Building AHP Decision Models, Super Decisions 2012a) o el tutorial relacionado (Super Decisions 2012b).

Para fines ilustrativos, usaremos un ejemplo clásico de AHP: la compra de un auto. Nuestra compra se basará en cuatro criterios (u objetivos): costo, comodidad, estética y seguridad. Podemos evaluar varias alternativas pero para nuestro propósito vamos a asumir que tenemos tres: Auto 1, Auto 2 y Auto 3.

Para desarrollar un modelo en Super Decisions v2
https://www.youtube.com/watch?v=zv6XFNPAyiM&t=5s

Para derivar prioridades para los criterios en Super Decisions v2
https://www.youtube.com/watch?v=DCoRWd9_NUk

Para derivar prioridades locales para las alternativas en Super Decisions v2
https://www.youtube.com/watch?v=fQ3jxbPBZhs

Para derivar prioridades globales en Super Decisions v2
https://www.youtube.com/watch?v=NCcS39oXwQs

Para realizar análisis de sensibilidad
https://www.youtube.com/watch?v=uCqFsAK4iKg

————————

El lector notará que hemos incrementado el número de criterios (de 3 a 4), así como el número de alternativas (de 2 a 3) en relación al ejemplo de la sección anterior. Tener cuatro criterios y tres alternativas significa que necesitamos completar cinco matrices de comparación: comparar criterios con respecto a la meta, y comparar las alternativas para cada uno de los cuatro criterios. También necesitamos asegurarnos de que la razón de consistencia (C.R., Consistency Ratio) sea menor a 0.10 en las cuatro matrices de comparación. Este nivel de complejidad nos permitirá apreciar la ventaja de usar *Super Decisions*. Cuando el número de criterios y alternativas aumenta, también aumenta el número de comparaciones por pares que se requiere. Si la persona que toma las decisiones usa una hoja de cálculo, la complejidad del cálculo de consistencia y los ajustes relacionados también aumentarán drásticamente. Es aquí donde *Super Decisions* se vuelve extremadamente útil al permitir al usuario trabajar con un gran número de criterios y alternativas a la vez que oculta la complejidad de los cálculos de AHP.

Los pasos necesarios para llegar a una decisión usando *Super Decisions* son básicamente los mismos del método AHP. Estos pasos se pueden resumir de la siguiente manera:

1. Desarrollar un modelo para la decisión: descomponer la decisión en una jerarquía de meta, criterios y alternativas.
2. Derivar prioridades para los criterios: la importancia de los criterios se compara por pares con respecto al objetivo deseado para derivar sus prioridades (pesos). Luego verificamos la consistencia de los juicios— es decir, revisamos los juicios para asegurar un nivel de consistencia razonable en términos de proporcionalidad y transitividad.
3. Derivar prioridades para las alternativas: derivar prioridades (preferencias) para las alternativas con respecto a cada criterio (siguiendo un proceso similar al del paso previo, es decir, comparando las alternativas por pares con respecto a cada criterio). Verificar y ajustar la consistencia según se necesite.
4. Sintetizar el modelo: todas las prioridades alternativas obtenidas se combinan en una suma ponderada—tomando en cuenta el peso de cada criterio—para establecer las prioridades globales de las alternativas. La alternativa con la prioridad global más alta constituye la mejor elección.
5. Realizar el análisis de sensibilidad: se realiza un estudio de cómo cambios en los pesos de los criterios podrían afectar el resultado para entender la lógica de los resultados obtenidos.

6.   Tomar una decisión final: basándonos en los resultados de la síntesis y el análisis de sensibilidad podemos tomar una decisión.

A continuación, veamos el desarrollo de cada uno de estos pasos usando *Super Decisions* v2.

3.1 Desarrollo de Modelo

El primer paso en el análisis AHP es construir un modelo jerárquico para la decisión.

Cuando se inicia el programa, se abre una pantalla en blanco. Es aquí donde se construye una jerarquía del problema a resolver. Los pasos para construir el modelo son:

Seleccionar la opción Design (Diseño) en la parte superior izquierda del menú, luego Cluster (Grupo) y New option (Nueva opción). Cada nivel de la jerarquía es considerado como un grupo (cluster) en el lenguaje de *Super Decisions*. Llame al primer grupo 'Goal' (Objetivo) y guárdelo. Repita este proceso para cada uno de los grupos.[6] Necesitamos crear tres agrupaciones o grupos para el Goal (meta), Criteria (Criterios) y Alternatives (Alternativas)[7] correspondientes a nuestro ejemplo[8].

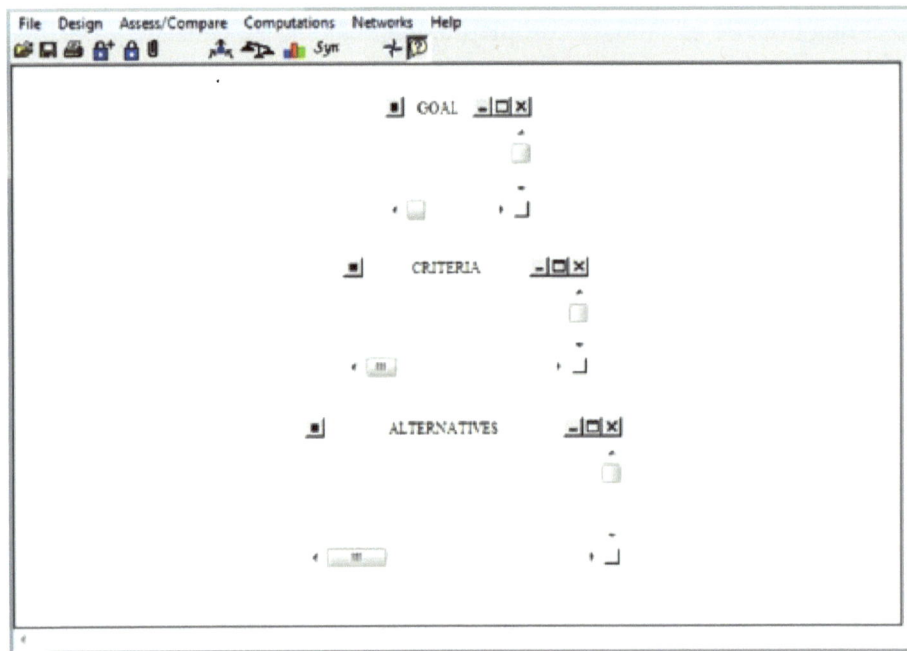

Fig. 3.1 *Grupos* o niveles de jerarquía para cada ejemplo de compra de auto

El siguiente paso consiste en crear los elementos correspondientes de la jerarquía—llamados "nodes" (nodos) en *Super Decisions*—dentro de cada uno de los grupos. Para

---

[6]Tenga en cuenta que cada vez que crea un nuevo grupo, éste se puede montar sobre otro. Deberá separarlos.

[7] Asegúrese de no deletrear la palabra 'Alternatives' de manera incorrecta porque si esto sucede Super Decisions reportará un error indicando que faltan las 'Alternatives' (alternativas) en el modelo.

[8] Para mover el cluster, seleccionelo con el cursor a la altura de su nombre y manteniendo el boton izquierdo del raton presionado, arrastrelo por la pantalla. derecha del cluster

crear un nodo, coloque el cursor sobre el *cluster* (grupo), haga clic derecho y seleccione "create node in cluster" (crear nodo en el grupo) en el menú. La ventana de diálogo del nuevo nodo aparecerá, llame al nodo 'Buying a Car' (Comprar un Auto), cada nodo corresponde a cada elemento de la jerarquía en el problema. De este modo, hemos creado un nodo llamado 'Buying a Car' dentro del grupo *Goal* (Meta). Luego repetiremos este proceso para crear los nodos ' cost' (costo), 'comfort' (comodidad), 'safety' (seguridad), y 'aesthetic' (estética) dentro del grupo *Criteria* (Criterios). Finalmente, crearemos los nodos correspondientes 'Car 1' (Auto 1), ' Car 2' y 'Car 3' dentro del grupo *Alternatives* (Alternativas) como se muestra en la Fig. 3.2.[9]

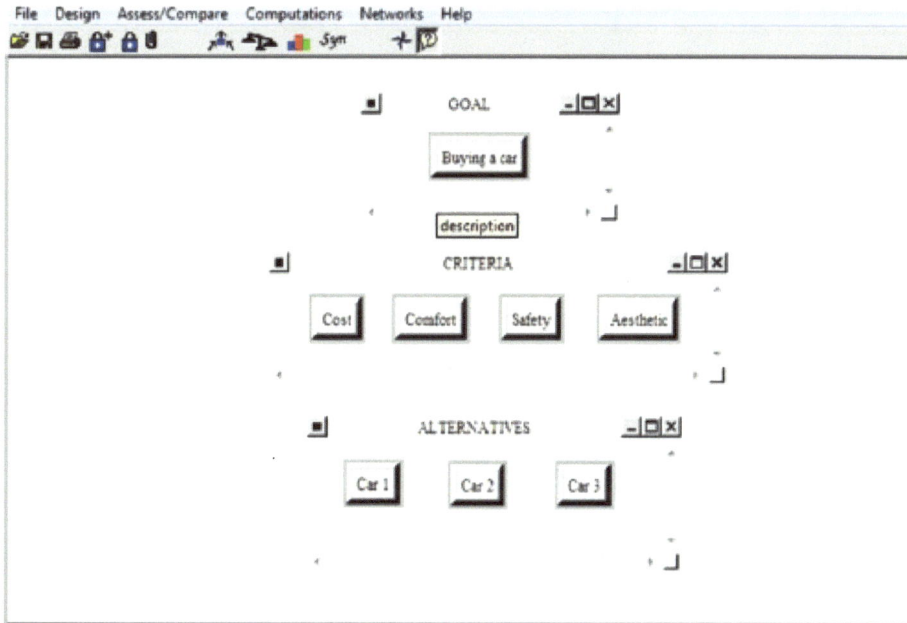

Fig. 3.2 Jerarquía de la decisión para comprar un auto

El primer nivel de la jerarquía (Fig. 3.2) tiene la meta (en nuestro ejemplo, es "Comprar un Auto"), el segundo nivel contiene los criterios a ser usados: costo, comodidad, seguridad, y estética. El tercer nivel consta de las alternativas a evaluar: Auto 1, Auto 2, y Auto 3.

El siguiente paso para construir el modelo usando Super Decisions es conectar los nodos. Es más fácil hacerlo de arriba hacia abajo. Coloque el cursor sobre el nodo, superior de la jerarquía ('Buying a car'), haga clic con el botón derecho del ratón y seleccione la opción "node connexions from" (conexiones de nodo de). Aparecerá una nueva ventana llamada *node selector* (selector de nodos). Usando el cursor seleccione todos los nodos de criterios (cost, comfort, aesthetics and safety) a los que quiere conectar el nodo "Buying a car" como se muestra en la Fig. 3.3. Haga clic en Okay y se efectuarán las conexiones.

_____

[9] Nuevamente, no olvide tener en cuenta que al crear los nodos, éstos pueden montarse sobre otros. Si esto ocurre deberá separarlos.

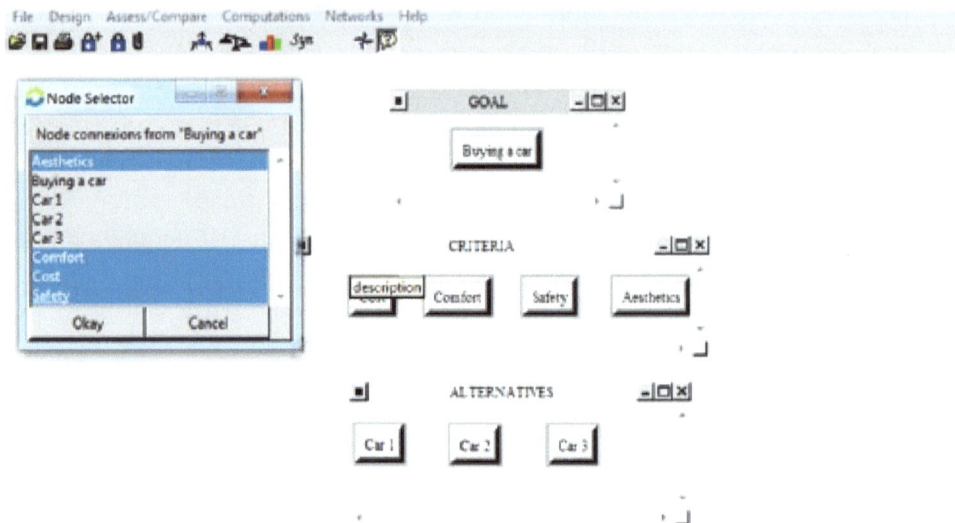

Fig. 3.3 Nodo de conexiones para "Comprar un Auto"

Fíjese que para poder ver las conexiones establecidas, es necesario que presione el botón [✛] en la barra horizontal superior. Luego coloque el cursor sobre el nodo 'Comprar un Auto' y el programa enmarcará en rojo todos los nodos a los que "Comprar un Auto' está conectado. Como puede ver en la Fig. 3.4, "Comprar un Auto" está conectado a todos los Criterios. Para simplificar y para evitar congestionar la pantalla, el software solo muestra una flecha desde el cluster de Meta al cluster de Criterios, en vez de tres flechas para cada conexión. Sin embargo, el cuadro rojo claramente identifica los nodos conectados.

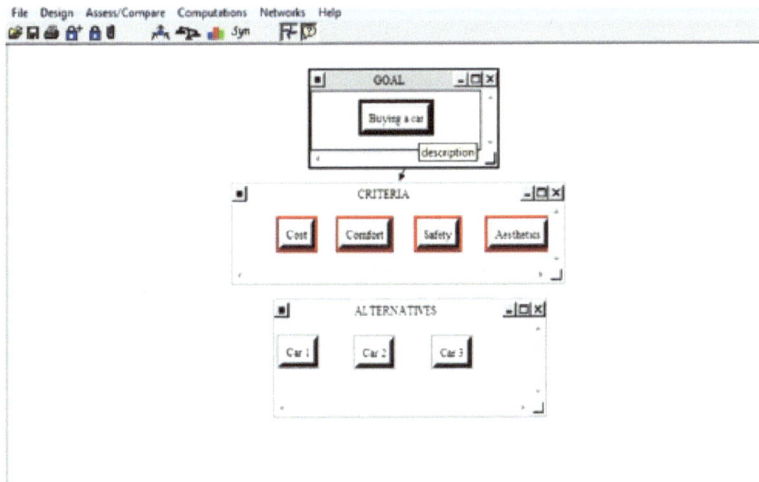

Fig. 3.4 El nodo "Comprar un Auto" conectado a cada criterio.

Luego conectamos cada nodo del cluster de criterios a cada nodo en el cluster de alternativas y verificamos que estén correctamente conectados usando el mismo procedimiento antes explicado. La jerarquía final se muestra en la Fig. 3.5.

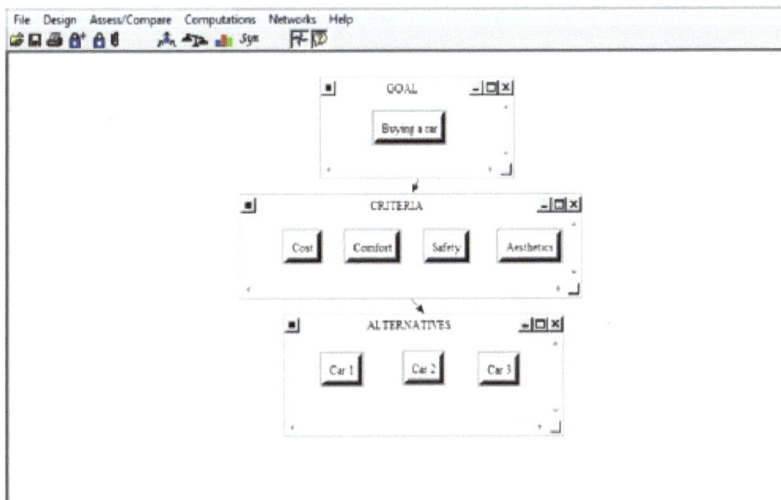

Fig. 3.5 Jerarquía final para 'Comprar un Auto'

3.2 Para Derivar las Prioridades (Pesos) de los Criterios

No todos los criterios tendrán el mismo peso (importancia). Por lo tanto, el siguiente paso en el proceso AHP es derivar las prioridades relativas (pesos) para los criterios. Se le llaman relativas porque los pesos de los criterios se miden con respecto del uno al otro, como veremos en la siguiente discusión.

Seleccione con el cursor el nodo "Buying a car" para poder hacer una comparación por pares de los nodos de criterios. Haga clic con el botón derecho y seleccione del menú la opción "node comparison interface" (interfaz de nodo de comparación). Aparecerá la pantalla que se muestra en la Fig. 3.6a. A continuación damos más detalles sobre los tres secciones (izquierda, centro y derecha) que se muestran.

(a)

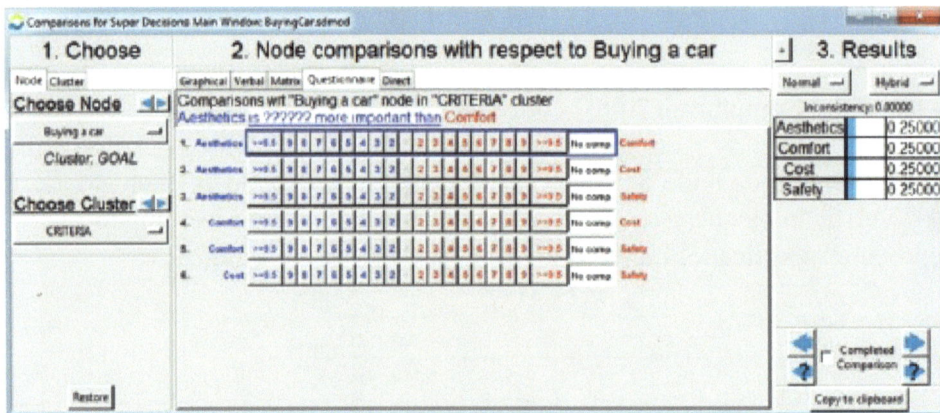

(b)

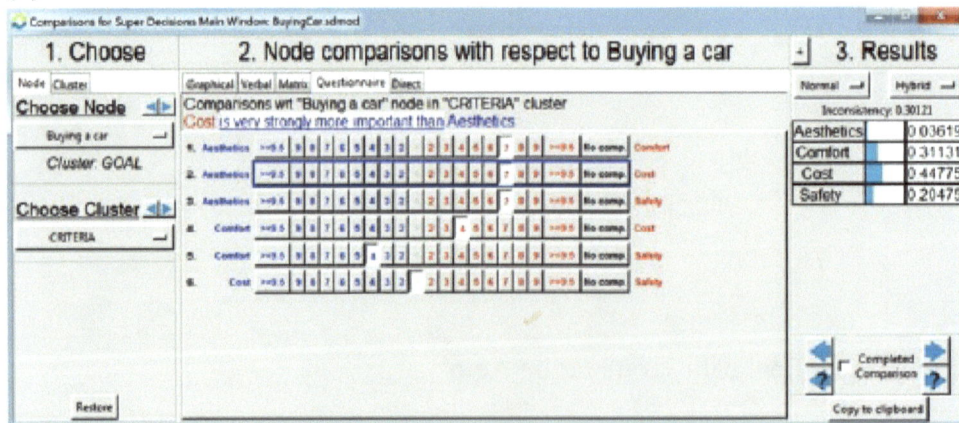

Fig. 3.6 (a) Modo de cuestionario para comparación de criterios con respecto al nodo 'Comprar un Auto.' (b) Comparación de criterios con respecto al nodo 'Comprar un Auto.'

El lado izquierdo de la pantalla (Fig. 3.6ª) indica que el nodo "Comprar un auto" correspondiente al Cluster Goal (Meta) del nodo Goal será el punto de referencia para comparar por pares los nodos ubicados en *Cluster Criteria* (Cluster de Criterios). En el panel central de la pantalla (FIG. 3.6ª), la comparación por pares de los criterios (con respecto al nodo "Buying a Car") se puede realizar en modo de cuestionario.

Luego ingresaremos nuestros juicios de comparación seleccionando la intensidad de los valores correspondientes a cada comparación como se muestra en la Fig. 3.6b. Por ejemplo, la cuarta comparación (indicada por el número 4 a la izquierda) muestra que con respecto a "Comprar un Auto," el costo es de moderadamente a fuertemente más importante que el criterio "Comodidad," dado que una intensidad de 4 ha sido seleccionada en el lado correspondiente a "Costo" en el cuestionario. Además, "Comodidad" se considera muy fuertemente más importante que la "Estética" (primera comparación en el cuestionario) como indica el valor de intensidad 7 seleccionado en el lado de "Comodidad" (parte izquierda) del cuestionario en la segunda comparación. La persona que está tomando la decisión tendrá que ingresar la intensidad de los juicios correspondiente a cada una de las seis comparaciones por pares hasta completar todas las comparaciones.

Disponemos de una forma gráfica para ver nuestras comparaciones haciendo clic en la pestaña "Graphical" (gráfico) del panel central. La figura 3.7 muestra el caso de la comparación gráfica de "Estética" y "Costo." Este panel provee las instrucciones sobre cómo usar la interfaz gráfica de manera interactiva. Super Decisions v2 nos permite hacer comparaciones de cuatro maneras distintas: gráfica, verbal, matriz y cuestionario, de modo que podemos usar la manera que nos sea más natural. La comparación verbal de "costo" y "comodidad" se muestra en la Fig. 3.8. Puede ingresar a este modo haciendo clic sobre la pestaña "verbal" en la parte superior del panel central. Fíjese, que en la Fig. 3.8 con respecto a nuestro objetivo Comprar un Auto, hemos establecido que el "costo" del auto es moderadamente a fuertemente más importante que la "comodidad" porque la selección coloreada está entre estos dos juicios. También note que no necesitamos pensar en la equivalencia de los juicios verbales a valores numéricos porque esta comparación la realiza internamente el software.

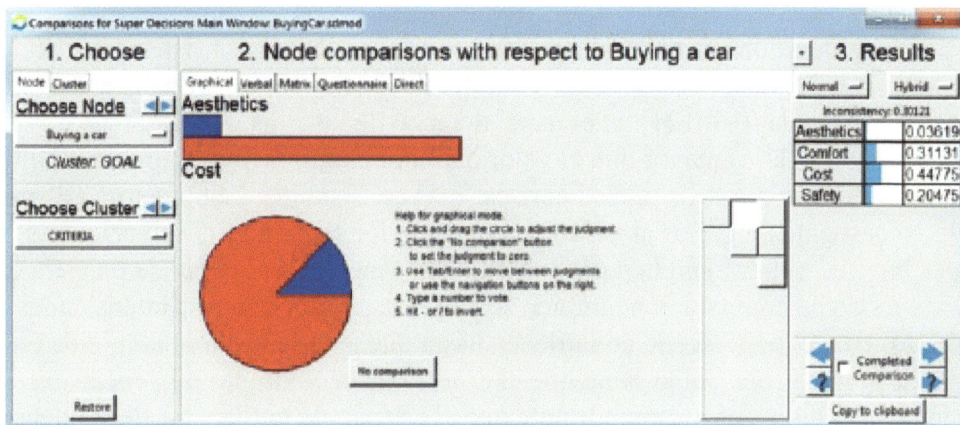

Fig. 3.7 Comparación gráfica de dos criterios: estética y costo

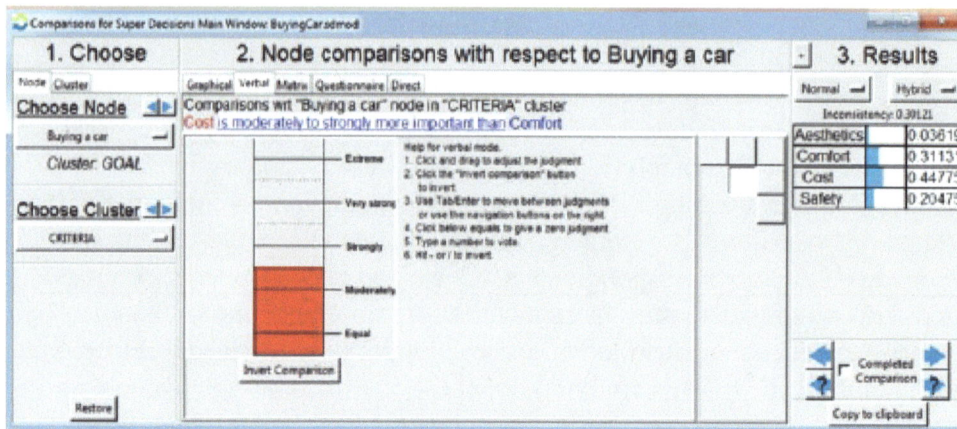

Fig. 3.8 Comparación verbal de dos criterios: costo y comodidad

Cada juicio se ingresa, usando el modo de comparación de su elección, como se muestra en la pantalla de comparación (panel central de la Fig. 3.6b). Cuando ha realizado todas las comparaciones, las prioridades calculadas aparecen en el panel derecho de la interfaz de comparación como se muestra en las Figs. 3.6b, 3.7 y 3.8. Por consiguiente, el costo es el criterio más importante con una prioridad de 0.447. Sin embargo, antes de aceptar estas prioridades como válidas, debemos verificar que la razón de consistencia sea menor que 0.10. El panel derecho de la interfaz de nodos de comparación indica una inconsistencia de 0.30, lo cual es mucho más alto que el valor recomendado de 0.10. Esto significa que debemos corregir esta inconsistencia para obtener prioridades confiables. A continuación explicamos el procedimiento para corregir esta inconsistencia.

3.2.1 Consistencia

Super Decisions es particularmente útil para ajustar la consistencia. El cálculo de la razón de consistencia (CR) se realiza automáticamente por el software y se muestra como inconsistencia (0,30121) en el panel derecho de las Figs. 3.6b, 3.7 y 3.8.[10] Dado que el valor CR 0.30 es mayor que el valor máximo comúnmente aceptado 0.10, necesitamos ajustar nuestros juicios para ser más consistentes y obtener un CR más bajo.

Necesitamos ingresar al modo de comparación de la matriz seleccionando la pestaña "matrix" (matriz) en la parte superior del panel central como se muestra en la Fig. 3.9. Este modo de comparación también se puede usar para ingresar intensidades numéricas. Para ello, haga clic en la flecha hasta que apunte hacia la izquierda (si el criterio de la fila es más importante que el criterio de la columna) o hacia arriba (si el criterio de la columna es más importante que el criterio de la fila). La flecha debe apuntar al nodo más importante y los valores numéricos indican la intensidad correspondiente de preferencia o importancia. El valor de intensidad será azul cuando la fila sea más importante que la columna (flecha hacia la izquierda) y rojo cuando la columna sea más importante que la fila (flecha hacia arriba). Para el análisis de inconsistencia, este modo

---

[10] Super Decisions v2 usa la etiqueta inconsistencia para referirse a la razón de consistencia AHP.

de matriz es importante porque en esta pantalla, el botón 'Inconsistency' (inconsistencia) debe presionarse para obtener los informes de inconsistencia.

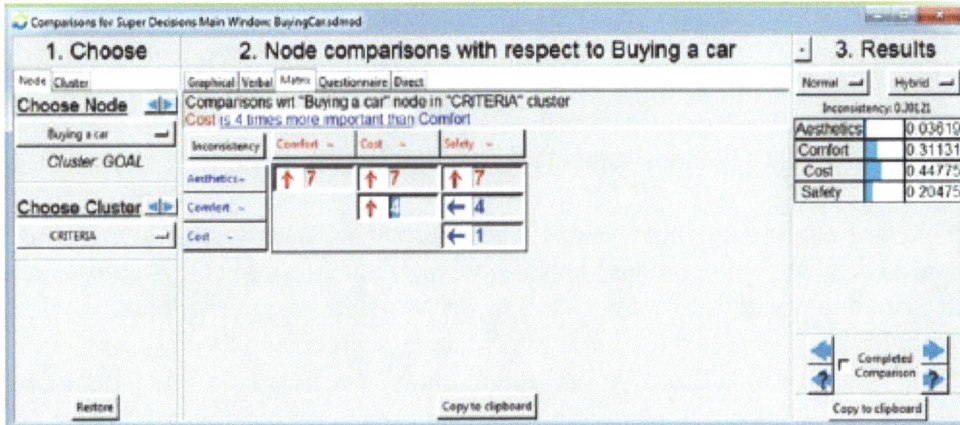

Fig. 3.9 Modo matriz para acceder a los reportes de inconsistencia

Una vez que se presiona el botón de inconsistencia, se desplegará un menú con dos opciones: *Inconsistency of current* (Inconsistencia del actual) e *Inconsistency Report* (Reporte de Inconsistencia), como se muestra en la Fig. 3.10. La primera opción se refiere al nivel de inconsistencia aportado por el juicio actualmente seleccionado (es decir, la celda donde se encuentra posicionado el cursor). La segunda opción proporciona el informe de inconsistencia general para la matriz de comparación en cuestión. Este informe de inconsistencia proporciona la contribución a la inconsistencia general de todos y cada uno de los juicios que se consideran en la matriz. Seleccione la opción del informe de inconsistencia como se muestra en la Fig. 3.10.

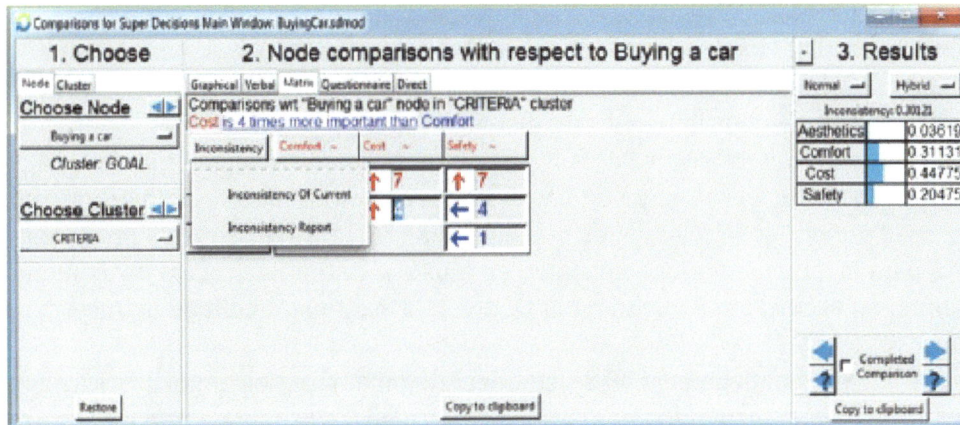

Fig. 3.10 Seleccionar el reporte de inconsistencia

Una vez que se haya seleccionado el reporte de inconsistencia, éste aparecerá como se muestra en la figura 3.11.

Inconsistency Report

Rank	Row	Col	Current Val	Best Val	Old Inconsist.	New Inconsist.	% Improvement
1.	Comfort	Safety	4.000000	1.796568	0.301214	0.070047	76.75 %
2.	Comfort	Cost	4.000000	2.226467	0.301214	0.070047	76.75 %
3.	Cost	Safety	1.000000	4.000000	0.301214	0.187266	37.83 %
4.	Aesthetics	Safety	7.000000	4.873666	0.301214	0.283501	5.88 %
5.	Aesthetics	Cost	7.000000	19.494664	0.301214	0.283501	5.88 %
6.	Aesthetics	Comfort	7.000000	9.803567	0.301214	0.307101	-1.95 %

Fig. 3.11 Análisis de inconsistencia: reporte de inconsistencia

El reporte de inconsistencia enumera todas las comparaciones en términos de su grado de efecto en la inconsistencia general. Comenzando con la comparación más inconsistente (comodidad con seguridad), rango # 1 (lado izquierdo, columna de Rango en la figura 3.11) seguida en orden de importancia decreciente, hasta la comparación menos inconsistente (estética con comodidad, rango # 6 en la columna izquierda Fig. . 3.11). La Figura 3.11 muestra la contribución de cada comparación a la matriz de juicios de inconsistencia.

La forma de leer este informe es la siguiente: la comparación más inconsistente (rango # 1) es la comparación de "Comodidad" (fila) versus "Seguridad" (columna) que tiene una intensidad de juicio de 4 (como también se muestra en la Fig. 3.9). El valor actual es 4 y la fuente azul en la figura 3.11 indica que la fila (comodidad) es más importante que la columna (seguridad). La columna "Best Val" (mejor valor) indica cuál sería el valor requerido para tener una matriz perfectamente consistente (CR = 0.0). Como se puede ver en esta primera comparación, el mejor juicio sería ingresar una intensidad de 1.796568. Sin embargo, la fuente roja para este valor indica que sería necesario invertir nuestra preferencia; es decir, hacer que la seguridad (columna) sea más importante que el costo (fila) como lo indica la fuente roja para este mejor valor. El reporte también indica que si realizamos este cambio en los juicios de comparación, la inconsistencia actual (columna 'Old Inconsist' en la figura 3.11) de 0.301214 se convertirá en 0.070047 (columna "Best Val"), lo que corresponde a una mejora del 76.75% en la inconsistencia actual [columna "% improvement" (% de mejora) en la Fig. 3.11]. El informe de contribuciones de inconsistencia para cada una de las otras cinco comparaciones ("Rango" con valores 2 - 6) se interpreta de manera similar. Tenga en cuenta que un ajuste a cualquiera de los tres primeros juicios tendría un efecto mucho mayor en la mejora de la relación de consistencia (76.75% para los dos primeros y 37.83% para la tercera comparación) que un ajuste a cualquiera de los otros juicios (vea la columna en el extremo derecho en la figura 3.11 para el porcentaje de mejora esperado '% improvement').

Matemáticamente, el ajuste ideal de inconsistencia significaría, por ejemplo, asignar 1.796 a la comparación comodidad-seguridad (la primera comparación en el informe), haciendo que la seguridad sea más importante que la comodidad. De esta manera, el valor de la inconsistencia actual (antigua inconsistencia) 0.301214 se convertiría en 0.070047 (nueva inconsistencia). Es decir, una mejora del 76.75% en la inconsistencia. Sin embargo, cambiar el valor recomendado sería opuesto a nuestra preferencia de que la comodidad (en la fila) es más importante que la seguridad (en la columna). Sin embargo, nuestro objetivo no es ser matemáticamente perfectos, sino ser honestos con nuestras comparaciones, manteniendo un nivel de menos de 0.10 de inconsistencia. Por lo tanto, mantendremos nuestra juicio de que la comodidad es más importante que el costo y la comodidad es más importante que la seguridad, pero para reducir la inconsistencia, reduciremos la intensidad de nuestra preferencia de 4 a 2. Haremos lo mismo para el caso de la comparación de costo-comodidad (en el rango # 2 en términos de inconsistencia); es decir, mantendremos nuestra preferencia de que el costo es más importante, pero también reduciremos el valor original de 4 a 2 en la primera y segunda comparación. La Figura 3.12 muestra los juicios de comparación después de haber realizado estos dos cambios en el modo de cuestionario. (Sería recomendable que el lector compare las nuevas intensidades de juicio correspondientes a costo-comodidad y comodidad-seguridad con respecto a los valores originales en la Figura 3.6b. Fíjese que solo estamos ajustando la intensidad de nuestros juicios de comparación en lugar de cambiar nuestra dirección en la preferencia de cual criterio es más importante que el otro. Sin embargo, al mirar la Fig. 3.6b (juicios originales) y la Fig. 3.12 (juicios ajustados) notará (en el panel derecho) que el nivel de inconsistencia ha cambiado de 0.30121 (Fig. 3.6b) a 0.06948, siendo este último valor (0.069) mucho más bajo que el umbral de 0.10 requerido para cálculos confiables de AHP. Super Decisions recalcula las prioridades y la inconsistencia respectiva, con el resultado que se muestra en la Fig. 3.13.

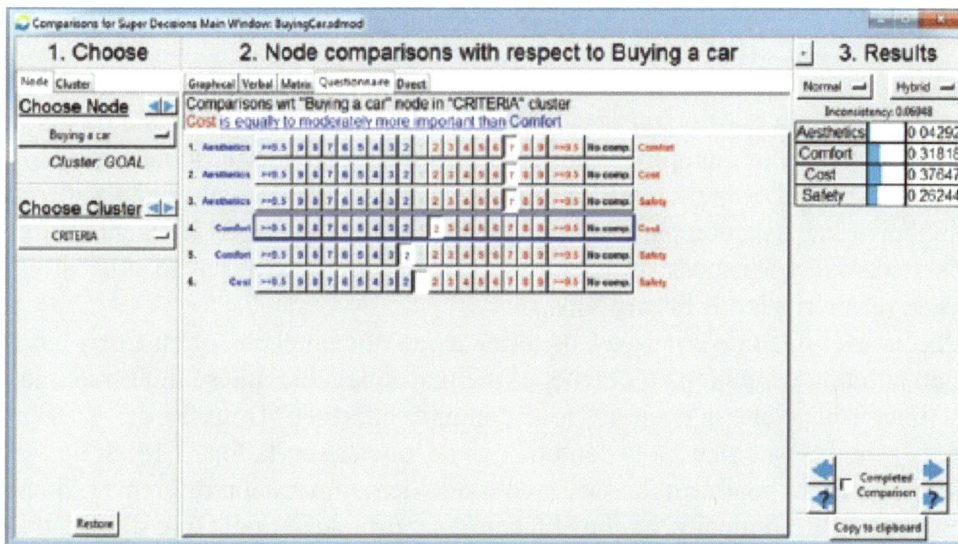

Fig. 3.12 Matriz comparativa por pares ajustada por inconsistencia

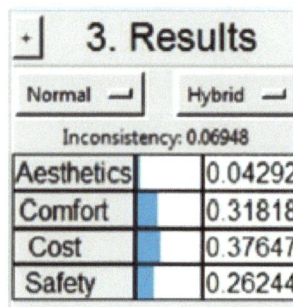

Fig. 3.13 Prioridades e inconsistencia final después de ajustar la matriz de comparación por pares

Al realizar estos cambios en la matriz de comparación, se genera un nuevo valor de inconsistencia como se muestra en la Fig. 3.13 (panel derecho de la interfaz de comparación). Observe que en esta figura el nuevo valor de inconsistencia estimado por el software es 0.06948, que ahora es inferior a 0.10; por lo tanto, podemos concluir que nuestra matriz de juicios se ha vuelto razonablemente consistente para el análisis de AHP. Además, tenga en cuenta que hemos mantenido nuestras preferencias (donde la comodidad es más importante que el costo y la comodidad es más importante que la seguridad). Solo hemos ajustado la intensidad de nuestras preferencias como se puede ver al comparar las nuevas prioridades (Fig. 3.13) con las antiguas (Fig. 3.6b). En ambos casos, nuestras prioridades y magnitudes son similares, con la única diferencia de que ahora la matriz de juicios es más consistente.

3.3 Cómo derivar las Prioridades Locales (Preferencias) de las Alternativas

Nuestro siguiente paso consistirá en derivar las prioridades relativas (preferencias) de las alternativas con respecto a cada criterio. Puesto de otra manera, contestaremos la pregunta ¿cuáles son las prioridades de las alternativas con respecto a la estética, el costo, la comodidad y la seguridad, respectivamente? Dado que estas prioridades son válidas solo con respecto a cada criterio específico, se le llama prioridades locales para diferenciarlas de las prioridades generales o totales que se calcularán más adelante.

El siguiente paso es priorizar las alternativas de acuerdo con cada uno de los criterios (uno por vez). Por ejemplo, basándose únicamente en el criterio de costo, se requiere determinar cuál es la preferencia (o prioridad local) de cada alternativa. A continuación, el proceso de comparación por pares se realiza tomando en cuenta solo el criterio de comodidad y así sucesivamente hasta que las alternativas hayan sido priorizadas en relación a todos los criterios.

Seleccione el nodo de criterios Costo (haciendo clic en el cursor en *Cost*) y luego haga clic con el botón derecho para obtener el menú desplegable que se muestra en la Fig. 3.14. Ahora, seleccione la opción "Node compare interface" (Interfaz de comparación de nodos) y obtendrá la pantalla que se muestra en la Fig. 3.15. Si no obtiene esta pantalla, es posible que esté en un modo de comparación diferente. Al hacer clic en la pestaña "Questionnaire," debe obtener la captura de pantalla que se muestra en la Fig. 3.15 y estamos listos para realizar las comparaciones de alternativas por pares.

File Design Assess/Compare Computations Networks Help

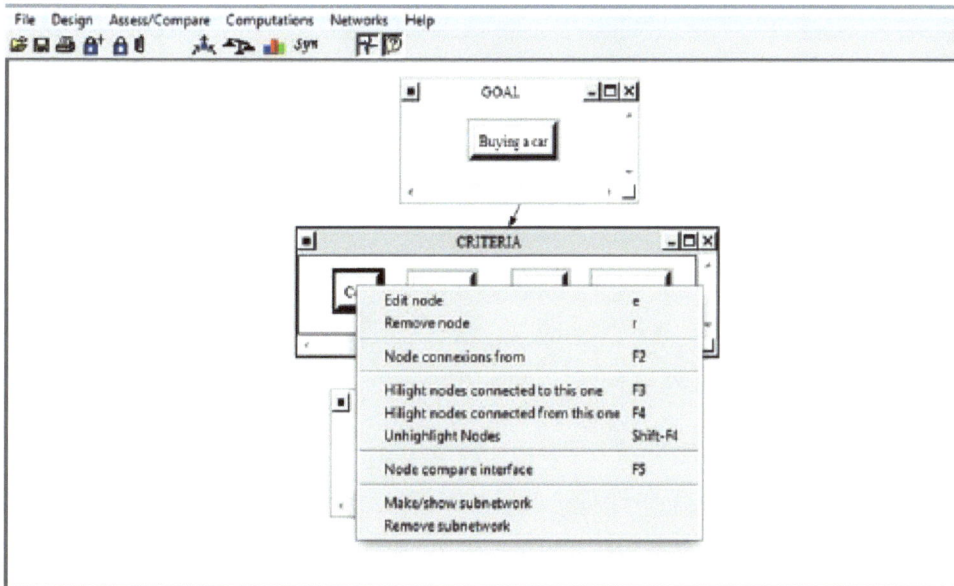

Fig. 3.14 Seleccionar la comparación de alternativas con respecto al costo

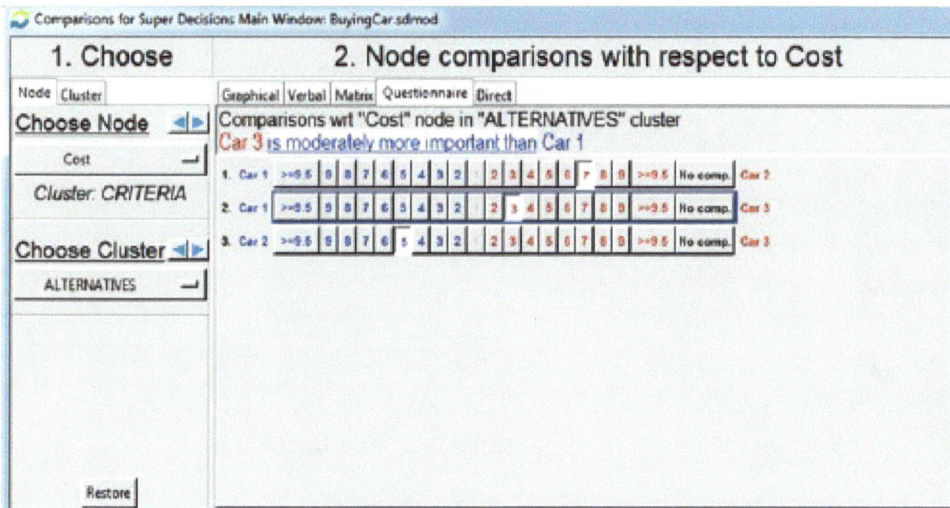

Fig. 3.15 Comparar alternativas con respecto al criterio de costo

Ahora procedemos a comparar las alternativas por pares utilizando el modo de cuestionario (a menos que prefiera el modo de comparación gráfica, verbal o matricial) como se muestra en la Fig. 3.15 (panel central de la interfaz de comparación). Esta figura muestra el caso específico de la comparación por pares de diferentes alternativas con respecto al costo. La Figura 3.16 (panel derecho de la interfaz de comparación) muestra las prioridades locales de las alternativas con respecto a este único criterio de costo. Este proceso se repite para cada uno de los otros criterios en el modelo.

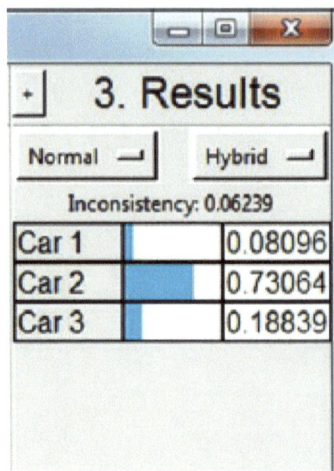

Fig. 3.16 Prioridades de las alternativas con respecto al criterio de costo

Las Figuras 3.17, 3.18 y 3.19 muestras comparaciones (panel central) y las prioridades locales de las alternativas (panel derecho) con respecto a cada uno de los criterios (seleccionados en el panel derecho) en el modelo.

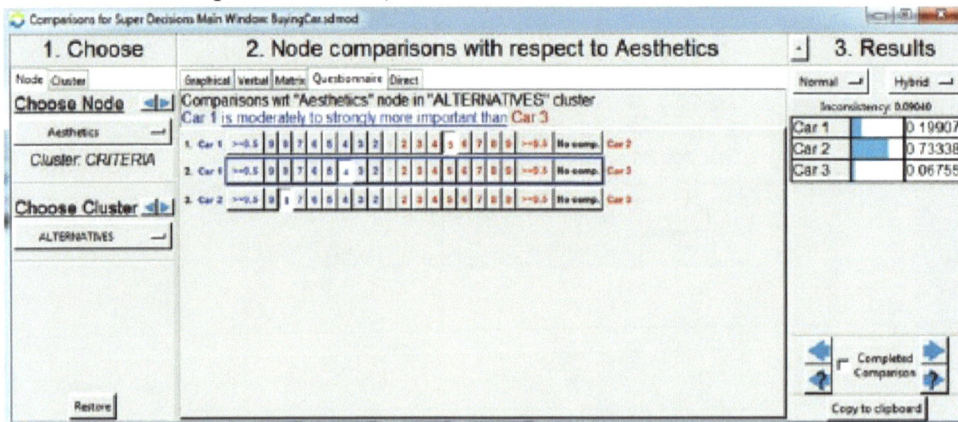

Fig. 3.17 Comparación de las alternativas con respecto a la estética

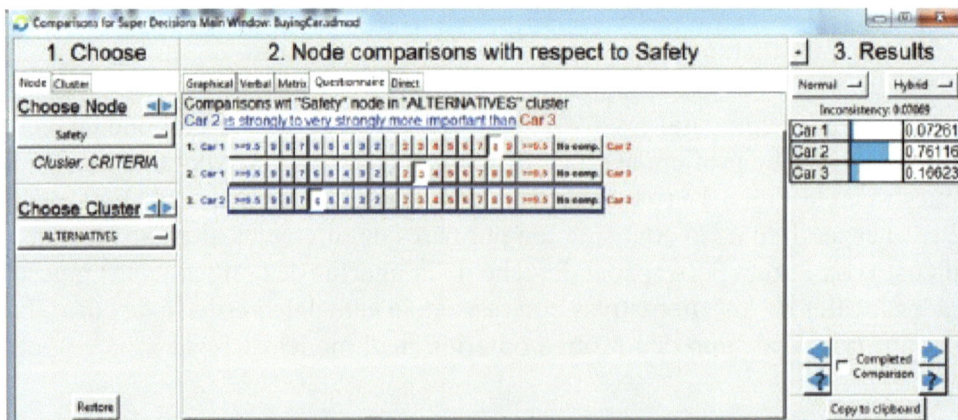

Fig. 3.18 Comparación de las alternativas con respecto a la seguridad

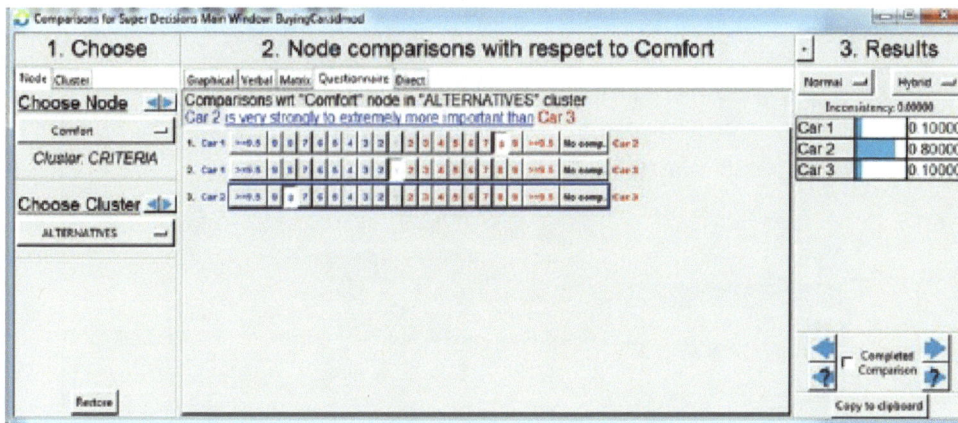

Fig. 3.19 Comparación de las alternativas con respecto a la comodidad

3.4 Derivación de prioridades globales (Síntesis del Modelo)

Ahora debemos ocuparnos del proceso de síntesis general; es decir, debemos determinar las prioridades generales de las alternativas teniendo en cuenta el nivel de importancia que hemos asignado a los criterios.

La síntesis se realiza desde la ventana principal de todo el modelo. Seleccione la opción *Computations* (Cálculos) y luego *synthesize* (sintetizar) como se muestra en la Fig. 3.20. La figura 3.21 muestra el resultado de este proceso. En la Fig. 3.21 podemos ver, bajo la columna *Normals* (Normales), que la alternativa con mayor prioridad, para este ejemplo, es el Auto 2 (0.760837); seguido por el Auto 3 (0.14266) y el Auto 1 (0.089896).

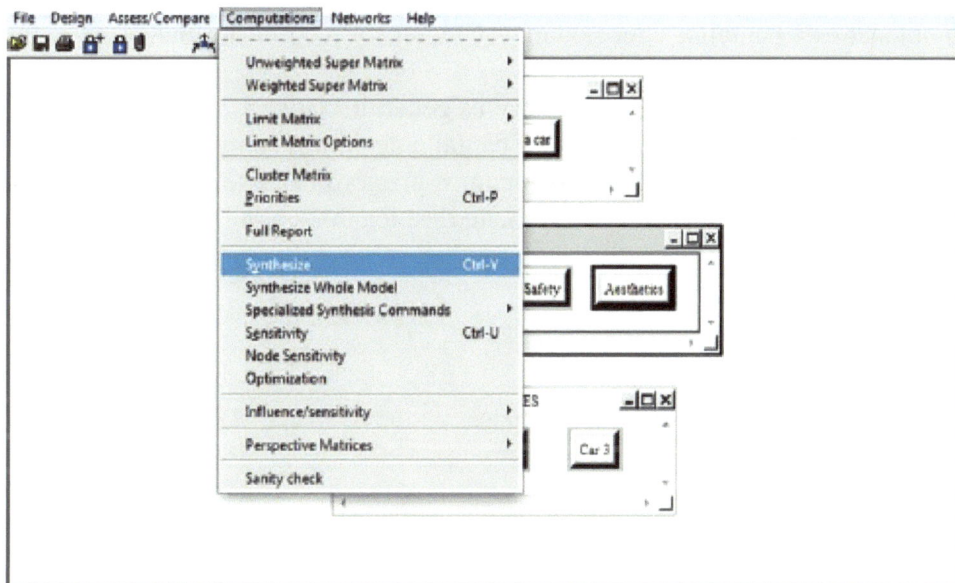

Fig. 3.20 Selección de la opción de sintetizar

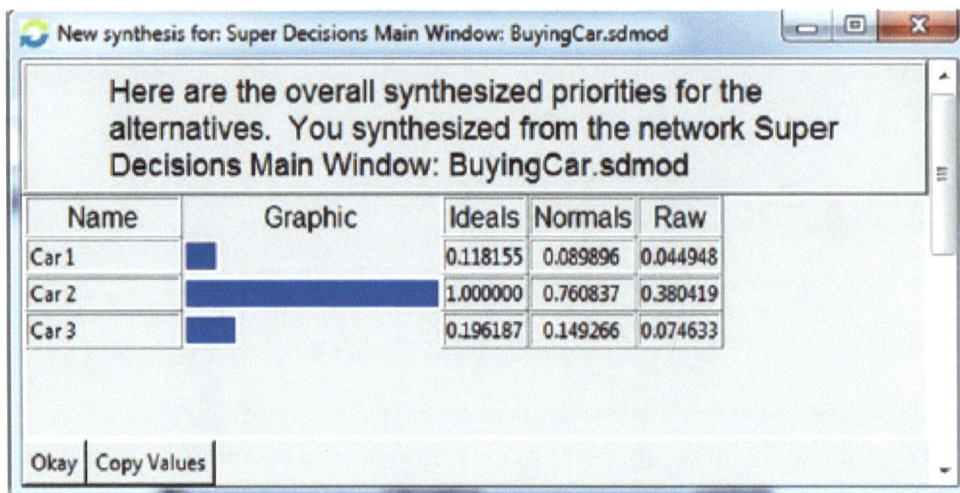

Fig. 3.21 Prioridades globales como resultado de la síntesis

La columna *Normals* (Normales) en la Fig. 3.21 muestra las prioridades generales o globales, también llamadas preferencias finales, de forma estandarizada. Según esta columna, el auto 2 tiene el 76% de la preferencia, según las comparaciones realizadas. La columna *Ideals* (Ideales) se obtiene dividiendo cada valor de la columna *Normals* entre el valor más alto de dicha columna (0.760837 en este ejemplo). Por lo tanto, la prioridad más alta tiene un valor de 1 (=0.760837/0.760837) o 100%. Esto indica, por ejemplo, que la segunda mejor opción, Auto 3, es 14.9% (= 0.14927 / 0.760837) de la mejor opción (ideal). [11]

También podemos mostrar las prioridades generales (Fig. 3.21) junto con los pesos de los criterios (Fig. 3.22) en la misma pantalla de síntesis que se muestra en la Fig. 3.22. Para obtener esta pantalla, seleccionamos Cálculos y luego Prioridades (en lugar de Síntesis) del menú desplegable en la Fig. 3.20.

También podemos mostrar las prioridades generales (Fig. 3.21) junto con los pesos de los criterios (Fig. 3.22) en la misma pantalla de síntesis como se muestra en la Fig. 3.22. Para obtener esta pantalla, seleccionamos primero *Computations* (Cálculos) y luego *Priorities* (en lugar de Synthesis) del menú desplegable en la Fig. 3.20.

---

[11] La columna *Raw* (Sin procesar) en la captura de pantalla de prioridades (la columna de la extrema derecha que no se muestra en la Fig. 3.22) no se usa para el análisis de AHP.

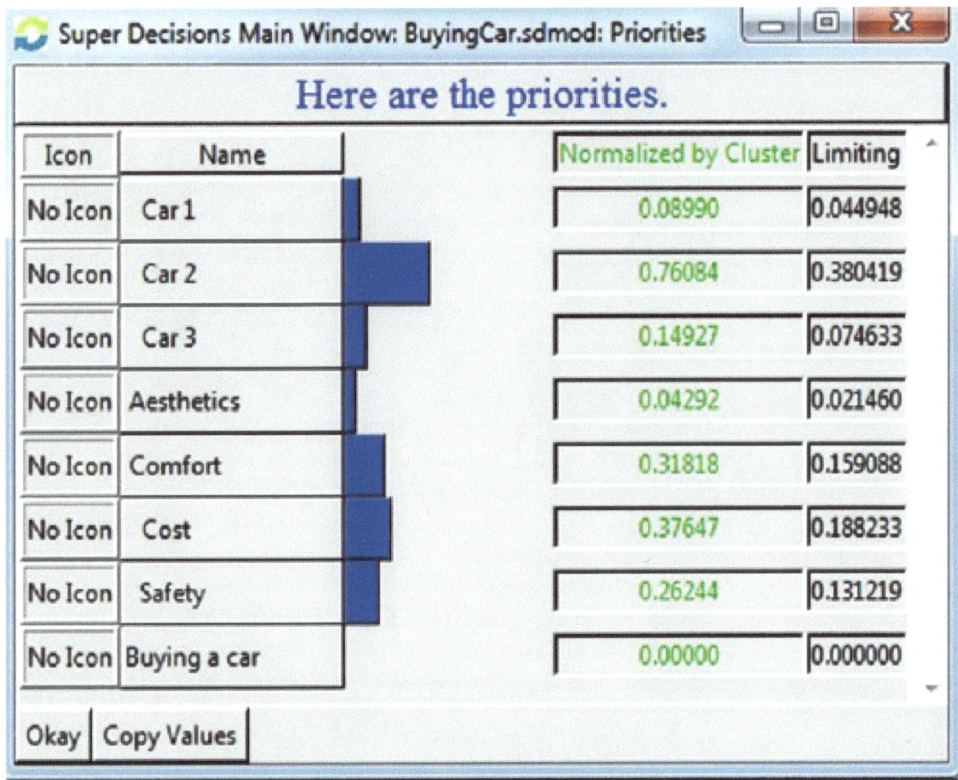

Fig. 3.22 Prioridades de las alternativas y criterios

3.5 Análisis de sensibilidad

La prioridad final estará fuertemente influenciada por los pesos atribuidos a los criterios respectivos. Es útil realizar un análisis "what if" ("qué pasaría si") para ver cómo habrían cambiado los resultados finales si los pesos de los criterios hubieran sido diferentes.

Por esta razón, el último paso en la evaluación de las alternativas es realizar un análisis de sensibilidad. Este análisis se realiza para investigar qué tan sensibles son los resultados con respecto a la importancia que hemos derivado para los diferentes criterios. Si bien existen diferentes formas de realizar el análisis de sensibilidad utilizando Super Decisions v2, proporcionaremos una forma sencilla y práctica de llevarlo a cabo, dado el alcance de este libro.

Seleccione (haga clic con el botón izquierdo del ratón) el nodo Objetivo "Buying a Car" (Comprar un auto) y haga clic con el botón derecho para obtener el menú desplegable que se muestra en la Fig. 3.23. A continuación, seleccione la opción "node compare interface" (interfaz de comparación de nodos) y haga clic en la pestaña "direct" (directo) para elegir el modo de comparación directa que se muestra en la Fig. 3.24. Observe que los pesos de los criterios en esta figura corresponden a las prioridades de los criterios derivados. En otras palabras, este es nuestro escenario de análisis original previamente obtenido. Sin embargo, el modo directo no es simplemente una forma diferente de presentar las prioridades de los criterios, si no que también nos permite cambiar los valores de prioridad directamente.

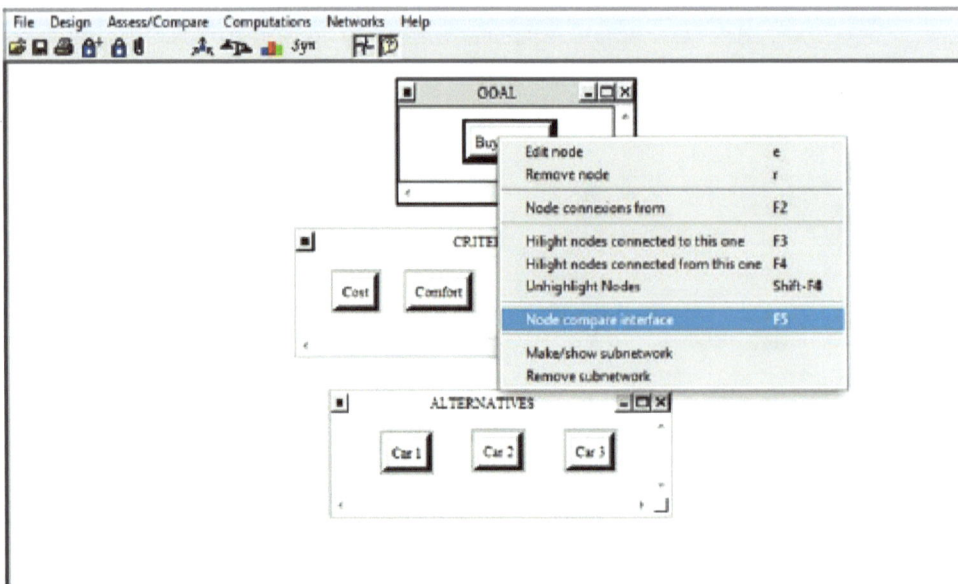

Fig. 3.23 Menú desplegable de "Buying a Car" (Comprar un Auto)

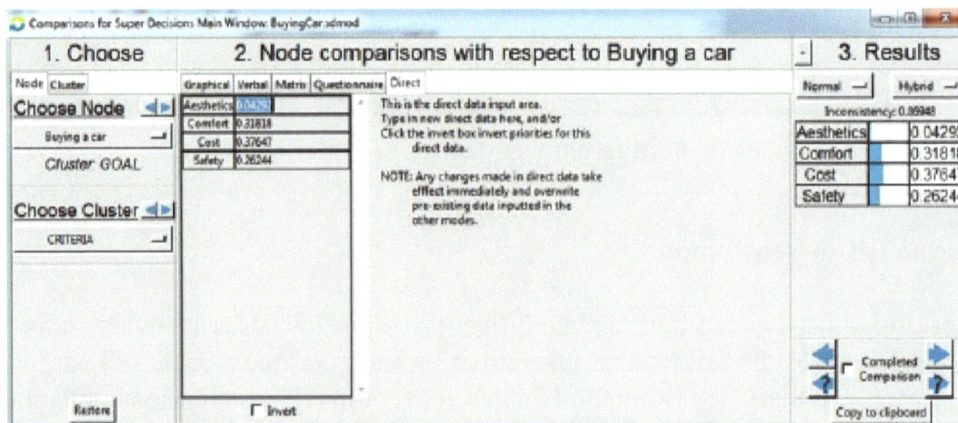

Fig. 3.24 La situación hipotética original de "Comprar un auto" en modo directo

Podríamos estar interesados en saber si el Auto 2 hubiera sido la mejor opción si todos los criterios hubieran tenido el mismo peso. Para verificar esta situación hipotética, primero guardamos nuestro archivo de la situación hipotética original con un nombre como, por ejemplo, "Situación Hipotética Original de Compra de Auto" o un nombre similar. A continuación, podemos abrirlo de nuevo y guardarlo como "Situación Hipotética 1 de Sensibilidad de Compra de Auto" o un nombre similar. A continuación, en el modo directo de la figura 3.24, ingresaremos el valor 0.25 como peso para cada uno de los criterios. Para hacer esto, ingrese 0.25 en la primera celda y presione "Enter" o "Return" en su teclado. El cursor se moverá a la siguiente celda. Ingrese 0.25 de nuevo y haga clic en "Enter". Repita este proceso hasta que todas las celdas tengan el mismo valor de 0.25 (inspeccione visualmente las celdas para verificar que este sea el caso) y obtendrá la pantalla que se muestra en la Fig. 3.25. Cierre esta ventana haciendo clic en la x en la parte superior derecha y vaya al menú superior del software y seleccione Computations >

Priorities (Cálculos> Prioridades, en el menú desplegable de la Fig. 3.20) para obtener la pantalla que se muestra en la Fig. 3.26.

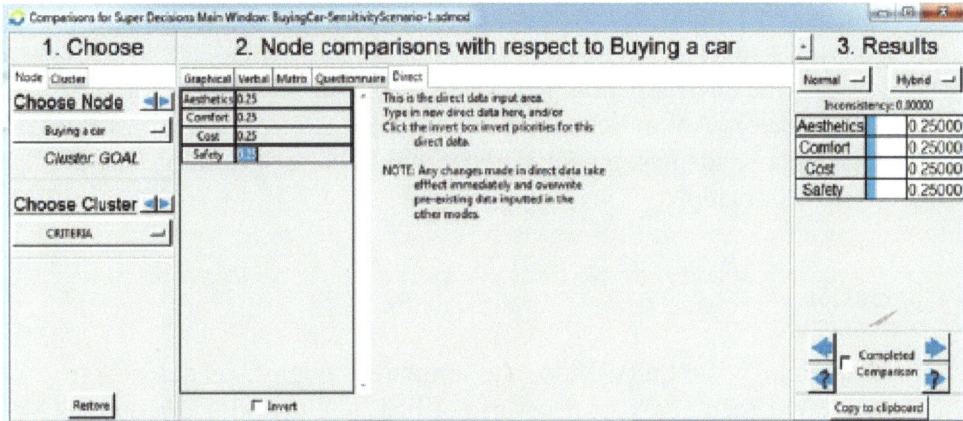

Fig. 3.25 Modo directo con criterios con igual peso

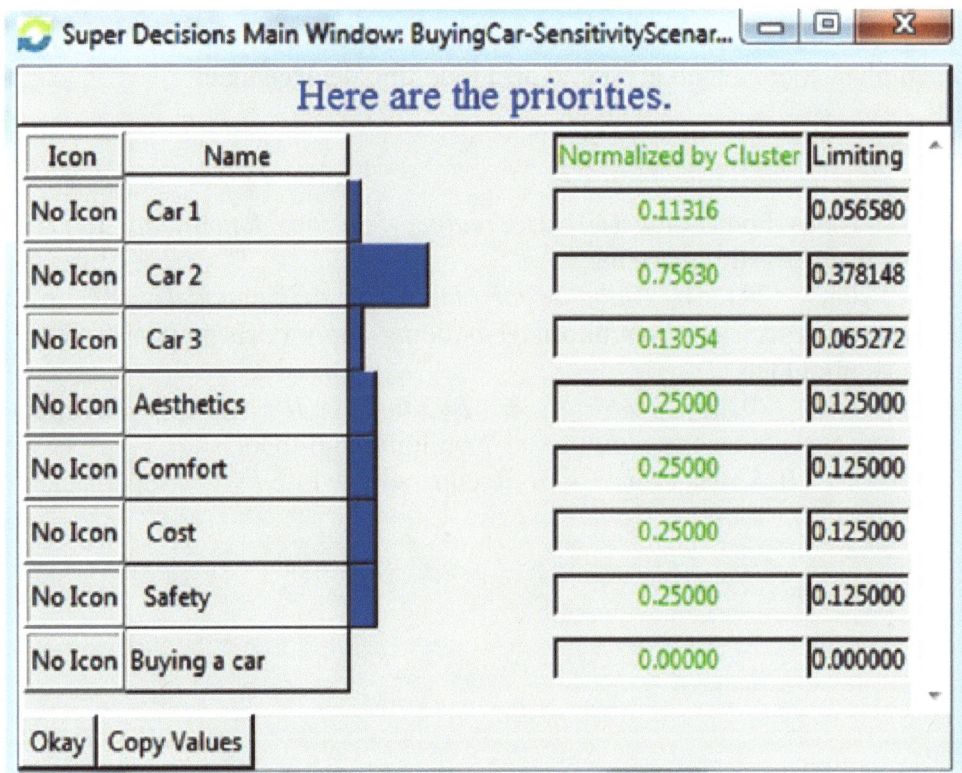

Fig. 3.26 Todos los criterios son igualmente importantes

Como se puede ver en la Fig. 3.26, aun si todos los criterios son igualmente importantes, nuestra mejor opción sigue siendo el Auto 2, mientras que las otras dos alternativas siguen estando bastante lejos. Podemos analizar varias situaciones hipotéticas posibles de interés para comprender en qué casos la opción original dejaría de ser la mejor.

3.6 Cómo tomar una Decisión Final

Sobre la base de los resultados de la síntesis y la información obtenida del análisis de sensibilidad, se debe tomar una decisión final.

En general, la mejor alternativa es la de más alta prioridad global. El usuario ahora puede elegir esta alternativa (si lo desea) y al mismo tiempo puede justificar el motivo de esta selección. Ahora tiene la oportunidad de explicar los criterios usados y la importancia asignada y, además, puede explicar qué hubiera sucedido si los pesos de los criterios hubieran cambiado.

3.7 Conclusión

En resumen, hemos visto que debido a las anomalías cognitivas que nosotros, como seres humanos, experimentamos, es necesario utilizar una metodología que sea intuitivamente simple, eficiente y segura para tomar decisiones. El Proceso Jerárquico Analítico (AHP), implementado en el software Super Decisions, proporciona una metodología para tomar decisiones de una manera intuitiva pero también racional y fácil de usar. Esta es la razón por la cual la metodología AHP y el software relacionado se utilizan ampliamente en todo el mundo para todo tipo de decisiones.

Referencias

Creative Decisions Foundation (2015). *Creative decisions foundation*. Recuperado de http://www.creativedecisions.net.

Super Decisions (2012a). *Manual for building AHP models*. Recuperado de http://beta.superdecisions.com/tutorial-1-building-ahp-models/manual-for-building-ahp-decision-models/.

Super Decisions (2012b). *Tutorial 8: Building AHP models*. Recuperado de: http://www.superdecisions.com/tutorial-1-building-ahp-models/.

Super Decisions (2015). *Super decisions*. Recuperado de http://www.superdecisions.com.

Parte II: Nivel Intermedio

Capítulo 4: Modelos AHP con Sub-criterios

Enrique Mu[a*,1] and Milagros Pereyra-Rojas[b,2]

[a] Carlow University, Pittsburgh, PA, USA
[b] University of Pittsburgh, Pittsburgh, PA, USA
[1] Email: muex@carlow.edu.
[2] Email: milagros@pitt.edu.

Sinopsis

En muchas situaciones, es necesario añadir sub-criterios a uno o más de los criterios originales. El proceso es muy sencillo como se mostrará aquí.

En muchas situaciones, es necesario agregar sub-criterios a uno o más de los criterios originales. El proceso es muy sencillo como se mostrará aquí. Además, se recomienda a los lectores que lean el manual de Super Decisions (la sección correspondiente a la creación de modelos jerárquicos) disponible en la pestaña Ayuda como parte del paquete de software y que consulten el Manual para la creación de modelos de decisión de AHP (Super Decisions 2012a) o el tutorial relacionado. (Super Decisions 2012b). En general, sugerimos que complemente esta capítulo con el material elaborado por Creative Decisions Foundation (2015) y Super Decisions (2015).

4.1. Introducción de sub-criterios en los modelos AHP de Super Decisions

Supongamos que para el ejemplo de compra de auto (que se muestra en la Fig. 4.1), al crear el cluster de criterios, nos damos cuenta de que necesitamos agregar criterios secundarios al criterio de costo.

Para añadir sub-criterios en Super Decisions v2:
Comparaciones por pares con sub-criterios https://www.youtube.com/watch?v=1vSAaCSk3wI

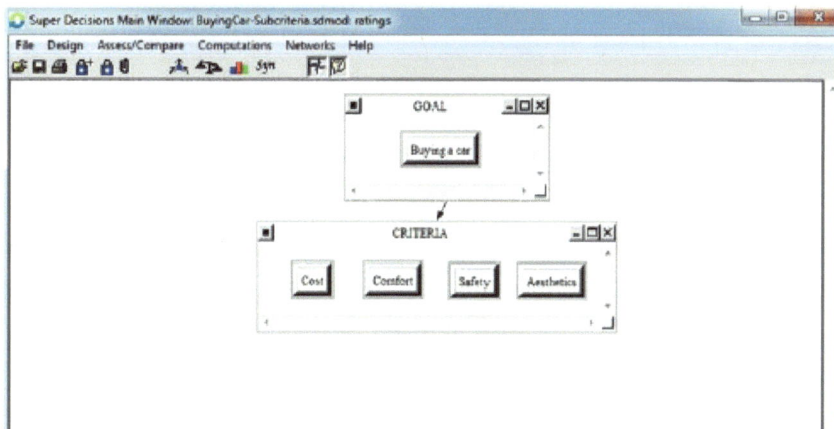

Fig. 4.1 Modelo de clasificaciones de compra de auto

Para este propósito, seleccionamos *Design > Cluster > New* (Diseño> Cluster> Nuevo) para crear un cluster de sub-criterios de costo. A continuación, seleccionamos el cluster de sub-criterios de costos, hacemos clic derecho y seleccionamos la opción *create node in cluster* (crear nodo en cluster) del menú desplegable para crear los dos nodos de sub-criterios de costo de adquisición y costo de mantenimiento como se muestra en la Fig. 4.2.

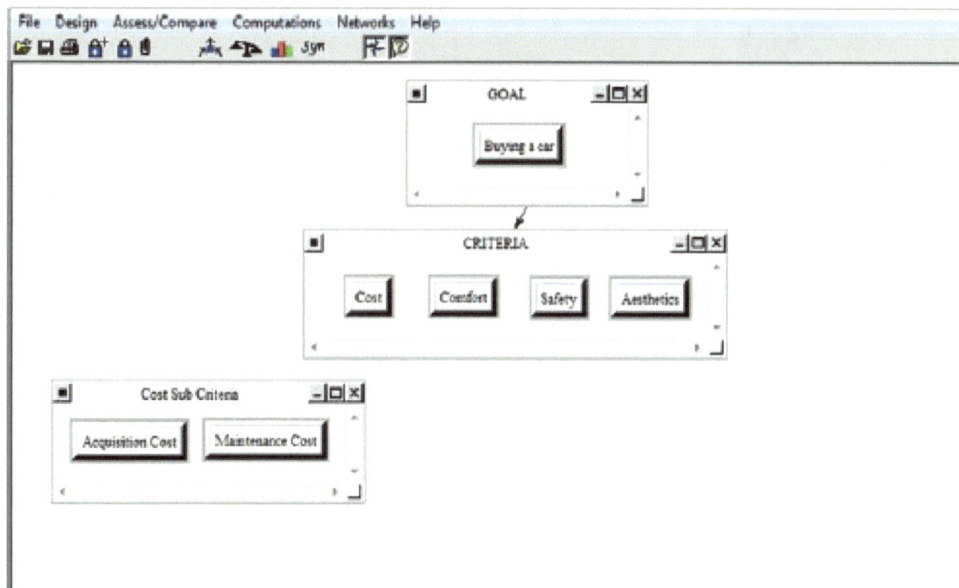

Fig. 4.2 Para añadir sub-criterios de costo

Nuestro siguiente paso es conectar el criterio de costo al nodo correspondiente de sub-criterios. Para este propósito, seleccionamos el nodo *Cost* (costo) y hacemos clic con el botón derecho para obtener un menú desplegable como se muestra en la Fig. 4.3. Seleccione la opción *"Node Connexions from"* (Conexiones de nodo de) para conectar el nodo actual (costo) al sub-criterio correspondiente y obtendrá la pantalla que se muestra en la Fig. 4.4.

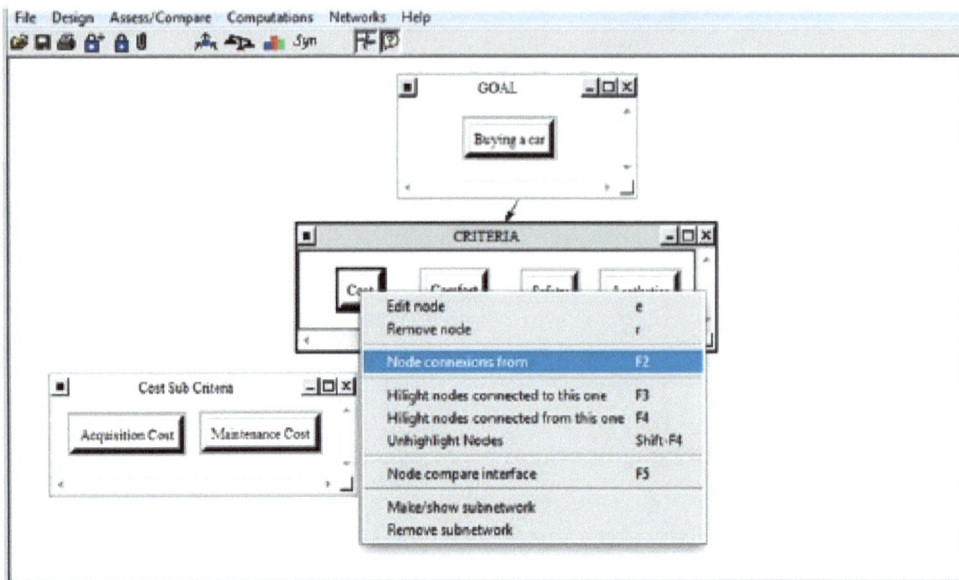

Fig. 4.3 Selección de la opción "Conexión de Nodos"

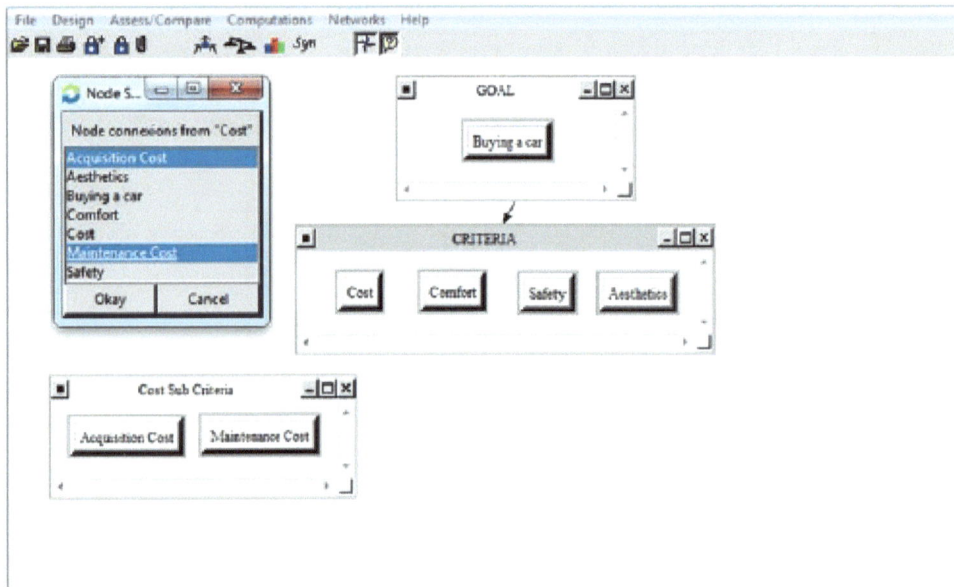

Fig. 4.4 Conexión del Costo a sus sub-criterios

Seleccione los dos nodos de sub-criterios de costo de adquisición y de costo de mantenimiento para completar las conexiones del criterio de costo como se muestra en la Fig. 4.4.

Seleccione el icono ✛ del menú del modelo superior y coloque el cursor sobre el nodo de criterio de costo para ver a qué nodos está conectado el costo. Como se puede ver en la Fig. 4.5, el nodo del criterio de costo está conectado a los nodos de sub-criterios de costo de adquisición y costo de mantenimiento, como lo indica el hecho de que estos dos nodos estén resaltados en rojo. Esto confirma que nuestras conexiones se han realizado correctamente.

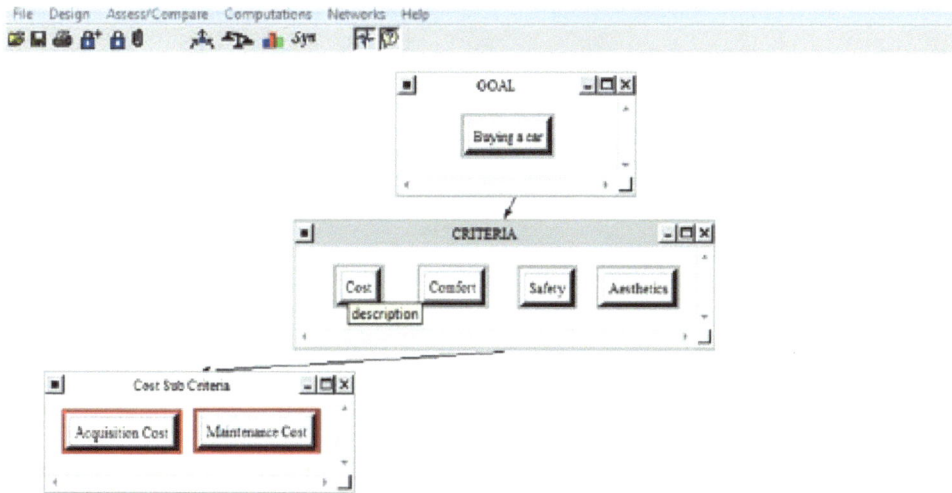

Fig. 4.5 Verificación de la conexión del costo a sus sub-criterios

Seleccione el nodo "*Goal: Buying a Car*" (Meta: Comprar un Auto) y verifique a qué nodos está conectado. Notará que, como se muestra en la Fig. 4.6, el nodo Comprar un Auto está conectado solo a los nodos de los criterios: costo, comodidad, seguridad y estética. Así es como debe ser porque comenzamos este ejemplo asumiendo que esta parte superior del modelo se había completado y comparado por pares para obtener los criterios de peso que se muestran en la Fig. 4.2. Sin embargo, siempre es muy importante verificar que las conexiones de su modelo sean correctas.

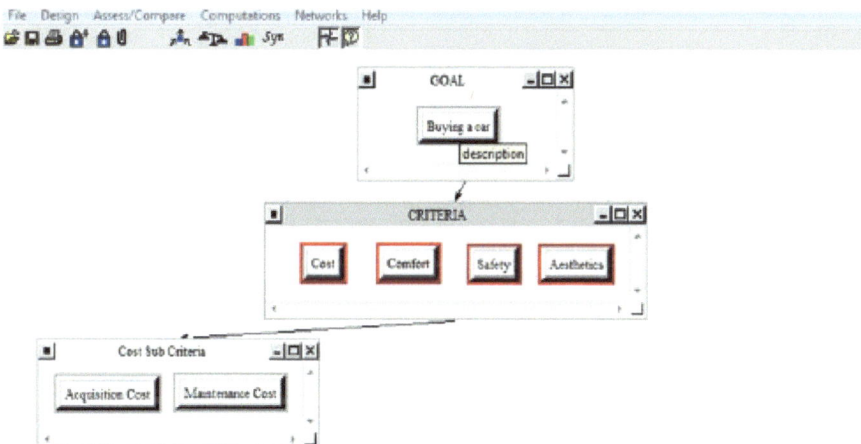

Fig. 4.6 Verificación de las conexiones de "Comprar un Auto" a sus criterios

Ahora, procedemos a crear el cluster de alternativas y sus nodos correspondientes (Car 1, Car 2 y Car 3) como se muestra en la Fig. 4.7.

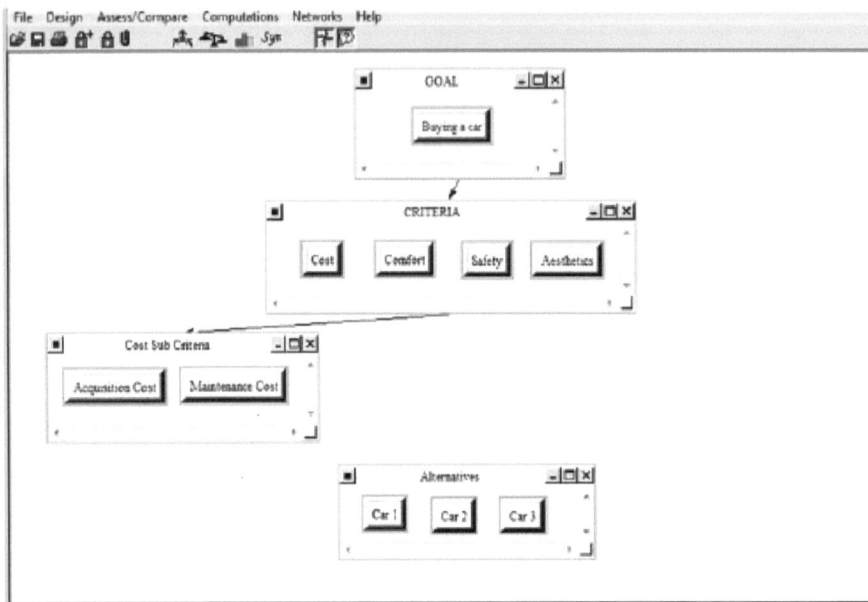

Fig. 4.7 Captura de pantalla del modelo antes de conectar las alternativas

Ahora necesitamos conectar los criterios a las alternativas. Lo haremos solo para los criterios: comodidad, seguridad y estética, como se muestra en la Fig. 4.8. Tenga en cuenta que NO conectamos el nodo de costo dado que tiene sub-criterios. En este caso, son los sub-criterios del costo los que se conectarán a las alternativas.

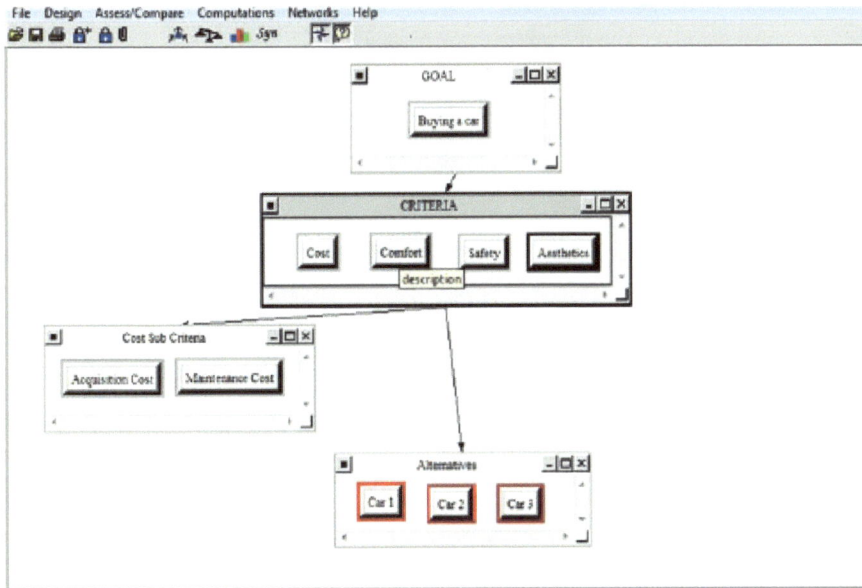

Fig. 4.8 Verificación de las conexiones de los criterios (excepto el costo) a las alternativas

Seleccione el nodo del sub-criterio de costo de adquisición, haga clic con el botón derecho, del menú desplegable seleccione las opciones *"node connections from"* (conexiones de nodo de) y seleccione las tres alternativas *Car 1, Car 2 y Car 3* (Auto 1, Auto 2 y Auto 3) para conectar el costo de adquisición a todas las alternativas. Para verificar que las conexiones se hayan realizado correctamente, seleccione el ícono [+], coloque el cursor sobre el sub-criterio de costo de adquisición y obtendrá la pantalla que se muestra en la Fig. 4.9, lo cual confirma que el costo de adquisición está conectado a todas las alternativas, como lo indican los recuadros resaltados en rojo en la figura 4.9.

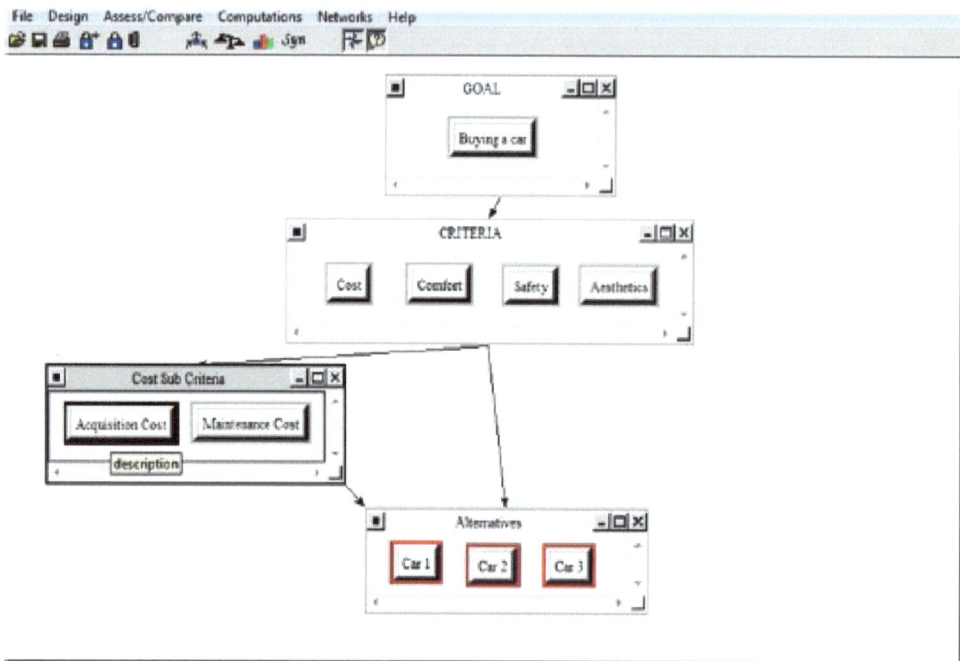

Fig. 4.9. Verificación de la conexión de "Costo de Adquisición" a las alternativas

Repita el mismo procedimiento para conectar el nodo del sub-criterio de *maintenance cost* (costo de mantenimiento) a cada una de las alternativas. Una vez completado este paso, verifique que este nodo esté conectado correctamente a las alternativas como se muestra en la Fig. 4.10.

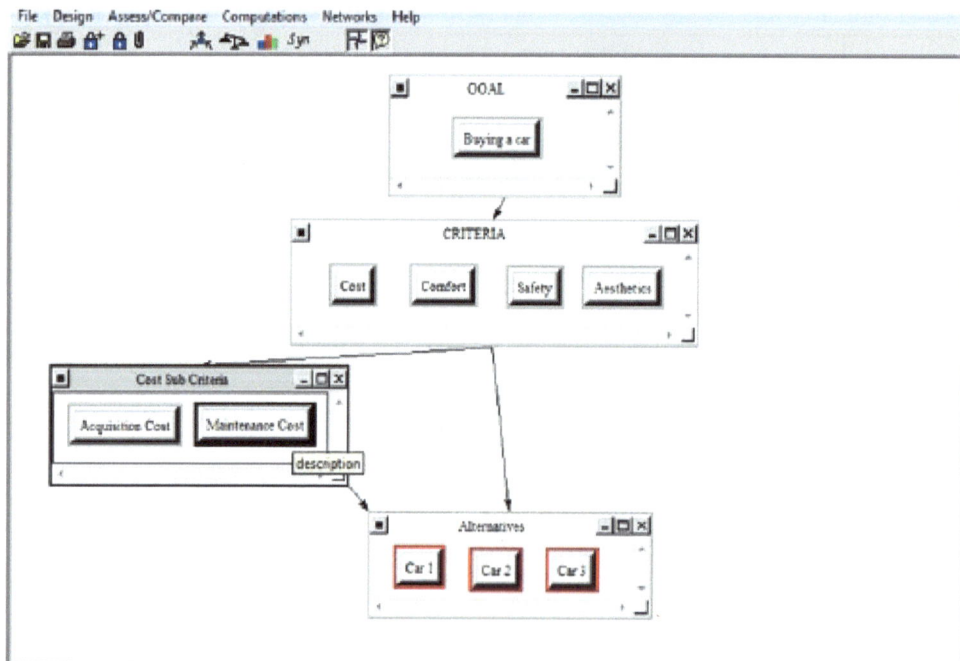

Fig. 4.10 Verificación de la conexión del "Costo de Mantenimiento" a las alternativas

Los criterios superiores de costo, comodidad, seguridad y estética deben compararse por pares para obtener sus pesos, para verificar que la inconsistencia de la matriz de comparación sea menor o igual a 0.1. Como se puede observar en la Fig. 4.11, la comparación de los criterios por pares se completó y se obtuvieron los pesos de los criterios (en el panel derecho etiquetado como "3. Resultados") con una inconsistencia de 0.06948 que es mucho menor a 0.1.

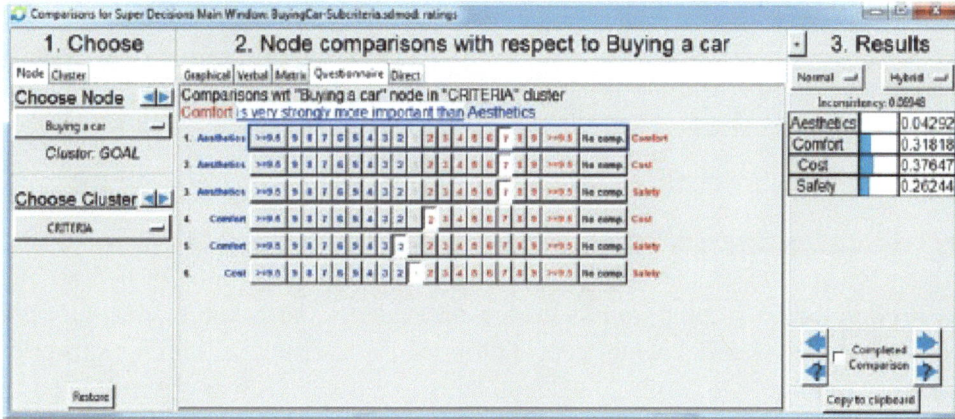

Fig. 4.11 Comparación de los criterios por pares

Ahora debemos comparar por pares los sub-criterios de costo: costo de adquisición y costo de mantenimiento, con respecto a su nodo del criterio de costo como se muestra en la Fig. 4.12. En este ejemplo, el costo de mantenimiento es fuertemente más importante que el costo de adquisición con respecto al costo. Los resultados (panel derecho) indican que el costo de mantenimiento tiene un peso de 0.833, mientras que el costo de adquisición tiene 0.166. Además, tenga en cuenta que la inconsistencia es 0.000 porque solo vamos a comparar dos sub-criterios. Sin embargo, si tuviéramos tres o más sub-criterios, lo más probable es que hubiéramos obtenido una inconsistencia distinta de 0. En ese caso, es importante asegurarnos de que esta inconsistencia sea menor o igual a 0.1 y se deben hacer las correcciones a los juicios que sean necesarias.

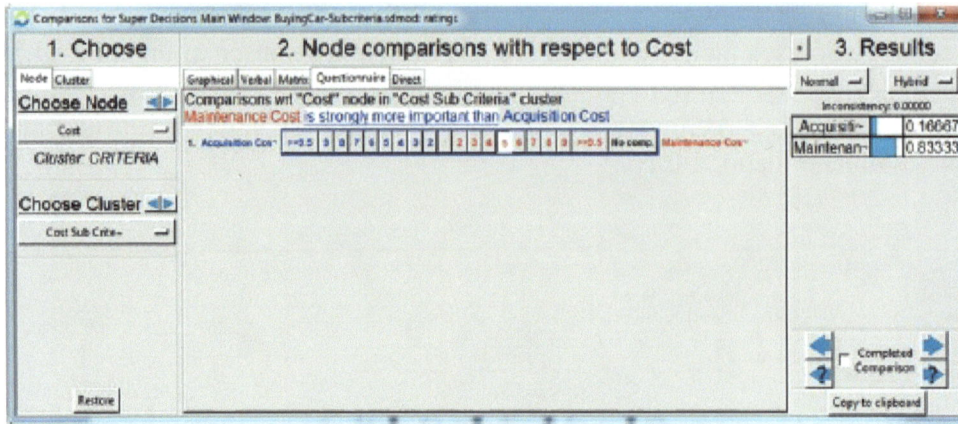

Fig. 4.12 Comparación por pares de los sub-criterios de costo con respecto al "Costo"

A continuación, comparamos las alternativas por pares con respecto a cada criterio. Pero, en el caso del costo, compararemos las alternativas con los sub-criterios de costo. Para este propósito, primero seleccionamos el nodo del sub-criterio de costo de adquisición, hacemos clic con el botón derecho y seleccionamos *"node compare interface"* (la interfaz de comparación de nodo) del menú desplegable. Entramos en los juicios y obtenemos la pantalla que se muestra en la figura 4.13. Los resultados (panel derecho) muestran que el Auto 1 tiene la preferencia más alta (0.733) con respecto a los costos de adquisición. Además, el nivel de inconsistencia (0.090) es aceptable ($<= 0.1$); por lo tanto, no se requiere ni análisis de inconsistencia ni ajustes de comparación.

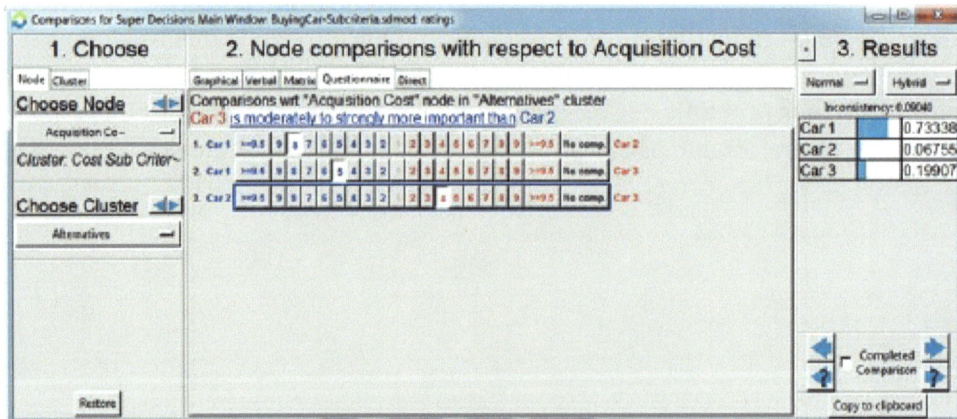

Fig. 4.13 Comparación de las alternativas con respecto al Costo de Adquisición

Repetimos el mismo procedimiento para comparar las alternativas con respecto al nodo del sub-criterio de Costo de Mantenimiento como se muestra en la figura 4.14. Nuevamente, verificamos que el nivel de inconsistencia sea aceptable ($0.06239 <= 0.1$) antes de aceptar los resultados que indican que el Auto 1 es la mejor opción (0.730) con respecto a los costos de mantenimiento, como se muestra en la Fig. 4.14.

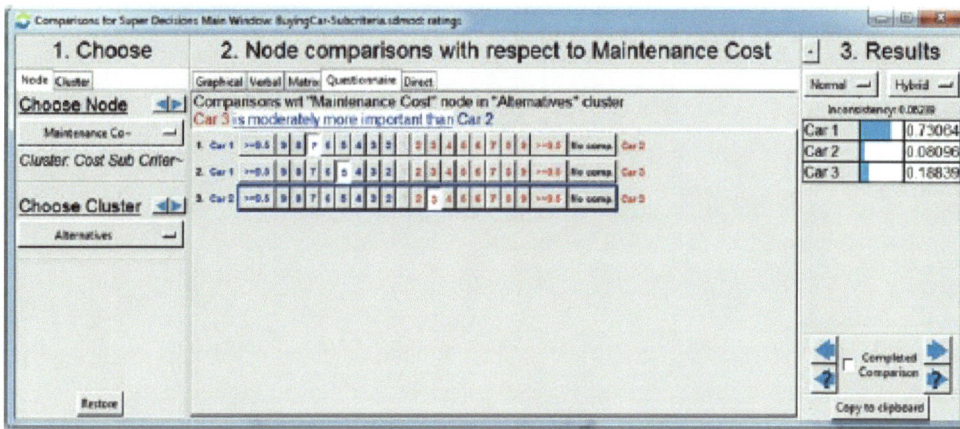

Fig. 4.14 Comparación de las alternativas con respecto al Costo de Mantenimiento

Luego repetimos la evaluación por pares de las alternativas con respecto a los otros criterios de comodidad, seguridad y estética; como se muestra en las Figs. 4.15, 4.16 y 4.17.

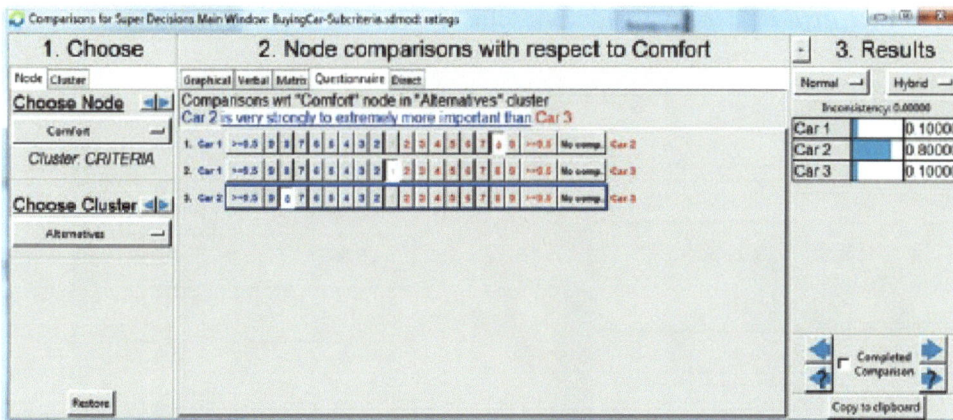

Fig. 4.15 Comparación de las alternativas con respecto a la "Comodidad"

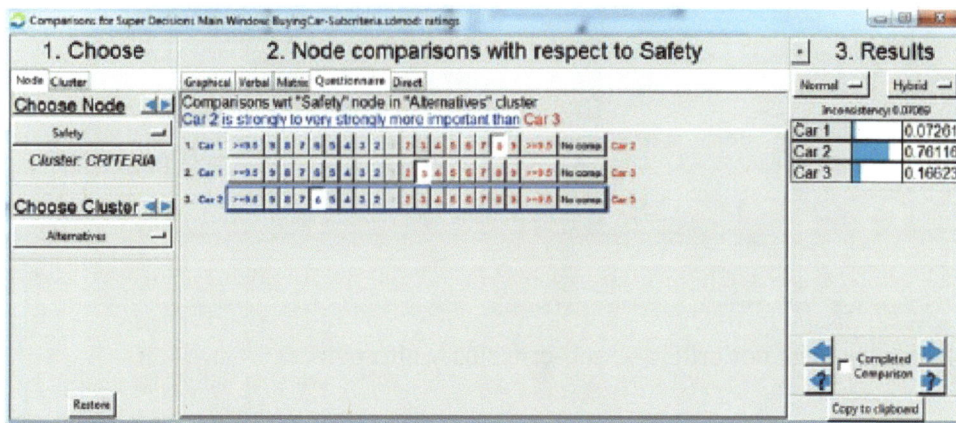

Fig. 4.16 Comparación de las alternativas con respecto a la "Seguridad"

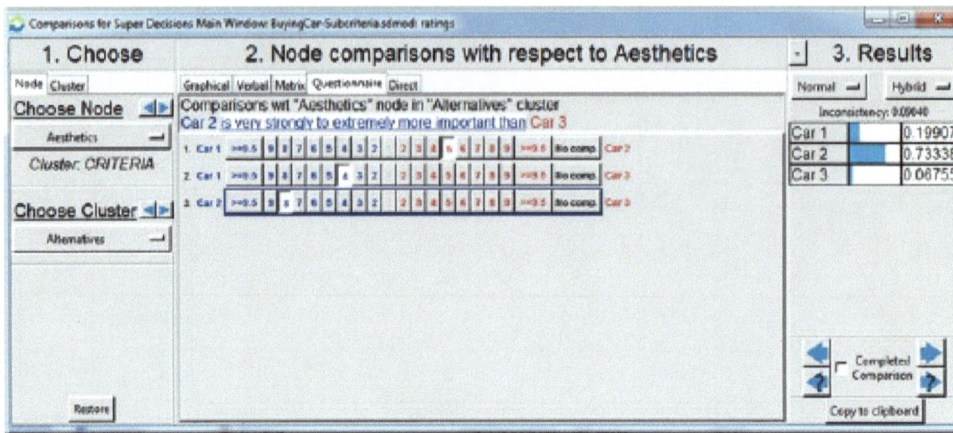

Fig. 4.17 Comparación de las alternativas con respecto a la "Estética"

El último paso es obtener las prioridades finales seleccionando del menú superior, *"Computations > Priorities"* (Cálculos> Prioridades) para obtener los resultados que se muestran en la Fig. 4.18. Esta figura muestra todas las prioridades (bajo el encabezado *"Normalized by Cluster,"* Normalizado por Cluster) obtenidas en el modelo de decisión.

Fig. 4.18 Prioridades por criterios, sub-criterios y alternativas

Para enfocarnos solo en las prioridades obtenidas para las alternativas, seleccione *Computations > Synthesis* (Cálculos> Síntesis) para obtener los resultados que se muestran en la Fig. 4.19.

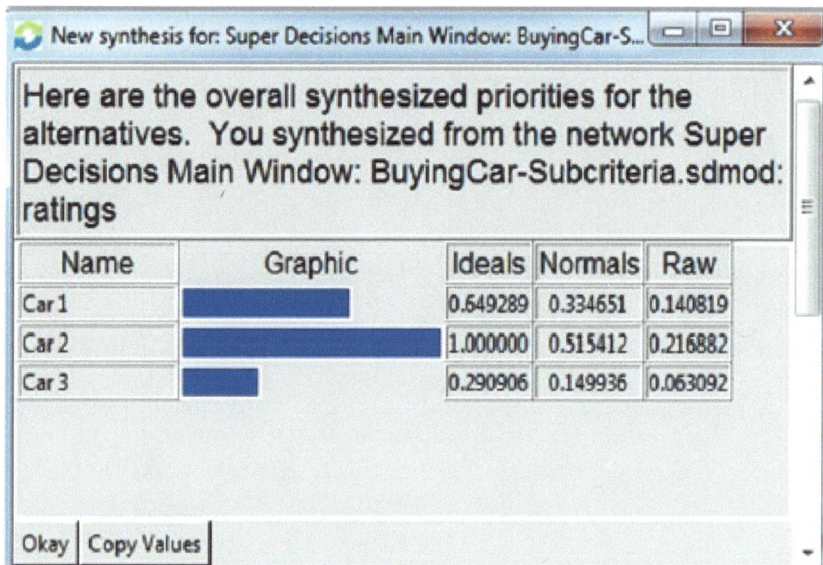

Fig. 4.19 Prioridades globales para el ejemplo de "Comprar un Auto"

En resumen, el procedimiento para insertar sub-criterios a un criterio específico (por ejemplo, Costo en la Fig. 4.1) consiste en[12]:

• Crear un cluster de sub-criterios para el criterio específico (por ejemplo, sub-criterios de costo en la Fig. 4.2),

• Crear los nodos de sub-criterios (por ejemplo, costos de adquisición y mantenimiento en la Fig. 4.2),

• Conectar el nodo del criterio (por ejemplo, costo) a los nodos de sub-criterios (por ejemplo, costos de adquisición y mantenimiento en las figuras 4.3, 4.4 y 4.5),

• Conectar los nodos de sub-criterios a las alternativas (Figs. 4.9 y 4.10),

• Comparar por pares los sub-criterios (por ejemplo, los costos de adquisición y mantenimiento) con respecto al criterio (por ejemplo, el costo) para obtener los pesos relativos del sub-criterio (Figs. 4.13 y 4.14).

• Comparar las alternativas con respecto a estos sub-criterios (Figs. 4.13 y 4.14).

4.2 Conclusión

En este capítulo, usted ha aprendido cómo insertar sub-criterios en un Modelo de Super Decisions. Fíjese que las alternativas se comparan con los nodos inferiores de la jerarquía, independientemente de que estos nodos sean criterios o sub-criterios. En nuestro ejemplo, las alternativas se compararon con el costo de adquisición, el costo de mantenimiento, la comodidad, la seguridad y la estética donde los primeros dos nodos son sub-criterios. Con qué nodos se comparan las alternativas se determina por las conexiones verticales de arriba hacia abajo de los criterios/subcriterios a las alternativas.

---

[12] Aquí estamos resumiendo solamente la inserción de sub-criterios, no el análisis de todo el modelo como hicimos en capitulo anterior.

Referencias

Creative Decisions Foundation (2015). *Creative decisions foundation*. Recuperado de http://www.creativedecisions.net.

Super Decisions (2012a). *Manual for building AHP models*. Recuperado de: http://beta.superdecisions.com/tutorial-1-building-ahp-models/manual-for-building-ahp-decision-models/.

Super Decisions (2012b). *Tutorial 8: Building AHP models*. Recuperado de: http://www.superdecisions.com/tutorial-1-building-ahp-models/.

Super Decisions (2015). *Super decisions*. Retrieved from http://www.superdecisions.com.

Capítulo 5: Comprensión de los Modelos de Puntajes

Enrique Mu[a,*,1] and Milagros Pereyra-Rojas[b,2]

[a] Carlow University, Pittsburgh, PA, USA
[b] University of Pittsburgh, Pittsburgh, PA, USA
[1] Email: muex@carlow.edu.
[2] Email: milagros@pitt.edu.

Sinopsis

Hasta este punto hemos discutido los modelos relativos de AHP; es decir, modelos en los que tanto los criterios como las alternativas se priorizan por medio de comparación por pares.

Hasta ahora hemos discutido los modelos relativos de AHP; es decir, modelos en los que tanto los criterios como las alternativas se priorizan por medio de comparación por pares. Sin embargo, a veces hay una gran cantidad de alternativas que considerar. Por ejemplo, en el caso que queramos evaluar a los empleados para promoverlos, no sería raro tener que evaluar 30 o más empleados. Esto haría que una comparación por pares fuera muy difícil debido al número excesivo de comparaciones requeridas. Una situación similar ocurre cuando constantemente se están agregando o eliminando alternativas. Por ejemplo, en el caso anterior, en que los empleados varían en número y deben evaluarse semestral o anualmente. Una comparación por pares requiere un proceso comparativo repetitivo cada vez que se agregue o elimine opciones. Este proceso es tedioso. Para resolver estas dos situaciones (gran número de alternativas o la adición/eliminación frecuente de alternativas), se han desarrollado modelos de puntajes (Saaty 2012). En este método, la prioridad de los criterios también se obtiene por comparación por pares. A continuación, se desarrolla una escala de puntajes específica para cada uno de los criterios y se evalúan las alternativas, de manera independientemente, utilizando estas escalas. Veamos cómo funciona este método.

5.1 Desarrollo de Escalas de Puntajes para los Criterios

Empezamos con los pesos (importancia) obtenidos para cada criterio (prioridades locales) en el paso 2 (Capítulo 2) por medio de comparación por pares. Pero en lugar de comparar las alternativas por pares, desarrollaremos una escala de puntajes para cada uno de los criterios y las alternativas se puntuarán según cada criterio. En nuestro ejemplo anterior de la compra de un auto, habíamos derivado los pesos de costo (0.669), comodidad (0.088) y seguridad (0.243) como se muestra en la Tabla 5.1.

Tabla 5.1 Criterios y pesos para la evaluación de las alternativas

	Costo	Comodidad	Seguridad
Pesos de Criterios →	0.669	0.088	0.243
Auto 1			
Auto 2			

A continuación, desarrollamos una escala de puntajes para cada criterio. Esta escala puede ser diferente para cada criterio o la misma para todos. Las Tablas 5.2, 5.3 y 5.4 muestran ejemplos de escalas para cada criterio:

Tabla 5.2 Escala para costos

Costo ($)	Escala	Puntaje
10,000–15,000	Muy bajo	5
16,000–20,000	Bajo	4
21,000–30,000	Regular	3
31,000–40,000	Alto	2
>40,000	Muy alto	1

Tabla 5.3 Escala para comodidad

Comodidad	Escala	Puntaje
4 pasajeros con un espacio apretado	Incómodo	3
4 pasajeros con suficiente espacio	Aceptable	5
4 pasajeros con amplio espacio	Cómodo	7

Tabla 5.4 Escala para seguridad

Seguridad	Escala	Puntaje
Clasificado en el percentil 30 inferior	Bajo	3
Clasificado entre el percentil 31 y 69	Aceptable	5
Clasificado en el percentil 70 superior	Alto	7

Las escalas pueden tener diferentes rangos o valores para cada criterio. Se recomienda una escala con 3, 5, 7 o 10 valores diferentes. La etiqueta de cada puntaje también es arbitraria y debe seleccionarse para facilitar la evaluación de las alternativas. Finalmente, tenga en cuenta que un puntaje más alto debe reflejar una mayor conveniencia de la alternativa (por ejemplo, un auto con un costo más alto tendrá un puntaje más bajo en la escala de la Tabla 5.2).

Ahora procedemos a realizar la evaluación de alternativas para cada criterio. Esta evaluación se puede hacer con las escalas verbales que hemos creado. Comencemos con la primera fila en la matriz de puntajes para calificar al Auto 1 como se muestra en la

Tabla 5.5. Por ejemplo, con respecto al costo, ¿qué puntaje debemos asignar al Auto 1? Una posible respuesta, utilizando la escala de la Tabla 5.2, podría ser "Bajo" como se muestra en la celda del Costo del Auto-1 en la Tabla 5.5. Sin embargo, al momento de realizar los cálculos, esta calificación verbal será reemplazada por el puntaje 4 (de la Tabla 5.2) como se muestra en la Tabla 5.6. Del mismo modo, ¿qué puntaje debemos darle al Auto 1 con respecto a la comodidad? Una posible respuesta sería "aceptable" (Tabla 5.5) que es un "5" para fines de cálculo (Tabla 5.6); y, finalmente, se asigna una puntuación "Alta" a esta alternativa con respecto a la seguridad. A continuación, realizamos una evaluación similar para el Auto 2 en la segunda fila en la matriz de puntajes (Tabla 5.5). En este ejemplo, el Auto 2 ha sido calificado como *Alto* con respecto al costo, *Cómodo* con respecto a la comodidad y *Aceptable* con respecto a la seguridad. Las puntuaciones se pueden ver de forma cualitativa o cuantitativa, como se muestra en las Tablas 5.5 y 5.6, respectivamente.

Tabla 5.5 Evaluación cualitativa de las alternativas

	Costo	Comodidad	Seguridad
Peso de Criterios →	0.669	0.088	0.243
Auto 1	Bajo	Aceptable	Aceptable
Auto 2	Alto	Cómodo	Alto

Tabla 5.6 Evaluación cuantitativa de las alternativas

	Costo	Comodidad	Seguridad
Peso de Criterios →	0.669	0.088	0.243
Auto 1	4	5	5
Auto 2	2	7	7

5.2 Derivación de las Prioridades Globales (Síntesis de Modelo)

Ahora nos ocuparemos del siguiente paso para calcular las prioridades generales o la síntesis, que en este caso consiste en calcular las puntuaciones finales. El proceso también consiste en calcular la adición ponderada de las prioridades locales, como se mostrará a continuación. Necesitamos multiplicar cada puntaje por el peso de sus criterios y agregar filas para las prioridades generales o puntajes finales. Es decir, calculamos la suma ponderada de las puntuaciones para cada alternativa para el Auto 1:
Puntaje final (total) para el Auto 1:
$$4 \times 0.669 + 5 \times 0.088 + 5 \times 0.243 = 4.331$$
Puntaje final (total) para el Auto 2:
$$2 \times 0.699 + 7 \times 0.088 + 7 \times 0.243 = 3.655$$

Para expresar estos totales como prioridades generales, simplemente normalizamos la columna de totales; es decir, dividimos el valor de cada celda (4.331 y

3.655, respectivamente) entre el total de la columna (7.986) para obtener las prioridades respectivas para el Auto 1 (4.331/7.986 = 0.542) y el Auto 2 (3.655 / 7.986).

Estos resultados se resumen en la Tabla 5.7.

Tabla 5.7 Prioridades globales de las alternativas

	Prioridad global	Total	Costo	Comodidad	Seguridad
Peso de criterios →			0.669	0.088	0.243
Auto 1	0.542	4.331	4	5	5
Auto 2	0.458	3.655	2	7	7

En otras palabras, la Tabla 5.7 muestra que dada la importancia (peso) que damos a cada criterio de compra (costo, comodidad y seguridad), el Coche 1 es preferible (0.542 prioridad general) al Coche 2 (0.458 prioridad general).

5.3 Conclusión

Aunque los resultados finales no difieran mucho del análisis de comparación por pares que hicimos en un capítulo anterior (en ambos casos, el Auto 1 es la mejor opción); es importante notar que al usar un modelo de puntajes, sería muy fácil evaluar alternativas adicionales (por ejemplo, 5 o 6 autos más) simplemente agregando más filas a la matriz en la Tabla 5.7 y proceder a evaluarlas utilizando las escalas de puntajes desarrolladas. Del mismo modo, retirar un auto de la lista de alternativas no afectaría la evaluación realizada para los demás. El lector puede imaginar la ventaja del método de clasificación si considera el esfuerzo requerido para evaluar, por ejemplo, 50 vehículos o más. La comparación por pares no sería práctica y el método de puntajes sería la mejor opción para este tipo de evaluación.

Referencia

Saaty, T. L. (2012). *Decision Making for Leaders: The Analytic Hierarchy Process for Decisions in a Complex World.* Tercera Edición Revisada. Pittsburgh: RWS Publications.

Capítulo 6: Uso de Modelos de Puntajes con Super Decisions v2

Enrique Mu[a][*][1] and Milagros Pereyra-Rojas[b][2]

[a] Carlow University, Pittsburgh, PA, USA
[b] University of Pittsburgh, Pittsburgh, PA, USA
[1] Email: muex@carlow.edu.
[2] Email: milagros@pitt.edu.

Sinopsis

En este capítulo, aprenderemos cómo construir modelos de calificación utilizando Super Decisions. Puede ser útil revisar la discusión teórica de los modelos de calificación en el capítulo anterior. Aquí nos centraremos en los aspectos prácticos del uso de Super Decisions para los modelos de calificación.

En este capítulo, aprenderemos cómo construir modelos de calificación utilizando Super Decisions. Puede ser útil revisar la discusión teórica de los modelos de calificación del capítulo anterior. Aquí nos centraremos en los aspectos prácticos del uso de Super Decisions para los modelos de calificación. Además, para obtener información adicional detallada, se recomienda a los lectores que lean el manual de Super Decisions (discusión del modelo de calificación) disponible en la pestaña de Ayuda (Help) como parte del paquete de software, y que naveguen la sección relacionada con los modelos de calificación en el Manual para la Creación de Modelos de Decisión de AHP (Super Decisions 2012a) o el tutorial relacionado Creación de modelos de calificación de AHP (Super Decisions 2012b). En general, sugerimos que complemente este capítulo con material compilado por Creative Decisions Foundation (2015) y Super Decisions (2015).

6.1 Cómo Construir Modelos de Calificación en Super Decisions

A fin de mantener la consistencia, usaremos el mismo ejemplo de *Comprar un auto* con *Super Decisions*. El modelo correspondiente al objetivo y los criterios se muestran en la Fig. 6.1. Aún no hemos agregado las alternativas porque lo haremos como parte del modelo de calificación.

Construcción de Modelos de Calificación AHP en Super Decisions v2
https://www.youtube.com/watch?v=VnaZLzJ7WOM
Evaluación of Alternativas usando Modelos de Calificación
https://www.youtube.com/watch?v=eLP6QNREhW8

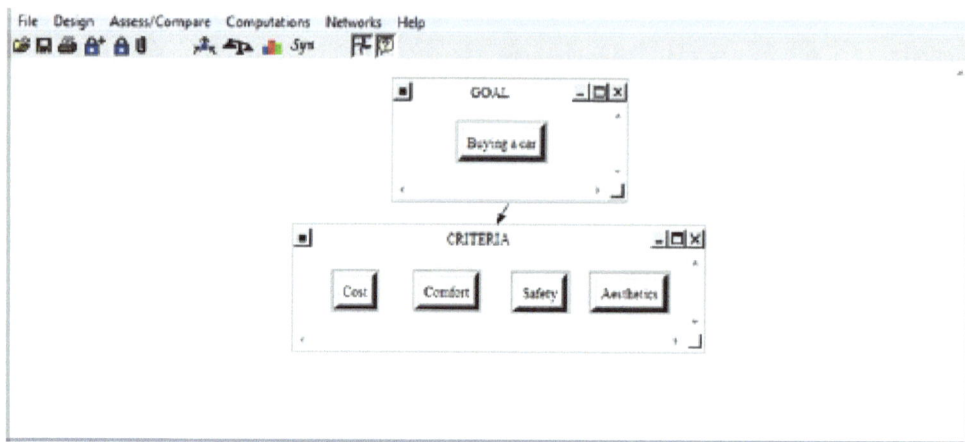

Fig. 6.1 Modelo de criterios para comprar un auto

Primero, priorizaremos los criterios (costo, comodidad, seguridad y estética). Esta etapa sigue el mismo procedimiento que antes.[13] Para este propósito, haga clic derecho en el nodo "buying a car" (comprar un auto) y seleccione "node compare interface" (interfaz de comparación de nodos) como se muestra en la Fig. 6.2.

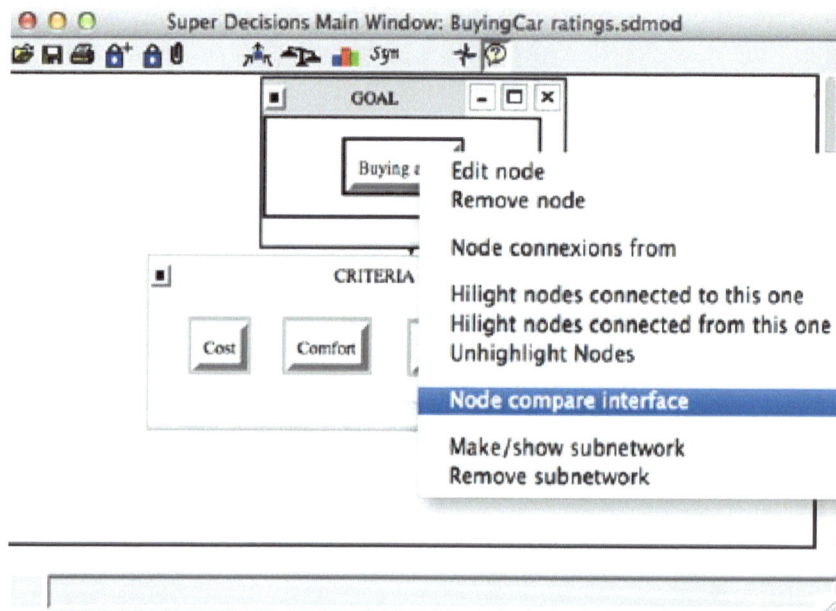

Fig. 6.2 Selección de la función de *interfaz de comparación de nodo*

Para fines de este ejemplo, supongamos que se han ingresado los juicios para las comparaciones de criterios (costo, comodidad, seguridad y estética) que se muestran en la Fig. 6.3. Una vez que se han ingresado todos los juicios, obtenemos la siguiente pantalla

---

[13] Es decir, la priorización de criterios se realiza mediante comparación por pares tanto en el modelo relativo como en el modelo de calificación.

(ver Fig. 6.3). En el lado derecho (3. Resultados), Super Decisions muestra las prioridades calculadas (pesos) para cada uno de los criterios en nuestro ejemplo. Fíjese también que la inconsistencia es inferior a 0.10, lo cual es aceptable para continuar nuestro análisis.

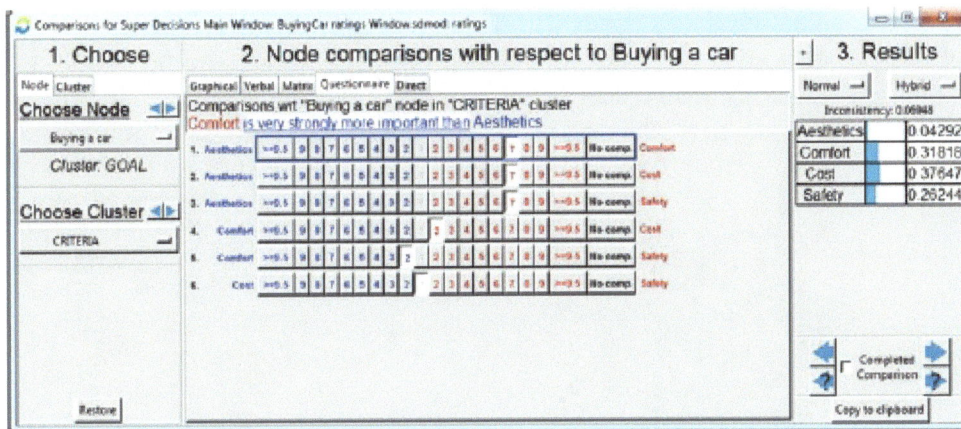

Fig. 6.3 Interfaz de comparación de nodos

En los modelos de calificación, la evaluación de las alternativas (auto 1, auto 2 y auto 3) no se realiza por comparación por pares, sino que se califican con respecto a cada criterio por separado.[14] Para este propósito, necesitamos crear una escala de calificación para cada criterio. En otras palabras, este paso requiere la priorización de las alternativas de acuerdo a cada uno de los criterios utilizando su escala de calificación respectiva (enseguida aprenderemos cómo crear escalas de calificación). Es decir, basándonos únicamente en el criterio *costo*, debemos establecer la prioridad para cada alternativa utilizando la escala de calificación del costo, luego, repetimos el proceso para el criterio de comodidad (utilizando la escala de calificación de comodidad) y así sucesivamente hasta que las alternativas hayan sido calificadas en relación a todos los criterios.

Primero, necesitamos crear un modelo de calificación. Para crear un modelo de calificación utilizando Super Decisions, seleccione en la ventana principal, la opción Assess/Compare (Evaluar/Comparar) seguida de Ratings (Calificaciones) y obtendremos la pantalla que se muestra en la Fig. 6.4.

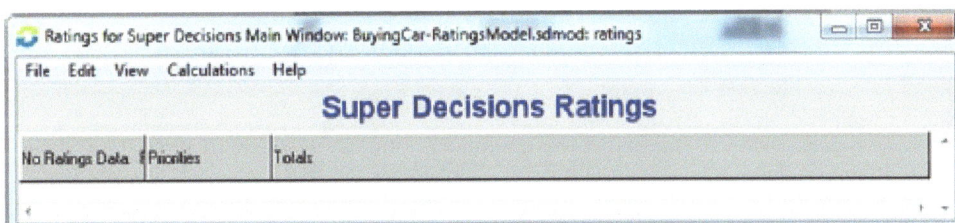

---

[14] Esta es la diferencia clave entre los modelos relativos y de calificación. En los modelos relativos, la priorización de las alternativas se realiza mediante una comparación por pares, pero en los modelos de calificación, la priorización de las alternativas se realiza mediante la calificación de cada alternativa mediante una escala de calificación (denominadas categorías) para cada uno de los criterios.

Fig. 6.4 Pantalla principal del método de calificaciones usando Super Decisions

En esta pantalla (Fig. 6.4), seleccione la opción *edit* (editar) seguida de *criteria* (criterios). Presione el botón *New* (Nuevo) y aparecerá una nueva ventana llamada *Select Criteria* (Selección de Criterios, Fig. 6.5). En esta nueva ventana, seleccione los criterios de costo, comodidad, estética y seguridad. Haga clic en el botón *Add* (Agregar) seguido de *Done* (Listo) para crear el encabezado de la matriz del modelo de calificación que se muestra en la Fig. 6.6. Tenga en cuenta que el software asigna automáticamente los pesos de los criterios basándose en la comparación de los criterios realizada anteriormente

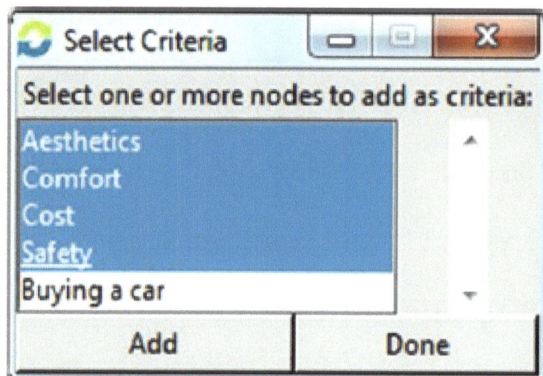

Fig. 6.5 Ventana de selección de criterios

Fig. 6.6 Modelo de calificaciones con criterios

A continuación, necesitamos agregar las alternativas. Con este fin, seleccionamos *Edit/Alternatives/New* (Editar/Alternativas/Nueva) y procedemos a ingresar el nombre de la primera alternativa. Este proceso se repite tantas veces como sea necesario, como se muestra en la Fig. 6.7. Una vez que todas las alternativas hayan sido ingresadas, haga clic en "cancelar" para cerrar la ventana "nueva alternativa".

Fig. 6.7 Modelo de calificaciones con alternativas

Ahora debemos crear una escala de calificación para cada criterio (costo, comodidad, seguridad y estética) para evaluar las alternativas. Con este fin, seleccione *Edit > Criteria > Edit Categories* (Editar>Criterios>Editar Categorías), seleccione Comfort (Comodidad) and haga clic en *OK* (Fig. 6.8).[15]

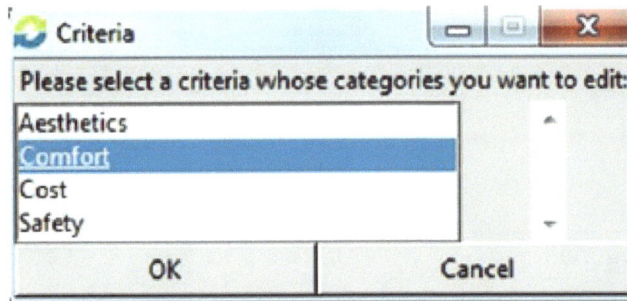

Fig. 6.8 Selección de criterio para crear una escala de calificación

El programa mostrará la ventana *Category Editor* (Editor de Categorías) como se muestra en la Fig. 6.9. En esta ventana, crearemos las categorías necesarias usando el botón *New* (Nuevo) e ingresando los nombres de las categorías como se muestra en la Fig. 6.10.

---

[15] Como se ha indicado anteriormente, las escalas de calificación desarrolladas para cada criterio se llaman "categories" (categorías) en el software de Super Decisions.

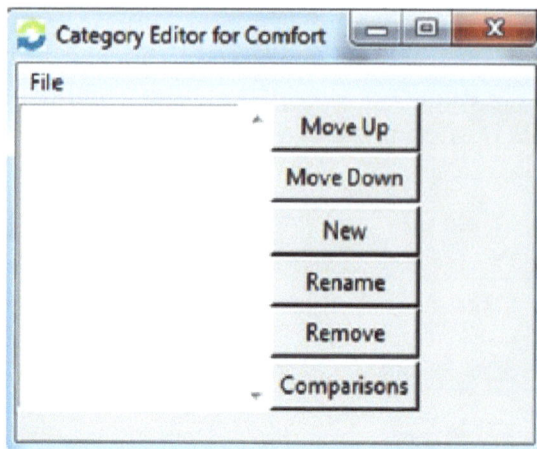

Fig. 6.9 Editor de categorías

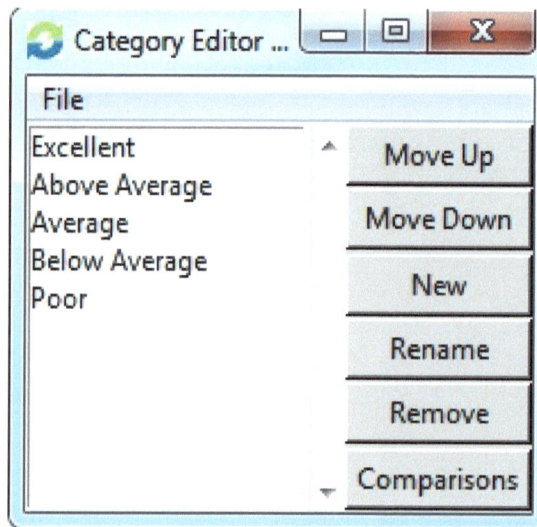

Fig. 6.10 Editor de categorías para nuestro ejemplo

Ahora debemos atribuirle un puntaje a cada categoría. Para este fin, presione el botón *Comparisons* (Comparaciones) en la ventana *Category Editor* (Editor de Categorías). De forma predeterminada, se mostrará el tipo de interfaz de comparación que utilizó la última vez (modo cuestionario en nuestro ejemplo). Ver Fig. 6.11.

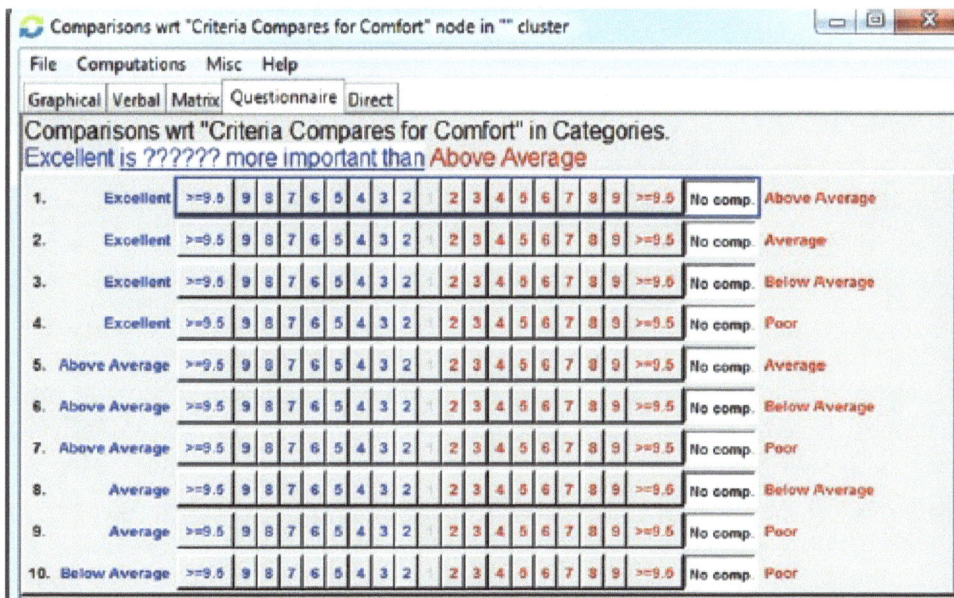

Fig. 6.11 Interfaz de comparación—modo cuestionario

Puede realizar una comparación por pares para obtener las prioridades de cada categoría. Otra posibilidad, que es la que se utilizará en este ejemplo, es ingresar directamente los pesos para cada categoría. Para ello, es necesario seleccionar la pestaña *Direct* (Directo) en la pantalla que se muestra en la Fig. 6.11. Aparecerá la pantalla que se muestra en la figura 6.12. Si desea usar una escala de Likert de 1 a 5, lo puede hacer ingresando los valores que se muestran en la Tabla 6.1. En la figura 6.12, los pesos se calculan normalizando la escala.

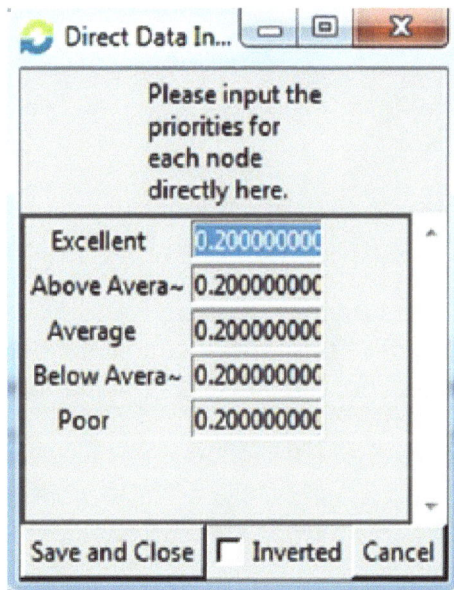

Fig. 6.12 Ventana de ingreso directo de pesos para cada categoría

Tabla 6.1 Valores para la escala de nuestro ejemplo

Categoría	Escala	Normal[a]	Ideal[b]
Excelente	5	0.33	1.0
Por encima del promedio	4	0.27	0.8
Promedio	3	0.20	0.6
Por debajo del promedio	2	0.13	0.4
Pobre	1	0.07	0.2

[a]Se calcula dividiendo cada valor de la escala entre el total de la escala (por ejemplo, 5/15 = 0.33, 5/15 = 0.27)

[a]Se calcula dividiendo cada valor de la escala entre el valor más alto (por ejemplo, 5/5 = 1, 4/5 = 0.8, 3/5 = 0.6)

Al ingresar estos pesos en la ventana que se muestra en la figura 6.12, concluimos con la ponderación de las categorías para el primer criterio de comodidad. Para confirmar que ha completado este proceso correctamente, permanezca en esta ventana y seleccione *Computations > Show Ideal Priorities* (Cálculos> Mostrar prioridades ideales) en la parte superior del menú principal de la interfaz de comparación (Fig. 6.11). Verá que las prioridades corresponden aproximadamente a los valores ideales propuestos en la Tabla 6.1. Estos valores constituyen los valores de calificación que se utilizarán para puntuar las alternativas. Los resultados se muestran en la figura 6.13.

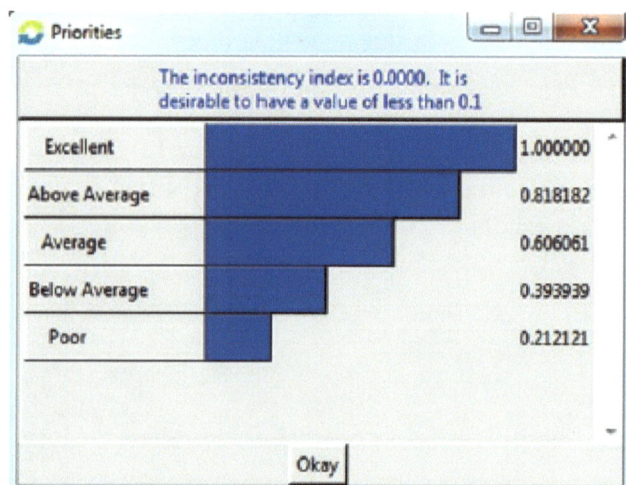

Fig. 6.13 Valores de escala de calificación para comodidad

Ahora puede cerrar esta ventana seleccionando la 'X' en la esquina superior derecha de la ventana. Siguiendo el mismo procedimiento, podemos crear las categorías y escalas diferentes para cada criterio. Sin embargo, cuando hay muchos criterios, puede ser más conveniente usar la misma escala para todas las categorías.

Para reutilizar el mismo conjunto de categorías para todos los criterios, debe crear una plantilla que pueda reutilizarse más adelante. Para crear una plantilla, seleccione "Assess/Compare" (Evaluar/Comparar) en el menú principal; seleccione "Ratings" (Calificaciones). Mantenga abierta la ventana de "ratings model" (modelo de calificación). En el menú principal, seleccione "Edit", "Criteria", "Edit Categories" (Editar, Criterios, Editar categorías, Fig. 6.8). A continuación, seleccione la categoría "confort" (comodidad) y obtendrá la Fig. 6.10. En esta ventana, seleccione "File" (Archivo) y luego la opción "Save template" (Guardar plantilla) como se muestra en la

Fig. 6.14. Guarde como (nombre) este archivo como *Likert* (asegúrese de guardarlo en el folder en el que está trabajando).

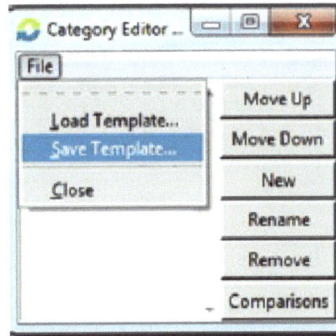

Fig. 6.14 Cómo guardar una plantilla de categoría

Ahora, podemos reutilizar esta plantilla para los otros criterios. Para este fin, debemos regresar a la ventana "Edit Categories" (Editar categorías), (Edit/Criteria/Edit Categories) (Editar/Criterios/Editar categorías). Esta vez seleccione el criterio "cost" (costo). Haga clic en "OK". Luego, vaya a *File > Load Template* (Archivo> Cargar plantilla) como se muestra en la Fig. 6.15. Haga doble clic en el archivo Likert (guardado anteriormente) y las categorías del criterio de costo serán las mismas que para el primer criterio (comodidad). Haga clic en "x" en la esquina superior derecha para cerrar esta ventana. Puede repetir este proceso hasta que todos los criterios tengan las categorías deseadas.

Fig. 6.15 Para cargar la plantilla de una categoría

Ahora se requiere evaluar las alternativas (auto 1, auto 2, auto 3) para cada criterio (costo, comodidad, estética y seguridad) utilizando las escalas de calificación creadas. Por ejemplo, para evaluar el Auto 1 con respecto al criterio de comodidad, coloque el cursor en la celda correspondiente (intersección de la fila *Car* 1 y la columna *Comfort*), haga clic con el botón izquierdo y obtendrá un menú desplegable con las cinco categorías. Seleccione y haga clic en la calificación deseada, que en nuestro ejemplo es *Below Average* (Por debajo del promedio). Repita este procedimiento hasta que todas las alternativas hayan sido evaluadas con respecto a cada criterio como se muestra en la Fig. 6.16.

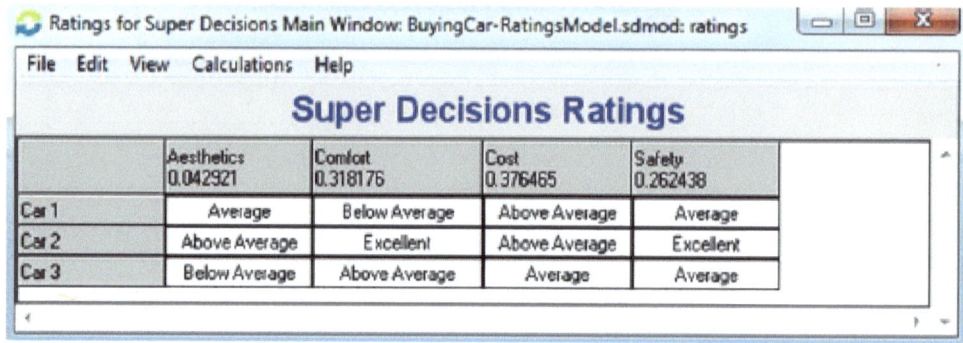

Fig. 6.16 Evaluación de las alternativas usando el modelo de calificaciones

Si su pantalla no muestra la columna de totales y prioridades, debe habilitar la opción de visualización. Para ver las calificaciones calculadas y las prioridades normalizadas, seleccione *View/Totals Column* (Ver/Columna de totales) y *View/Priorities Column* (Ver/Columna de prioridades), respectivamente, como se muestra en la Fig. 6.17. Se obtendrán los resultados mostrados en la figura 6.18.

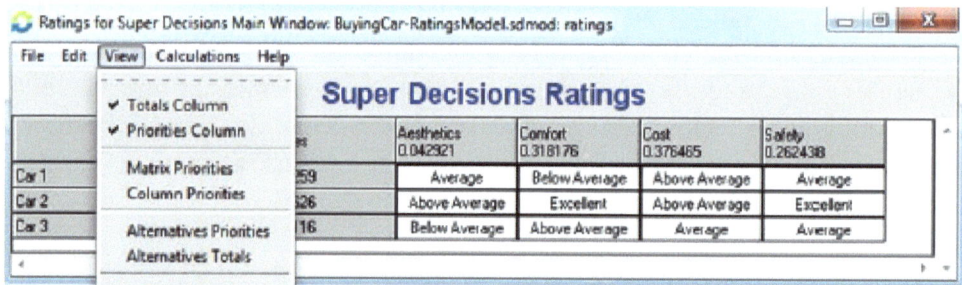

Fig. 6.17 Para habilitar la visualización de las columnas de totales y prioridad

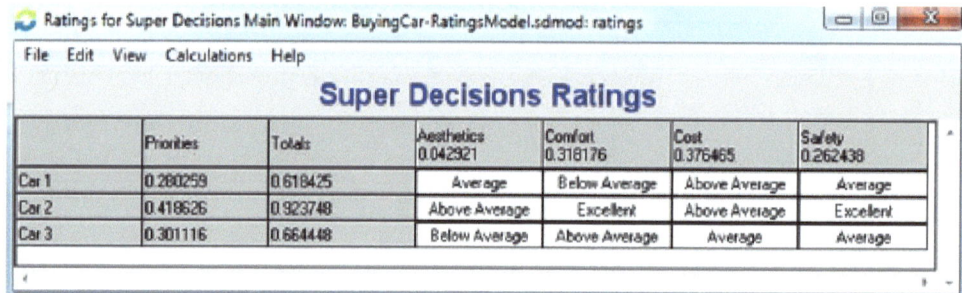

Fig. 6.18 Resultados de las calificaciones finales y prioridades

En la Fig. 6.18, la columna "Totals" (Totales) corresponde a la suma de puntuación ponderada de cada alternativa (recuerde que cada calificación verbal en la Fig. 6.19 corresponde a un valor numérico específico como se muestra en la Fig. 6.13). Una alternativa que es Excelente con respecto a cada criterio en el modelo obtendrá la puntuación total máxima de 1. Al normalizar la columna de Totales (dividiendo cada valor por la suma total de los valores de la columna) obtenemos la columna de Prioridades que muestra la importancia relativa de cada alternativa. También puede ver estos resultados en la forma tradicional de seleccionar las prioridades *Calculations/Synthesize* (Cálculos/Sintetizar) como se muestra en la Fig. 6.19.

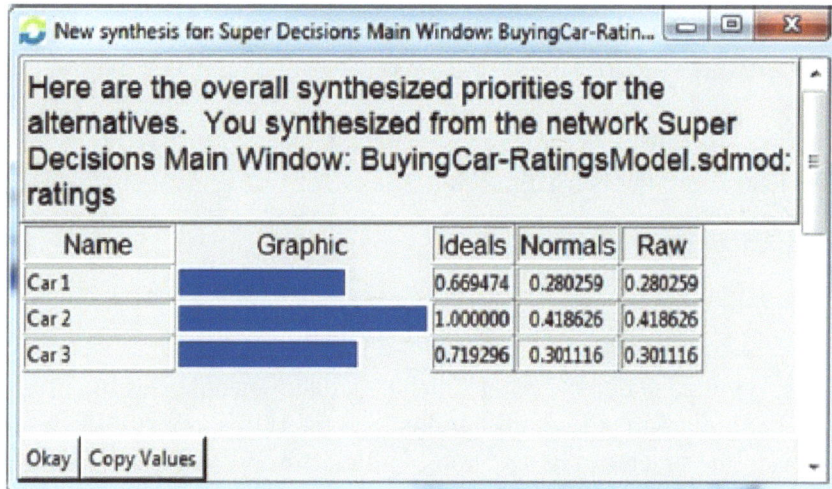

Fig. 6.19 Resultados del modelo de calificaciones en forma de prioridades

6.2. Conclusión

Las Figuras 6.16, 6.17 y 6.18 muestran cómo usar Super Decisions para los Modelos de Calificación. Incluso alguien que no haya participado en la construcción del modelo de decisión puede usarlo fácilmente para evaluar alternativas. Además, es bastante simple agregar y eliminar alternativas, y esta claramente es una de las razones principales para usar los modelos de calificación de AHP.

Referencias

Creative Decisions Foundation. (2015). *Creative Decisions Foundation*. Recuperado de http://www.creativedecisions.net.

Super Decisions. (2012a). *Manual for building AHP models*. Recuperado de: http://beta.superdecisions.com/tutorial-1-building-ahp-models/manual-for-building-ahp-decision-models/.

Super Decisions. (2012b). *Tutorial 8: Building AHP rating models*. Recuperado de: http://www.superdecisions.com/tutorial-8-building-ahp-rating-models/.

Super Decisions. (2015). *Super Decisions*. Recuperado de http://www.superdecisions.com.

Capítulo 7: Análisis de Beneficio/Costo usando AHP

Enrique Mu[a*,1] and Milagros Pereyra-Rojas[b,2]

[a] Carlow University, Pittsburgh, PA, USA
[b] University of Pittsburgh, Pittsburgh, PA, USA
[1] Email: muex@carlow.edu.
[2] Email: milagros@pitt.edu

Sinopsis

En el mundo de hoy, se deben tomar muchas decisiones en todos los niveles de gestión. Aprender a examinar en detalle todos los beneficios, oportunidades, costos y factores de riesgo que afectarán la decisión de iniciar un proyecto son habilidades importantes para quienes toman las decisiones.

En el mundo de hoy, se deben tomar muchas decisiones en todos los niveles de gestión. Aprender a examinar en detalle todos los beneficios, oportunidades, costos y factores de riesgo que afectarán la decisión de lanzar un proyecto son habilidades importantes para quienes toman decisiones (Saaty 2012). Un problema importante en el análisis de Beneficio/Costo (B/C) es la dificultad que implica la asignación de un valor (quizás monetario) a los beneficios, oportunidades, costos y riesgos. La solución a este problema es considerar factores tangibles e intangibles para el proceso de evaluación de beneficio/costo (Wijnmalen 2007).

7.1 Análisis AHP de Beneficio/Costo

Tradicionalmente, el análisis B/C se ha realizado para responder la siguiente pregunta: ¿Qué alternativa proporcionará los mayores beneficios con los costos más bajos? Los beneficios están constituidos por ganancias y ventajas de todo tipo: económicas, físicas, psicológicas y sociales. Del mismo modo, los costos están constituidos por dolores y pérdidas de todo tipo.

Para realizar un análisis AHP de B/C, se deben desarrollar dos jerarquías separadas (una para beneficios y otra para costos). Para la jerarquía de beneficios, los criterios estarán constituidos por los beneficios esperados de la decisión. A continuación, los criterios se ponderarán utilizando una comparación por pares, como de costumbre. Después de esto, las alternativas serán priorizadas en términos de cuán beneficiosas sean. En otras palabras, las preguntas de comparación siempre serán: Con respecto a un criterio dado, ¿cuál es la mejor alternativa (la más beneficiosa)?

Para la jerarquía de costos, los criterios estarán constituidos por los costos esperados de la decisión. Sin embargo, y esta es una consideración importante, las alternativas se priorizan en términos de cuán costosas son (es decir, una mayor prioridad refleja un mayor costo). Para este propósito, la pregunta de comparación es: con respecto a un criterio dado, ¿qué alternativa es más costosa?

Finalmente, la razón beneficio/costo para la prioridad de cada alternativa se calcula dividiendo la prioridad del beneficio entre la prioridad de costo de cada una de las alternativas. La mejor alternativa es la que tiene la razón más alta.

Como ilustración veamos el siguiente ejemplo. Supongamos que hemos decidido analizar la decisión de comprar un auto utilizando un análisis de B/C. Los pasos son los siguientes:

• Paso 1: crear una jerarquía de beneficios, ponderar los criterios utilizando la comparación por pares y luego priorizar las alternativas en función de cuan beneficiosas sean (es decir, mayor prioridad indica mayor beneficio). Los resultados para el ejemplo[16] se muestran en la Fig. 7.1a.

16

[1] Nota de traducción.

Inglés	Español
Benefits (B) Hierarchy	Jerarquía de Beneficios (B)
Image	Imagen
Safety	Seguridad
Car	Auto
Costs (C) Hierarchy	Jerarquía de Costos
Costs	Costos
Acquisition Price	Precio de Adquisición
Maintenance Cost	Costo de Mantenimiento
Miles per Gallon	Millas por Galón
Alternative	Alternativa
Benefit	Beneficio
Cost	Costo
Benefit/Cost	Beneficio/Costo
Best alternative	Mejor alternativa

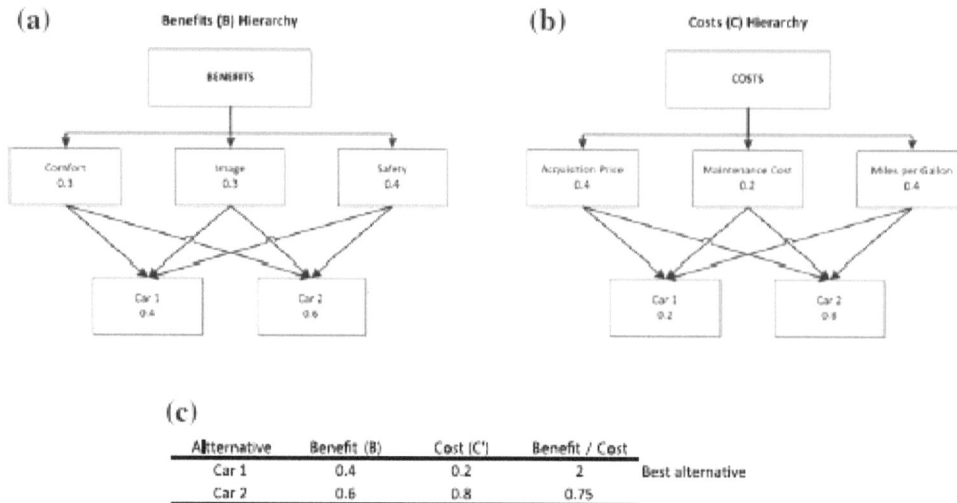

Fig. 7.1 Análisis AHP B/C. a Cuanto mayor sea la prioridad de la alternativa, será más beneficiosa (o preferible). b La prioridad más alta de la alternativa, la alternativa más costosa (o peor). c. Cuanto mayor sea la razón B/C, más beneficiosa (o preferible) será la alternativa.

• Paso 2: crear una Jerarquía de Costos, ponderar los criterios utilizando la comparación por pares y luego priorizar las alternativas en función de cuan costosas sean (es decir, una mayor prioridad indica un mayor costo). Los resultados para el ejemplo se muestran en la Fig. 7.1b.

• Paso 3: Calcular la razón B/C para cada alternativa. La alternativa con la relación B/C más alta será la mejor. Los resultados de los ejemplos se muestran en la Fig. 7.1c.

A continuación damos una explicación más detallada de cada ejemplo.

Paso 1: Construir una Jerarquía de Beneficios

Compare los criterios por pares para obtener los pesos de los criterios de beneficios (por ejemplo, "Con respecto al beneficio esperado al comprar un automóvil, ¿qué criterio es más importante: la comodidad o la imagen?", etc.). Este procedimiento es el mismo que hemos seguido anteriormente para determinar la importancia relativa de los criterios. Como se muestra en la figura 7.1a, la seguridad es el criterio más importante (peso: 0.4), seguido de Comodidad e Imagen (peso: 0.3 en ambos casos).

A continuación, compare las alternativas por pares con respecto a cada criterio (es decir, "Con respecto a la Comodidad, ¿qué alternativa es más beneficiosa: Auto 1 o Auto 2?". "Con respecto a la Imagen, ¿qué alternativa es más beneficiosa: Auto 1 o Auto 2?". "Con respecto a la Seguridad, ¿qué alternativa es más beneficiosa: Auto 1 o Auto 2?"). Por último, calcule las prioridades generales.

La jerarquía de Beneficios en la Fig. 7.1a muestra los resultados finales. De acuerdo a ésta, deberíamos comprar el Auto 2, que es la opción preferible (prioridad: 0.6) en términos de beneficios, con respecto al Auto 1 (prioridad: 0.4). Sin embargo, esta sería la decisión correcta si solo tuviéramos que considerar los beneficios; pero todavía falta considerar los costos.

Paso 2: Construir una Jerarquía de Costos

Compare los criterios por pares para obtener los pesos de los criterios de costo (por ejemplo, "Con respecto al costo de comprar un auto, ¿qué criterio es más importante: el costo de adquisición o el costo de mantenimiento?", etc.). Este procedimiento es el mismo que hemos seguido anteriormente para determinar la importancia relativa de los criterios. Como se muestra en la Fig. 7.1b el Costo de Mantenimiento (peso: 0.2) es el criterio de costo menos importante, mientras que el precio de adquisición y la distancia recorrida por galón son mucho más importantes (peso: 0.4 cada uno).

A continuación, compare las alternativas por pares con respecto a cada criterio (es decir, "Con respecto al Precio de Adquisición, ¿qué alternativa es más costosa: Auto 1 o Auto 2?". "Con respecto al Costo de Mantenimiento, qué alternativa es más costosa: Auto 1 o Auto 2?". Con respecto al Consumo de Millas por Galón, ¿qué alternativa es más costosa: Auto 1 o Auto 2?"). Finalmente, obtenga las prioridades generales. La Jerarquía de Costos en la figura 7.1b muestra los resultados finales. Según ésta, deberíamos comprar el Auto 1, que es el menos costoso (prioridad: 0.2) con respecto al Auto 2 (prioridad: 0.8). Sin embargo, esta sería la decisión correcta si solo tuviéramos que considerar los costos y, naturalmente, quisiéramos comprar el vehículo menos costoso. Sin embargo, en el análisis de B/C necesitamos integrar tanto los beneficios como los costos como se muestra a continuación.

Paso 3: Calcular la razón B/C para cada Alternativa

Para saber cuál es la mejor solución, simplemente divida el beneficio entre el costo (B/C) para cada alternativa, como se muestra en la última columna de la derecha en la Fig. 7.1c. La mayor razón B/C es la mejor alternativa, teniendo en cuenta tanto los beneficios como los costos. En este caso, el "Auto 1" constituye la mejor alternativa cuando se tienen en cuenta tanto los beneficios como los costos.

7.2. Análisis AHP de Beneficio*Oportunidad/Costo*Riesgo (BO/CR)

Tradicionalmente, hay dos formas de realizar un análisis de B/C que involucra situaciones monetarias: Primero, es posible calcular la razón Beneficio (B) Costos (C) como B/C. Esto se llama enfoque de razón B/C. Si los beneficios son mayores que los costos (es decir, razón (B/C)> 1), el proyecto será rentable. Si hay varias alternativas posibles para elegir, generalmente se les dará prioridad en términos de sus razones B/C de mayor a menor. Este es el enfoque que hemos utilizado en nuestro ejemplo anterior.

Un segundo posible enfoque se basa en el valor neto del proyecto propuesto; es decir, si la diferencia (B - C) es positiva (es decir, (B - C)> 0), este valor neto constituirá el beneficio neto del proyecto. Por otro lado, si este valor neto es negativo, el proyecto derivará pérdidas. Nuevamente, si hay varias alternativas posibles para elegir, se les dará prioridad en términos de su valor neto de mayor a menor.

AHP ha ampliado el análisis de B/C al permitir combinar consideraciones tangibles (por ejemplo, valores monetarios) e intangibles (por ejemplo, imagen). En otras palabras, es posible considerar varios factores tangibles e intangibles para evaluar los méritos, en términos de beneficios y costos, de las alternativas (Saaty 2012).

Además, AHP permite considerar oportunidades (O) y riesgos (R) como parte del análisis B/C en lo que se denomina análisis BO/CR (Saaty y Ozdemir 2004). Una oportunidad se define como un beneficio o ganancia potencial (pero no seguro), mientras que un riesgo se define como un costo o pérdida potencial (pero no seguro).

Las fórmulas originales propuestas que podrían considerarse una extensión de los análisis originales (B/C) y (B - C) son[17]:

Razón multiplicativa:

$$(B * O)/(C * R)$$

En esta expresión, se puede notar intuitivamente que las alternativas con numeradores más grandes (ya sea porque B u O son grandes) y/o denominadores más pequeños (ya sea porque C o R son pequeños) serán las alternativas más atractivas en general porque le darán la más alta razón. Esto constituye básicamente una extensión de la lógica de B/C.

Aditivo con sustracción:

$$(B + O) - (C + R)$$

El análisis de aditivos con sustracción es una extensión del enfoque del valor neto original (B - C). Esta vez hay beneficios potenciales (llamados oportunidades) así como costos potenciales (llamados riesgos). Por lo tanto, las oportunidades se agregan a los beneficios, así como los riesgos se agregan a los costos.

En AHP, el análisis BOCR se realiza de la siguiente manera: primero, se crea una jerarquía por separado para Beneficios (B), Oportunidades (O), Costos (C) y Riesgos (R); segundo, las alternativas se priorizan con respecto a B, O, C y R en sus respectivas jerarquías y, finalmente, se combinan utilizando la fórmula multiplicativa o aditiva/sustractiva mostrada anteriormente. En la Fig. 7.2 se ofrece un resumen general del proceso[18] para realizar un análisis BOCR.

---

[17] Para propósitos de integridad, debemos indicar que otra fórmula propuesta por Saaty (2012) para integrar BO/CR es el aditivo/recíproco: B + O + 1/C + 1/R. Sin embargo, el uso de recíprocos ha sido fuertemente cuestionado por Millet y Schoner (2005) argumentando que tomar recíprocos de costo y riesgo en realidad distorsiona su escala originalmente común, lo que produce resultados confusos. En cualquier caso, esta fórmula rara vez se usa en la práctica y, por esta razón, no se analiza en mayor detalle en este libro.

[18]

Nota de traducción.

(Inglés)	(Español)
Identify key factors in decision	Identificar los factores claves en la decisión
Categorize key factors into B, O, C & R	Categorizar los factores claves bajo B, O, C & R
BENEFITS	BENEFICIOS
OPPORTUNITIES	OPORTUNIDADES
COSTS	COSTOS
RISKS	RIESGOS
Build an AHP model and prioritize alternatives	Construya un modelo AHP y priorice las alternativas
BOCR Synthesis: Combine B, O, C & R Priorities	Síntesis BOCR: Combine Prioridades B,O,C & R

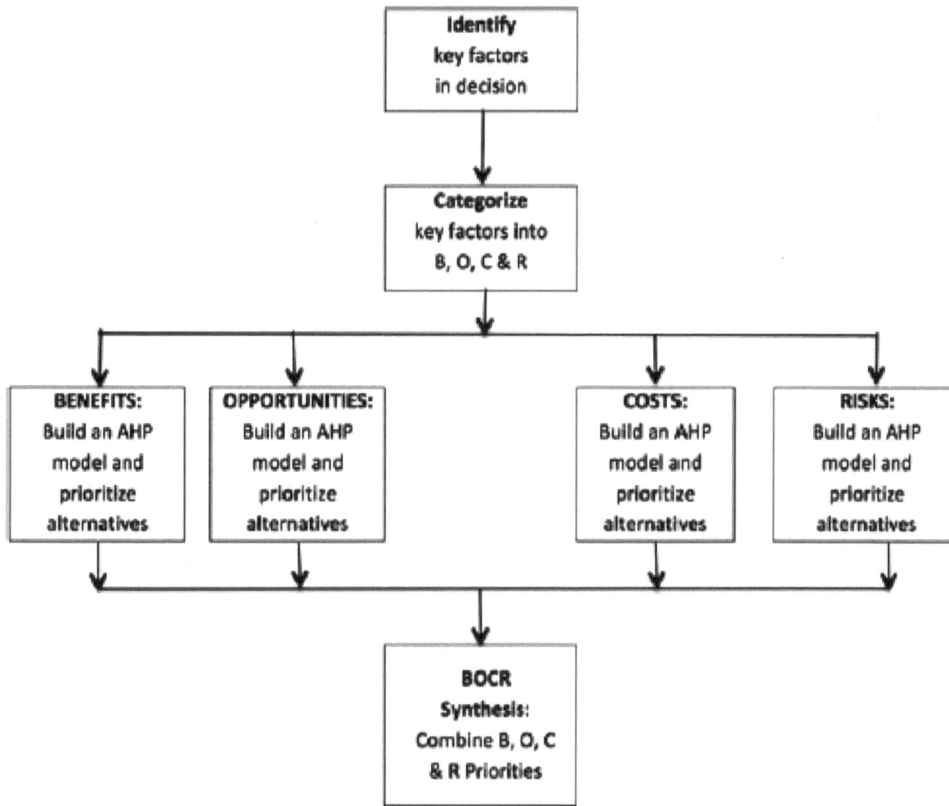

Fig. 7.2 Resumen del proceso de análisis BOCR

El enfoque de relación multiplicativa (B * O)/(C * R) puede considerarse una extensión del conocido análisis de razón B/C utilizado anteriormente. En el análisis de BO/CR, las oportunidades se refieren a beneficios potenciales (pero no seguros), mientras que los riesgos se refieren a costos potenciales (pero no seguros) como se indicó anteriormente. En otras palabras, si una ganancia es posible pero no segura, constituye una oportunidad, mientras que si una pérdida es posible pero no segura, constituye un riesgo. Por lo general, una regla de oro simple es hacer la pregunta: "¿Podemos estar razonablemente seguros de que se producirá este beneficio?". Si la respuesta es "Sí", es un beneficio, si la respuesta es "No" es una oportunidad. Una pregunta similar se hace para distinguir los costos de los riesgos.

Tenga en cuenta que las prioridades de las alternativas en las jerarquías de beneficios y oportunidades reflejan cuán preferible es la alternativa (es decir, cuanto mayor es la prioridad, más deseable es la alternativa en términos de beneficios u oportunidades) mientras que las prioridades de las alternativas en los costos y las jerarquías de riesgo reflejan cuán indeseable es la alternativa (es decir, cuanto más alta es la prioridad, más costosa o arriesgada es la alternativa). Para este propósito, al evaluar las alternativas por pares con respecto a los beneficios (u oportunidades), la pregunta de comparación debe ser: Con respecto a este beneficio (u oportunidad), ¿cuál es la mejor alternativa? Por otro lado, cuando se evalúan las alternativas por pares con respecto a los costos (o riesgos), la pregunta de comparación debe ser: Con respecto a este criterio, ¿qué alternativa es más costosa (o más riesgosa)?

7.3. Un ejemplo de análisis BO/CR

Mu (2016) describe un análisis BO/CR de cuatro iniciativas universitarias propuestas para colaborar con instituciones en Uganda: Bright Kids Uganda (Niños Brillantes Uganda), Entebbe School (Escuela Entebbe), Children's Rights (Derechos de los Niños) y End Human Trafficking (Acabemos con la Trata de Personas). Un equipo de encargados de toma de decisiones de la universidad realizó un análisis BO/CR desde la perspectiva de la Escuela de Educación (Fig. 7.3, mitad superior). Crearon una jerarquía[193] que consta de 4 criterios: Beneficios, Oportunidades, Costos y Riesgos, y consideraron los factores decisorios importantes en cada uno de los criterios. Después de priorizar estos factores mediante comparación por pares, calcularon las prioridades locales de las alternativas y obtuvieron las prioridades generales. Como se puede ver en la Fig. 7.3 (mitad inferior), la iniciativa de la Escuela Entebbe fue la más conveniente en términos de Beneficios (Prioridad: 0.550) y Oportunidades (Prioridad: 0.447). Sin embargo, esta alternativa también fue la más costosa (Prioridad: 0.458) pero la menos riesgosa (Prioridad: 0.167). Después de realizar un cálculo B * O / C * R de las prioridades de las alternativas, se puede ver que la mejor alternativa, teniendo en cuenta los beneficios, las oportunidades, costos y riesgos, la brinda la Escuela Entebbe, que tiene una razón multiplicativa BO/CR de 3.297, mucho más alta que las otras alternativas.

19

Nota de traducción.

(Inglés)	(Español)
Goal	Meta
Assess University-Uganda University Initiatives from the Perspective of University's School of Education	Evaluar las Iniciativas de la Universidad de Uganda desde la perspectiva de la Escuela de Educación de la Universidad
Criteria	Criterios
Benefits	Beneficios
Opportunities	Oportunidades
Costs	Costos
Risks	Riesgos
Sub-criteria	Sub-criterios
Learning Potential	Potencial de Aprendizaje
Interaction with Uganda Business	Interacción con Negocios de Uganda
Training	Capacitación
Terrorism	Terrorismo
Mission Sync	Sincronización de Misión
Social Responsibility	Responsabilidad Social
Resources	Recursos
Sickness & Disease	Enfermedades y Males
Recognition	Reconocimiento
Project Planning	Planeamiento del Proyecto
Building Renovation & Maintenance	Renovación & Mantenimiento de Edificio
Accidents & Disasters	Accidentes & Desastres

		GOAL		
		Assess University–Uganda University Initiatives from the Perspective of University's School of Education		
CRITERIA	Benefits	Opportunities	Costs	Risks
SUB CRITERIA	Learning Potential 0.163	Interaction w/ Uganda Business 0.088	Training 0.280	Terrorism 0.493
	Mission Sync 0.540	Social Responsibility 0.196	Resources 0.627	Sickness & Disease 0.311
	Recognition 0.297	Project Planning 0.717	Building Renovation & Maintenance 0.094	Accidents & Disasters 0.196
ALTERNATIVES	Bright Kids Uganda	Entebbe School	Children's Rights	End Human Trafficking

	Benefits	Opportunities	Costs	Risks	B/C	B•O/C•R	Ranking
Bright Kids	0.263	0.185	0.334	0.297	1.42	0.885	3
Entebbe School	0.550	0.447	0.458	0.167	1.23	**3.297**	**1**
Children's Rights	0.077	0.140	0.096	0.480	0.55	0.161	4
Human Trafficking	0.108	0.225	0.112	0.054	0.48	2.000	2

Fig. 7.3 Análisis BO/CR para oportunidades internacionales.

7.4 Conclusión

Si bien el análisis de BO/CR es muy útil para la evaluación de alternativas económicas, debe tener en cuenta algunos comentarios finales para este tipo de análisis:

• No olvide que las preguntas de comparación para alternativas en las jerarquías de costo (riesgo) son opuestas a las preguntas en las jerarquías de beneficios (oportunidades). En la jerarquía de beneficios (oportunidades), usted selecciona la mejor alternativa (más beneficiosa u oportunista) con respecto a cada criterio, pero en la jerarquía de costos (más riesgosos) selecciona la alternativa peor (más costosa) con respecto a cada criterio.

• No todos los problemas se pueden (o deben) convertir a análisis B/C o BO/CR, pero hay algunos que son particularmente adecuados para este tipo de análisis (por ejemplo, decisiones económicas).

• No todas las 4 jerarquías son necesarias. Puede haber problemas adecuados para el análisis B/C (razón B/C), análisis B/CR (B/C * R) o similares.

• Al usar Super Decisions o cualquier otro paquete de software, puede que sea más fácil crear y guardar diferentes modelos de AHP para cada una de las jerarquías B, C, O y R y realizar los cálculos correspondientes de la relación BO/CR fuera del software, en una hoja de cálculo, como se muestra en nuestros ejemplos.

Referencias

Millet, I., & Schoner, B. (2005). Incorporating negative values into the analytic hierarchy process. Computers and Operations Research, 32, 3163–3173.

Mu, E. (2016). Using AHP BOCR analysis for experiential business education and prioritization of international opportunities. International Journal of Business and Systems Research, 10(2/3/4), 364–393.

Saaty, T. L. (2012). Decision making for leaders: The analytic hierarchy process for decisions in a complex world (Third Revised ed.). Pittsburgh: RWS Publications.

Saaty, T. L., & Ozdemir, M. S. (2004). The encyclicon: A dictionary of decisions with dependence and feedback based on the analytic network process. Pittsburgh, PA: RWS Publications.

Wijnmalen, D. J. D. (2007). Analysis of benefits, opportunities, costs, and risks (BOCR) with the AHP–ANP: A critical validation. Mathematical and Computer Modeling, 46(7/8), 892–905.

Capítulo 8: Toma de Decisiones Grupales en AHP

Enrique Mu[a*,1] and Milagros Pereyra-Rojas[b,2]

[a] Carlow University, Pittsburgh, PA, USA
[b] University of Pittsburgh, Pittsburgh, PA, USA
[1] Email: muex@carlow.edu.
[2] Email: milagros@pitt.edu.

Sinopsis

Los problemas complejos suelen requerir la participación de muchos expertos. Una de las razones para esta situación es que puede ser necesario tener más de una opinión sobre un tema específico.

Los problemas complejos suelen requerir la participación de muchos expertos. Una de las razones para esta situación es que puede ser necesario tener más de una opinión sobre un tema específico (Saaty 2012). Otra razón puede ser que las decisiones afectarán a diferentes partes interesadas y por ende se necesitan sus diferentes perspectivas en el problema de la toma de decisiones (Mu y Stern, 2014). Otra razón más para trabajar en colaboración es que los problemas complejos tienen muchas dimensiones diferentes, cada una de las cuales requiere un tipo diferente de experiencia. Por ejemplo, al evaluar grandes proyectos para el público, habrá que abordar consideraciones técnicas, económicas y sociales. El AHP es particularmente útil para la toma de decisiones grupales, así como para la resolución de conflictos (veremos este tema en el próximo capítulo), porque es un proceso que es fácil de entender, es fácil agregar opiniones diferentes y porque permite dividir el problema global en un grupo de jerarquías y sub-jerarquías, cada una de las cuales puede ser abordada por diferentes expertos (Saaty y Peniwati 2007).

8.1 Cómo hacer un modelo AHP en grupo

Tomemos como ejemplo la decisión de seleccionar un proveedor de servicios en la nube para la Ciudad de Pittsburgh (Mu y Stern 2014). Un comité ejecutivo de alto nivel determinó los cinco criterios a considerar en la decisión, así como su importancia (peso), como se muestra en la figura 8.1. El objetivo de seleccionar un servicio en la nube para la Ciudad de Pittsburgh (este objetivo principal no se muestra pero está implícito en la Fig. 8.1) y los cinco criterios identificados para este propósito constituyen la jerarquía principal o de "panorama general" para la decisión. Los criterios claves fueron: Calificaciones del proveedor, Transparencia para el usuario final, Requisitos técnicos, Finanzas y Oportunidades. Cada uno de estos criterios constituye una sub-jerarquía diferente a considerar en la decisión. Un subcomité diferente abordó la tarea de comparar y derivar los pesos para cada criterio y los sub-criterios correspondientes. Por ejemplo, los criterios financieros tenían cinco sub-criterios: Alcance de los Servicios, Compensación Diferenciada, Servicios Específicos, Preservación Continua y Precios.

Esta sub-jerarquía financiera fue evaluada por un subcomité liderado por el Director de Finanzas del Sistema de Información de la Ciudad. Esta es una de las ventajas de que AHP sea capaz de subdividir el problema en sub-jerarquías que pueden ser abordadas por diferentes grupos de personas. Este enfoque oculta la complejidad del problema a los participantes que pueden centrarse en su parte específica del problema sin perder de vista el panorama general.

.184	.183	.392	.129	.112
1 **VENDOR QUALIFICATIONS**	**2** **END-USER USABILITITY (TRANSPARENCY)**	**3** **TECHNICAL REQUIREMENTS**	**4** **FINANCIAL**	**5** **OPPORTUNITIES**
.061 1.1 *Relevant Experience* 1.1.1 *Number of Years* 1.1.2 *Number of Mailboxes* .03 1.2 *Quality of References* .088 1.3 *MBE/WBE Participation* 1.3.1 *MBE* 1.3.2 *WBE* .055 1.4 *Vendor & Partners / Subcontractors Location* 1.4.1 *Vendor Location* 1.4.2 *Partner / Subcontractor Location*		[**.137 non-optional**] .07 3.1 *Email* .021 3.2 *Content Management* .019 3.3 *Calendar* .0070 3.4 *e-Discovery* .0070 3.5 *Archive & Backup* .0060 3.6 *Collaboration* .0020 3.7 *Solution Administrator* .0050 3.8 *Disaster Recovery* [**.255 additional**] .044 3.14 *Project Plan* .0070 3.15 *Milestones* .0090 3.16 *Documentation* .0040 3.17 *License* .0070 3.18 *Maintenance* .026 3.19 *Support* .046 3.20 *Training* .01 3.21 *Ownership* .052 3.22 *Security* .0090 3.23 *Materials & Equipment* .033 3.24 *SLAs* .0090 3.25 *Reports*	.031 4.1 *Scope of Services* .0090 4.2 *Distinguishing Compensation* .02 4.3 *Specific Services* .012 4.4 *On-going Preservation* .058 4.5 *Pricing*	[**.1 optional**] .028 5.1 *Office Productivity Applications* .012 5.2 *Video Conferencing* .02 5.3 *Virtual Drives* .021 5.4 *Unified Communication Systems* .018 5.5 *Instant Messaging* [.011 other]

Fig. 8.1 Selección de un proveedor de servicios en la nube para la ciudad de Pittsburgh

1 CALIFICACIONES DEL PROVEEDOR	2 USABILIDAD POR EL USUARIO FINAL (TRANSPARENCIA)	3 REQUISITOS TÉCNICOS	4 FINANZAS	5 OPORTUNIDADES
1.1 Experiencia relevante 1.1.1 Número de años 1.1.2 Número de buzones 1.2 Calidad de referencias 1.3 Participación MBE/WBE 1.3.1 MBE 1.3.2 WBE 1.4 Ubicación de proveedor y socios/subcontratistas 1.4.1 Ubicación de proveedor 1.4.2 Ubicación de socios/sub contratistas		[no-opcional] 3.1 Email 3.2 Gerencia de Contacto 3.3 Calendario 3.4 e-Discovery 3.5 Archivo y Backup 3.6 Colaboración 3.7 Administrador de Soluciones 3.8 Recuperación de desastre [adicional] 3.14 Plan de proyecto 3.15 Documentación 3.16 Hitos 3.17 Licencia 3.18	4.1 Rango de servicios 4.2 Compensación distintiva 4.3 Servicios específicos 4.4 Preservación continua 4.5 Precios	[opcional] 5.1 Aplicaciones de productividad de oficina 5.2 Video-conferencia 5.3 Drives virtuales 5.4 Sistemas de comunicación unificados 5.5 Mensajería instantánea [otros]

Un proyecto como este, puede ayudar a comprender la toma de decisiones grupal utilizando AHP. Un facilitador de AHP (AHPF) y un gerente de proyecto (PM) fueron asignados al proceso de toma de decisiones. El primero garantizaría que se siguieran todas las pautas adecuadas de AHP y que las reuniones fueran efectivas (por ejemplo, que todos los participantes tuvieran el mismo tiempo de participación) mientras que el PM manejó toda la logística relacionada con el proceso (por ejemplo, asistencia, minutas, programación). Ni el facilitador ni el PM tuvieron voz ni voto en las discusiones, pero estuvieron presentes y administraron todas las reuniones de evaluación. Las fases del proyecto fueron las siguientes:

Primero, el comité ejecutivo principal formado por el CIO, el CFO, el COO, un representante de usuarios y un facilitador de AHP se reunieron para discutir los cinco criterios claves generales (Calificación de proveedores, Usabilidad de usuarios finales (transparencia), Requisitos técnicos, Finanzas y Oportunidades) y compararlos por pares[20] para obtener sus pesos relativos en la decisión.

---

[20] La comparación por pares se realizó a través de un cuestionario impreso que se entregó a cada participante. Estas respuestas no fueron visibles para los demás participantes, solo para el facilitador de

En segundo lugar, cada subcomité abordó solo una de las sub-jerarquías de criterios (por ejemplo, el subcomité financiero discutió la sub-jerarquía financiera que consiste en el criterio "4 financiero" y los cinco sub-criterios 4.1–4.5 de la Fig. 8.1). Discutieron las comparaciones de sub-criterios correspondientes y derivaron sus prioridades. En una reunión posterior, cada alternativa (proveedor) se evaluó según su criterio respectivo.

Sin embargo, esta evaluación fue preliminar y los participantes podían tomar notas si no estaban seguros de sus respuestas. Sus evaluaciones se basaron en las propuestas de los proveedores entregadas a la Ciudad en respuesta a la solicitud de propuestas.

En tercer lugar, a cada proveedor se le dio la oportunidad de presentar en vivo sus propuestas y abordar las preguntas planteadas por los subcomités evaluadores. Después de cada presentación de un proveedor, se llevó a cabo una reunión para discutir una vez más los méritos de cada proveedor. Cada sub-jerarquía de criterios fue discutida y evaluada solo por el comité específico. Los participantes entregaron sus cuestionarios, esta vez con los juicios de comparación finales que fueron agregados en un solo cuestionario por el facilitador de AHP.

Sobre las reuniones

Aunque una discusión exhaustiva sobre cómo llevar a cabo las reuniones de AHP está más allá del alcance de este libro, hay algunas consideraciones importantes a tener en cuenta:

• *Duración de la reunión*: las reuniones oscilaron entre 1 y 2 h. Sin embargo, la duración de la reunión se especificó de antemano para que los participantes pudieran asignar el tiempo adecuado a este proceso.

• *Objetivo de la reunión*[21]: se les dijo claramente a los participantes por adelantado cuál era el objetivo de la reunión.

• *Tiempo del participante*: para asegurarse de que todos los participantes tuvieran el mismo tiempo de participación, el facilitador se aseguró de que a cada participante se le brindara la oportunidad de hablar, siguiendo una orden secuencial para darle la palabra a los participantes de la reunión. Los participantes tuvieron tres minutos cada uno para discutir sus ideas.

• Decidir cómo decidir: Se acordó que para cada reunión, el facilitador explicaría la situación y el objetivo de la reunión. A continuación, cada participante tendría un espacio de tiempo de 3 minutos para presentar su argumento. Después de esto, el facilitador resumiría los diferentes argumentos y se daría una segunda ronda de 3 minutos a cada participante para reforzar o argumentar en contra de los juicios. A continuación, cada participante marcaría sus juicios de comparación en un

---

AHP y el PM que garantizaron la confidencialidad de las respuestas.

[21] Decidir cómo decidir es un término acuñado por Roberto (2005) y destaca la idea de que los equipos deben aceptar el proceso de toma de decisiones antes de involucrarse en la decisión en sí. Esto garantiza que cualquier decisión que tomen los participantes, se considerará justa y que ha tomado en cuenta todas las diversas posiciones. En general, el éxito de la toma de decisiones grupales utilizando AHP dependerá de la efectividad de la gestión de la dinámica de grupo y los métodos estándar para una gestión eficaz del equipo (Forsyth 2013; Roberto 2005).

cuestionario impreso. Al final de la reunión, el AHPF recolectaría los cuestionarios para agregar los juicios.

8.2 Agregación de juicios utilizando una hoja de cálculo

Al realizar comparaciones por pares, cada participante puede tener una opinión diferente acerca de la preferencia adecuada (es decir, qué elemento es más importante que el otro) y la intensidad de esa preferencia.

La regla para la agregación de juicios en una matriz de comparación es muy simple: combine los juicios usando la media geométrica. La media geométrica de dos intensidades: intensidad 1 (I1) e intensidad 2 (I2) es la raíz cuadrada de su producto. La media geométrica de tres intensidades I1, I2 e I3 es la raíz cúbica de su producto y así sucesivamente.

Esto es mucho más fácil de entender con un ejemplo. Además, por conveniencia, mostraremos nuevamente la escala de comparación 1–9 de Saaty utilizada para cuantificar juicios verbales, como se muestra en la Tabla 8.1.

Tabla 8.1 Escala de comparación de Saaty

Juicio verbal	Valor numérico
Extremamente más importante	9
De *muy fuertemente* a *extremamente más* importante	8
Muy fuertemente más importante	7
De *fuertemente* a *muy fuertemente* más importante	6
Fuertemente más importante	5
De *moderadamente* a *fuertemente* más importante	4
Moderadamente más importante	3
De *igualmente* a *moderamente* más importante	2
Igualmente importante	1

Supongamos que tres encargados de tomar decisiones (DM1, DM2 y DM3), a la vez que juzgan la importancia del criterio "Costo" contra "Comodidad" con respecto al objetivo de comprar un auto, han emitido los siguientes juicios[22]:

Juicio del responsable de toma de decisiones 1

DM1: La comodidad es de "*Muy fuertemente* más importante (7)" a "*Extremamente* importante (9)" con respecto al **Costo**.

---

[22] Estos DM pueden haber registrado sus juicios en 3 matrices de comparación diferentes. Debe agregar los juicios manualmente e ingresar el resultado en una nueva matriz agregada.

Cuando se trabaja con una hoja de cálculo, este criterio significa que debemos ingresar (usando la escala de la Tabla 8.1) el valor de intensidad 8 en la celda Comodidad (fila) - Costo (columna) como se muestra en la Tabla 8.2. Tenga en cuenta que al hacer esto, la comparación Costo (fila) -Comodidad (columna) será el valor recíproco de 1/8.

Tabla 8.2 Juicio de comparación del DM1 para Comodidad contra Costo

Comprar un auto	Comodidad	Costo	Seguridad
Comodidad		**8**	
Costo	1/8		
Seguridad			

Juicio del responsable de toma de decisiones 2

DM2: La comodidad es de "*Moderadamente* más importante (3)" a "*Fuertemente* más importante (5)" con respecto al costo.

El segundo responsable de tomar decisiones también piensa que la comodidad es más importante que el Costo, pero no está de acuerdo con la intensidad y juzga que es 4 (en la escala de la tabla 8.1) como se muestra en la tabla 8.3. La comparación recíproca se convierte en 1/4.

Tabla 8.3 Juicio de comparación del DM2 para Comodidad contra Costo

Comprar un auto	Comodidad	Costo	Seguridad
Comodidad		**4**	
Costo	1/4		
Seguridad			

Juicio del responsable de toma de decisiones 3

DM3: El costo es de "*Moderadamente* más importante (3)" a "*Fuertemente* más importante (5)" con respecto a la **Comodidad**.

Este responsable de toma de decisiones difiere mucho más de los demás porque DM3 considera que el costo, en lugar de la comodidad, es lo más importante. El valor de intensidad para el costo (con respecto a la comodidad) es 4. Esto significa que el valor de intensidad ingresado para la comparación en la celda de Comodidad(fila) -Costo (columna) debe ser 1/4 (Comodidad/Costo = 1/4) . Siguiendo la convención de utilizar una fuente roja cuando la columna es más importante que la fila, la celda comodidad-costo tiene el valor 1/4 como se muestra en la Tabla 8.4. Esto significa que la comparación recíproca Costo (fila) -Comodidad (columna) será 4/1 = 4 (costo/comodidad = 4) como se muestra en la Tabla 8.4.

Tabla 8.4 Juicio de comparación del DM3 para Comodidad contra Costo

Comprar un auto	Comodidad	Costo	Seguridad
Comodidad		**1/4**	
Costo	4		
Seguridad			

Agregación de juicios en una matriz de comparación

Para agregar estos tres juicios, calculamos la media geométrica de estos tres valores; es decir, calculamos la raíz cúbica (porque hay tres DM) de su producto de intensidad:

DM Agregado = Raíz Cubica de (8 x 4 x ¼) = Raíz Cubica de 8 = 2

Por lo tanto, ingresamos 2 en la celda comodidad-costo en la Tabla 8.5.

Tabla 8.5 Juicios agregados para DM1, DM2, y DM3

Comprar un auto	Comodidad	Costo	Seguridad
Comodidad		**2**	
Costo			
Seguridad			

Tenga en cuenta que si hubiéramos comenzado la agregación utilizando la celda costo-comodidad (en lugar de comodidad-costo), el resultado del cálculo de la media geométrica de los juicios proporcionados por DM1, DM2 y DM3 sería:

$1/[$Raiz Cubica of $(8 \times 4 \times 1/4) = 1/2$

que es el valor esperado para la celda agregada costo-comodidad (costo/comodidad, dado que el valor de Comodidad-Costo (Comodidad/Costo) es 2. Esta propiedad de reciprocidad no se cumple si tuviéramos que usar la media aritmética para el agregación de los juicios. Esto demuestra que la media geométrica es la forma correcta de agregar juicios en AHP y la agregación de la media geométrica para nuestro ejemplo de comparación de celdas se muestra en la Tabla 8.6.

Tabla 8.6 Juicios agregados para DM1, DM2 y DM3, con comparación recíproca

Comprar un auto	Comodidad	Costo	Seguridad
Comodidad		**2**	
Costo	1/2		
Seguridad			

8.3. Agregación de juicios usando *Super Decisions*

Asumamos que tres responsables de toma de decisiones (DM1, DM2 y DM3) al juzgar la importancia del criterio "Comodidad" versus "Costo" con respecto al objetivo de comprar un auto, han emitido los siguientes juicios[23] utilizando *Super Decisions* en el modo de cuestionario[24]:

DM1: La comodidad es *Muy Fuertemente a Extremamente* más importante con respecto al costo (Tabla 8.7).

Tabla 8.7 Juicio de Cuestionario para responsable de toma de decisiones 1

Comodidad																		Costo

DM2: **La comodidad** es de *Moderadamente a Fuertemente* mas importante con respecto al **Costo** (Tabla 8.8).

Tabla 8.8 Juicio de Cuestionario para responsable de toma de decisiones 2

Comodidad																		Costo

DM3: El **Costo** es de *Moderadamente a Fuertemente* mas importante con respecto a la **Comodidad** (Table 8.9).

Tabla 8.9 Juicio de Cuestionario para responsable de toma de decisiones 3

Comodidad																		Costo

Observe que tanto el DM1 como el DM2 consideran que la comodidad es más importante que el costo con una intensidad de 8 y 4, respectivamente. Sin embargo, el DM3 piensa de manera diferente, ya que, en este caso, el costo se percibe como más importante que la comodidad con una intensidad de 4. Matemáticamente, estos juicios se pueden representar como:

DM1: Comodidad/Costo = 8.
DM2: Comodidad/Costo = 4.
DM3: Comodidad/Costo = 1/4.

Para agregar estos tres juicios, calculamos la media geométrica de estos tres valores; es decir, calculamos la raíz cúbica (porque hay 3 DM) de su producto de intensidad, es decir:

DM Agregado= Raiz Cubica de $(8 \times 4 \times 1/4)$ = *Raiz* Cubica de 8 = 2.

---

[23] Por simplicidad, usaremos los mismos valores de nuestro ejemplo anterior.

[24] Estos DMs pueden haber registrado sus juicios en 3 modelos distintos de *Super decisions* o en 3 cuestionarios impresos. Necesita agregar los juicios manualmente e ingresar el resultado en un nuevo cuestionario de comparación en *Super Decisions*.

¿Qué sucede si el resultado agregado no es un número entero sino un número decimal? (Tabla 8.10) En el modo de cuestionario, necesitaríamos usar el valor entero más cercano. Sin embargo, la forma más fácil de manejar las agregaciones decimales es ingresarlas en el modo de matriz, asegurándose de que la flecha en la matriz apunte al elemento dominante (columna de costo en nuestro resultado final).[25] Por ejemplo, suponiendo que hubiéramos obtenido un valor agregado de 2.5 para el juicio agregado de costo en comparación con la comodidad, se registraría como se muestra en la figura 8.2. El modo de matriz es capaz de administrar decimales para los valores de intensidad.

Tabla 8.10 Cuestionario de juicio agregado

Comodidad																				Costo

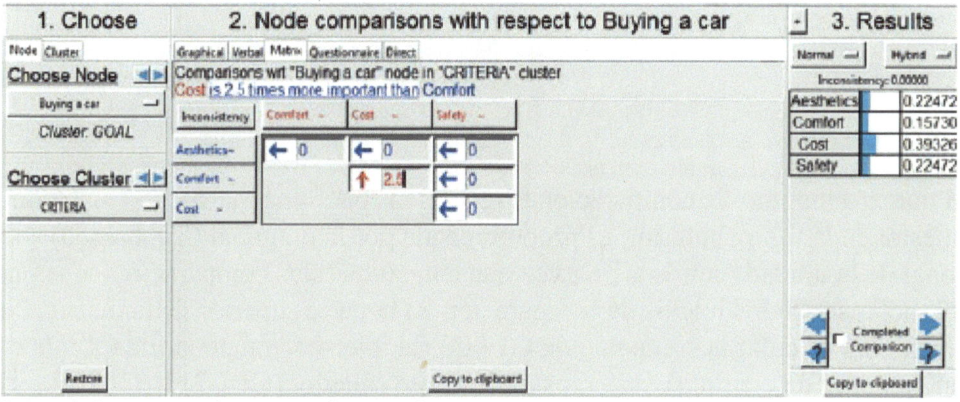

Fig. 8.2 Juicio agregado en modo matriz

8.4. Consistencia en juicios grupales

Hay dos formas de abordar los problemas de coherencia en la toma de decisiones grupales: la primera es volver a los decisores inconsistentes y trabajar con ellos para ajustar sus juicios. Sin embargo, esto no siempre es posible si los juicios de comparación son anónimos o los encuestados no están presentes. Una segunda forma consiste en usar solo el número mínimo de comparaciones para evitar preguntas redundantes que conduzcan a una inconsistencia. El número mínimo de preguntas está compuesto solo por los juicios de comparación en la diagonal sobre la diagonal principal (resaltada en la Tabla 8.11: C1 / C2; C2 / C3; C3 / C4; C4 / C5; C5 / C6; C6 / C7) de la matriz de comparación. Usando este número mínimo de preguntas de comparación, podemos reproducir lo que serían todos los otros juicios matriciales (parte superior de la matriz) en el caso de una consistencia perfecta, como se muestra en la Tabla 8.11.

---

[25] Para cambiar la dirección de la flecha, simplemente haga clic sobre la flecha y apuntará hacia la fila (cambiando el color a azul) o hacia la columna (cambiando el color a rojo) respectivamente.

Tabla 8.11 Para minimizar el numero de comparaciones

	C1	C2	C3	C4	C5	C6	C7
C1	1	C1/C2					
C2		1	C2/C3			Parte superior	
C3			1	C3/C4			
C4				1	C4/C5		
C5		Parte inferior			1	C5/C6	
C6						1	C6/C7
C7							1

El número mínimo de comparaciones requeridas para una matriz de 7×7, como la que se muestra en la figura anterior, es proporcionada por la diagonal (sombreada) sobre la diagonal de la unidad (con 1s). Una vez que tengamos estas comparaciones, se puede calcular el resto de los juicios de comparación en la parte superior de la matriz. Por ejemplo, para calcular la comparación C1 / C3 (la intersección de la fila C1 y la columna C3 en la matriz de ejemplo), hacemos el siguiente cálculo: (C1/C2) * (C2/C3) = C1/C3. Podemos repetir el mismo proceso para el resto de celdas en la parte superior de la matriz. Los valores en la parte inferior de la matriz son simplemente el recíproco de la parte superior. Por ejemplo, el valor para la comparación C3/C1 (la intersección de la fila C3 y la columna C1 en la parte inferior de la matriz) será el recíproco del valor C1/C3 en la parte superior de la matriz.

8.5 Conclusión

Como puede ver, agregar los juicios de los responsables de toma de decisiones individuales es relativamente sencillo. Además, la recopilación de juicios se puede hacer para cada decisor por separado; es decir, no es necesario hacerlo simultáneamente para todos ellos. El uso de AHP para la toma de decisiones grupales (Saaty y Peniwati 2007) y la resolución de conflictos (Saaty y Alexander 2013) se ha documentado ampliamente en diferentes entornos.

Referencias

Forsyth, D. R. (2013). *Group dynamics* (6th ed.). Wadsworth Publishing.

Mu, E., & Stern, H. (2014). The City of Pittsburgh goes to the cloud: A case study of cloud strategic selection and deployment. *Journal of Information Technology Teaching Cases, 4*, 70–85.

Roberto, M. A. (2005). *Why great leaders don't take yes for an answer: Managing for conflict and consensus* (1st ed.). FT Press.

Saaty, T. L. (2012). *Decision making for leaders: The analytic hierarchy process for decisions in a complex world* (3rd Revised edition). Pittsburgh: RWS Publications.

Saaty, T. L., & Alexander, J. M. (2013). *Conflict resolution: The analytic hierarchy approach*. Pittsburgh, PA: RWS Publications.

Saaty, T. L., & Peniwati, K. (2007). *Group decision-making: Drawing out and reconciling differences*. Pittsburgh, PA: RWS Publications.

Capítulo 9: AHP para Negociación Grupal y Resolución de Conflictos

Enrique Mu[a,*,1] and Milagros Pereyra-Rojas[b,2]

[a] Carlow University, Pittsburgh, PA, USA
[b] University of Pittsburgh, Pittsburgh, PA, USA
[1] Email: muex@carlow.edu
[2] Email: milagros@pitt.edu

Sinopsis

El AHP se ha utilizado ampliamente para la negociación grupal y para la resolución de conflictos (Saaty y Alexander 2013).

9.1 Introducción

El AHP se ha utilizado ampliamente para la negociación grupal y para la resolución de conflictos (Saaty 2012; Saaty y Alexander 2013). Una jerarquía que consiste en un objetivo de decisión, criterios (objetivos[26]) y alternativas constituye la visión del mundo de un actor. En muchos casos, los diferentes actores están de acuerdo con el objetivo de la decisión y las posibles alternativas (primer y tercer nivel en la jerarquía); sin embargo, la decisión final es difícil de alcanzar porque tienen diferentes criterios (objetivos) al tomar la decisión (segundo nivel en la jerarquía).

9.2 Fundamentos de la negociación de AHP

Como ejemplo, considere la situación de los rehenes analizada por Saaty y Mu (1997). Esta situación se modeló como una jerarquía típica de 3 niveles: meta (Goal), objetivos (Objectives) y acciones (Alternatives).

Situación: miembros de la guerrilla del Movimiento Revolucionario Tupac Amaru (MRTA) tomaron rehenes y exigían la liberación de sus compañeros encarcelados por el gobierno peruano. Por otra parte, el gobierno había sido elegido por su éxito en combatir a los guerrilleros y encarcelar a sus líderes.

La meta de la decisión fue claramente la misma (poner fin a la crisis con éxito) tanto para el gobierno como para las guerrillas (meta de nivel superior o *Goal* en las figuras 9.1 y 9.2).

---

[26] Los criterios de toma de decisiones también se denominan objetivos de toma de decisiones, como se verá en este capítulo.

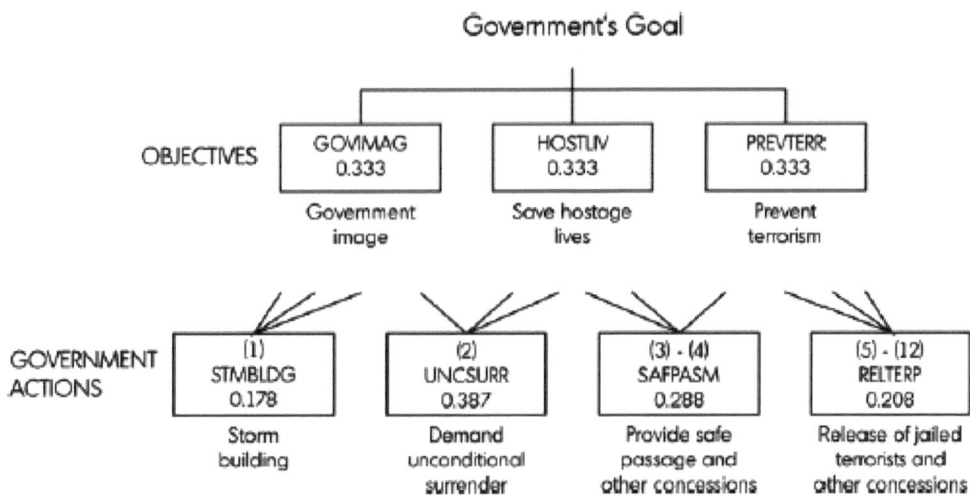

Fig. 9.1 Perspectiva del gobierno para la decisión

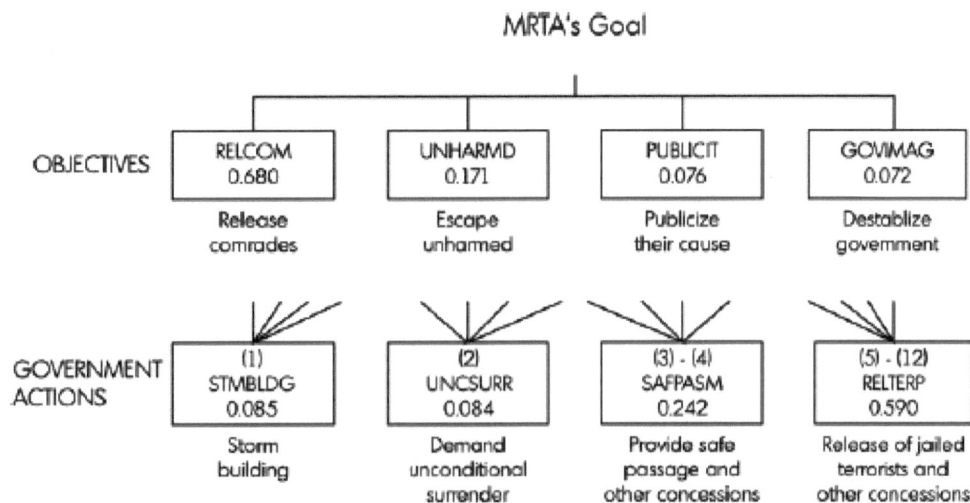

Fig. 9.2 Perspectiva del MRTA para la decisión

Los objetivos (criterios) en esta crisis fueron claramente distintos tanto para el MRTA como para el gobierno. Por ejemplo, mientras el gobierno quería salvar su imagen, salvar vidas de rehenes y prevenir el terrorismo en su totalidad (nivel 2 en la figura 9.1); el MRTA quería la liberación de sus camaradas encarcelados y escapar ilesos mientras publicitaban su causa y desestabilizaban al gobierno (nivel medio en la figura 9.2).

Las acciones también fueron claras. En principio, iban desde asaltar el edificio y exigir una rendición incondicional hasta la liberación de terroristas encarcelados y otras concesiones (el nivel más bajo en las figuras 9.1 y 9.2). Las figuras 9.1 y 9.2 muestran la decisión desde el punto de vista del gobierno y del MRTA, respectivamente, como se informó en Saaty y Mu (1997).

El concepto de negociación implica, en principio, buscar una solución que pueda ser beneficiosa para ambas partes. Además, el objetivo principal de la política pública es maximizar el bien común y no el bien de ningún grupo en especial. Si adoptamos este enfoque para la búsqueda de un acuerdo mutuo, entonces la mejor solución debería ser la que maximice el valor de las alternativas para ambas partes. Este análisis se puede ver en la tabla 9.1. Esta tabla muestra el análisis de AHP para la perspectiva del gobierno y del MRTA por separado. Para el gobierno, se ha considerado que todos sus objetivos tienen el mismo peso (0.333 cada uno). Para el MRTA, la liberación de sus compañeros encarcelados tuvo el mayor valor (0.680) dado que esta fue la razón de su incursión armada.

Tabla 9.1 Combinación de las perspectivas del gobierno y el MRTA

Perspectiva del Gobierno		Perspectiva del MRTA		Perspectivas Combinadas
Objetivos Claves	Prioridad	Objetivos	Prioridad	
		LIBCAM	0.680	
IMAGGOB	0.333	ILESOS	0.171	
REHEVIV	0.333	PUBLICID	0.076	
PREVTERR	0.333	IMAGGOB	0.072	
Potential Government Actions				Producto de los dos vectores para acuerdo mutuo:
RENDINC	0.387 (1)	RENDINC	0.084 (4)	$0.387 \times 0.084 = 0.03$
PASSEG	0.288 (2)	PASSEG	0.242 (2)	$0.288 \times 0.242 = 0.07$
LIBNEGCOMP	0.208 (3)	LIBNEGCOMP	0.590 (1)	**$0.208 \times 0.590 = 0.12$**
IRRUMPEDIF	0.178 (4)	STMBLDG	0.085 (3)	$0.178 \times 0.085 = 0.02$

La tabla 9.1 muestra que para el gobierno, la alternativa preferida sería exigir la rendición incondicional (RENDINC: 0.387), seguida de proporcionar un paso seguro a los emerretistas (PASSEG: 0.288) y la peor situación hipotética sería irrumpir en el edificio (IRRUMPEDIF: 0.178) debido a la pérdida esperada de vidas de rehenes. Por otro lado, para los miembros del MRTA, la mejor alternativa posible sería una liberación negociada de compañeros encarcelados (LIBNEGCOMP: 0.590) seguida de un paso seguro (PASSEG: 0.242) y, con bastante diferencia, por la rendición incondicional RENDINC e irrumpir en el edificio IRRUMPEDIF.

¿Cuál sería el mejor acuerdo mutuo que maximizaría las prioridades dadas a las alternativas por ambas partes? Para hacer esto, multiplicamos las prioridades dadas a cada alternativa por cada parte, como se muestra en la Tabla 9.1. El producto de mayor compromiso se obtiene mediante la alternativa LIBNEGCOMP (0.208 × 0.590 = 0.12) y, por lo tanto, constituye la mejor solución comprometida si nuestro enfoque general es maximizar el valor general para las partes.[27]

---

[27] El objetivo de esta exposición es solo mostrar cómo combinar diferentes perspectivas. Se remite al

9.3 Negociación de AHP en modelos BOCR

Es posible extender los conceptos anteriores al caso de análisis de beneficios/oportunidades/costo/riesgo (BOCR) (Mu 2016). La Tabla 9.2 presenta un análisis de BOCR para cuatro posibles iniciativas internacionales (alternativas): Bright Kids, Escuela Entebbe, Derechos de los Niños y Trata de Personas. Estas oportunidades para una colaboración internacional se discutieron desde la perspectiva de tres escuelas diferentes (partes interesadas) en una universidad de artes liberales: la Escuela de Educación, la Escuela de Enfermería y la Escuela de Psicología.

Obviamente, el beneficio proporcionado por cada iniciativa a cada una de las escuelas es diferente. Por ejemplo, la prioridad dada a la alternativa de Bright Kids por cada escuela fue 0.263, 0.427 y 0.12, respectivamente (Resultados de los beneficios en la Tabla 9.2). La agregación de productos y la normalización[28] de las tres perspectivas escolares se muestran en la columna de la derecha (B Normal) en la Tabla 9.2. Este mismo proceso se realiza para cada alternativa en el análisis de beneficios, oportunidades, costos y riesgos (B Normal, O Normal, C Normal y R Normal) como se muestra en la Tabla 9.2. Finalmente, para calcular la mejor alternativa global teniendo en cuenta las consideraciones de B, O, C y R, se utiliza la fórmula (B * O) / (C * R), como se muestra en la Tabla 9.3. Por ejemplo, para la alternativa de la Escuela Entebbe (segunda fila en la Tabla 9.3), esta fórmula se calcula como (0.723 * 0.351) / (0.503 * 0.026), lo que da el valor de 19.59 que es, de lejos, el resultado más alto con respecto a las otras alternativas. Podemos normalizar estos resultados para concluir que la mejor alternativa general (Rango = 1) es la iniciativa de la Escuela Entebbe con 0.588 de la preferencia general, seguida de Tráfico Humano (Rango = 2) con 0.401.

---

lector al texto original de Saaty y Mu (1997) si está interesado en el análisis específico de esta situación de rehenes.

[28] (Note 3) El lector recordará que los valores de normalización se obtienen sumando todos los valores en una columna dada y dividiendo cada valor por la suma total. Por ejemplo, B Normal para la alternativa Escuela Entebbe (0.723), en la jerarquía de Beneficios en la Tabla 9.2, se obtuvo al agregar todos los valores en la columna anterior (0.013 + 0.058 + 0.001 + 0.008) y luego dividir el valor agregado de la Escuela Entebbe (0.058) entre esta suma.

Tabla 9.2 Agregación de perspectivas escolares para B, O, C y R

BENEFICIOS					
Perspectivas:	Escuela de Educación	Escuela de Enfermería	Escuela de Sicología	Agregación de Perspectivas B	
	Be	Bn	Bp	B	B
Alternativas				(Be*Bn*Bp)	Normal
Bright Kids	0.263	0.427	0.12	0.013	0.169
Escuela Entebbe	0.55	0.233	0.45	0.058	0.723
Derechos de los Niños	0.077	0.076	0.16	0.001	0.012
Tráfico Humano	0.108	0.263	0.27	0.008	0.096
OPPORTUNITIDADES					
Perspectivas:	Escuela de Educación	Escuela de Enfermería	Escuela de Sicología	Agregación de Perspectivas O	
	Oe	On	Op	O	O
Alternativas				(Oe*On*Op)	Normal
Bright Kids	0.185	0.513	0.14	0.013	0.345
Escuela Entebbe	0.447	0.055	0.55	0.014	0.351
Derechos de los Niños	0.14	0.249	0.08	0.003	0.072
Tráfico Humano	0.225	0.173	0.23	0.009	0.232
COSTOS					
Perspectivas:	Escuela de Educación	Escuela de Enfermería	Escuela de Sicología	Agregación Perspectivas C	
	Ce	Cn	Cp	C	C
Alternativas				(Ce*Cn*Cp)	Normal
Bright Kids	0.334	0.501	0.24	0.040	0.453
Escuela Entebbe	0.458	0.243	0.4	0.045	0.503
Derechos de los Niños	0.096	0.21	0.14	0.003	0.032
Tráfico Humano	0.112	0.045	0.21	0.001	0.012
RIESGOS					
Perspectivas:	Escuela de Educación	Escuela de Enfermería	Escuela de Sicología	Agregación de Perspectivas R	
	Re	Rn	Rp	R	R
Alternativas				(Re*Rn*Rp)	Normal
Bright Kids	0.297	0.323	0.23	0.022	0.406
Escuela Entebbe	0.167	0.066	0.13	0.001	0.026
Derechos de los Niños	0.48	0.146	0.33	0.023	0.425
Tráfico Humano	0.054	0.465	0.31	0.008	0.143

9.4 Conclusión

En este capítulo, usted ha aprendido cómo negociar las perspectivas de las diferentes partes integrando su jerarquía o las perspectivas BOCR. Una ventaja importante del uso de AHP para la negociación y la resolución de conflictos es que las partes no necesitan unirse para discutir el problema. Cada jerarquía puede ser discutida por el facilitador por separado con cada una de las partes. Esto es muy útil cuando no es posible reunir a las partes debido a razones prácticas.

Referencias

Mu, E. (2016). Using AHP BOCR Analysis for Experiential Business Education and Prioritization of International Opportunities. *International Journal of Business and Systems Research*, 10 (2/3/4).

Saaty, T. L. (2012). *Decision Making for Leaders: The Analytic Hierarchy Process for Decisions in a Complex World*. Third Revised Edition. Pittsburgh: RWS Publications.

Saaty, T. L., & Alexander, J. M. (2013). *Conflict Resolution: The Analytic Hierarchy Approach*. Pittsburgh, PA: RWS Publications.

Saaty, T. L., & Mu, E. (1997). The Peruvian hostage crisis of 1996–1997: What should the Government do?. *Socio-Economic Planning Sciences*: *The International Journal of Public Sector Decision-Making*, *31*(3), 165–172.

Chapter 10: Ejemplos de Aplicación

Enrique Mu[a*,1] and Milagros Pereyra-Rojas[b,2]

[a] Carlow University, Pittsburgh, PA, USA
[b] University of Pittsburgh, Pittsburgh, PA, USA
[1] Email: muex@carlow.edu
[2] Email: milagros@pitt.edu

Sinopsis

Ya conoce todos los elementos de construcción claves de para comenzar a usar AHP en muchas aplicaciones diferentes. Nos gustaría aprovechar este capítulo para dar algunos ejemplos de aplicaciones de AHP con la expectativa de que le permitirán reflexionar sobre lo que ha aprendido hasta ahora.

10.1 Manejo AHP de las partes interesadas (*stakeholders*)

La aplicación más clásica de AHP es la selección de una sola mejor alternativa entre varias. Así es como todos los recién llegados a AHP aprenden el método. En nuestro caso, comenzamos seleccionando el mejor auto que podíamos comprar. Sin embargo, las aplicaciones en la práctica tienden a ser mucho más complicadas.

Mu et al. (2012) describe la selección de una nueva generación de carteras electrónicas (eportfolios) para una institución de educación superior. Una cartera electrónico es una aplicación basada en la web utilizada por los estudiantes para mostrar sus proyectos y progreso académico a estudiantes, profesores, administradores y posibles empleadores. Por su parte, los profesores valoran el uso de carteras electrónicas porque simplifica la presentación y calificación de proyectos. Finalmente, los administradores de educación superior están interesados en las carteras electrónicas porque facilitan la documentación del progreso académico de los estudiantes para propósitos de acreditación. Si bien se pueden identificar las funcionalidades claves de una cartera electrónica, que se utilizarán con fines de selección, la importancia o el peso atribuido a cada una de estas características dependerá de la parte interesada específica: estudiantes, profesores o administradores.

Un comité ad hoc identificó las características clave (criterios de decisión) de las carteras electrónicas y luego solicitó a los estudiantes, profesores y administradores que deriven la importancia de estas características desde cada una de sus perspectivas. Para cada perspectiva, los juicios de los diferentes encuestados individuales se agregaron utilizando la media geométrica para obtener los pesos mostrados en las Figs. 10.1 — Profesores, 10.2 — Estudiantes y 10.3 — Administradores. La perspectiva agregada de cada parte interesada se mantuvo separada para fines de análisis. Tenga en cuenta, por ejemplo, que los estudiantes y el profesorado le dan mucha importancia a la Estética y Usabilidad del ePortfolio (Figs. 10.1 y 10.2), mientras que los administradores le dan mayor importancia al Acceso por Niveles (es decir, la capacidad de permitir el acceso de forma selectiva – que es crítica para propósitos de acreditación (fig. 10.3). Cada una de estas jerarquías fue utilizada por la parte interesada correspondiente para evaluar las diferentes alternativas técnicas del ePortfolio que se están considerando. Las alternativas disponibles (que se muestran en la Tabla 10.1) se priorizaron de manera diferente según la perspectiva específica. Por ejemplo, Foliotek © fue clasificado como # 1 por los profesores (prioridad: 0.80), estudiantes (prioridad: 0.83) y administración (prioridad: 0.80). Las prioridades de las diferentes alternativas, según lo informado por cada grupo de partes interesadas, se integraron utilizando una media geométrica. Por ejemplo, para la alternativa de Foliotek ©, el resultado integrado se obtuvo multiplicando primero los tres resultados diferentes (0.80 * 0.83 * 0.80) y luego obteniendo su raíz cúbica como se muestra en la Tabla. 10.1.

Fig. 10.1 Pesos de los criterios de selección de ePortfolio desde la perspectiva de los docentes

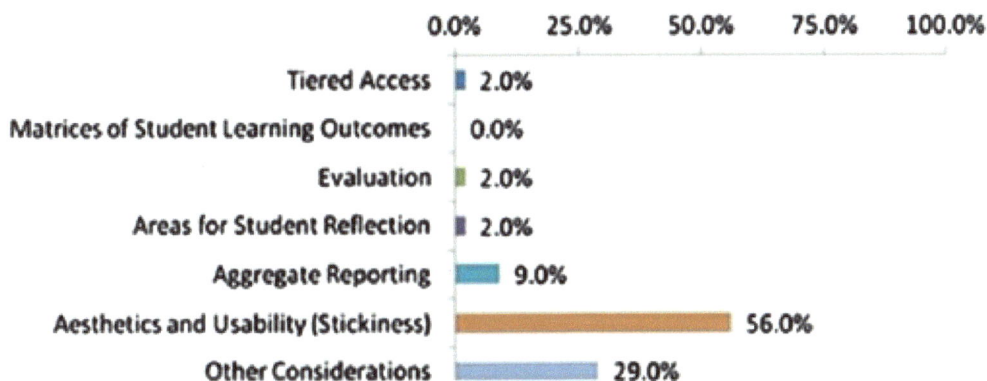

Fig. 10.2 Pesos de los criterios de selección de ePortfolio desde la perspectiva de los estudiantes

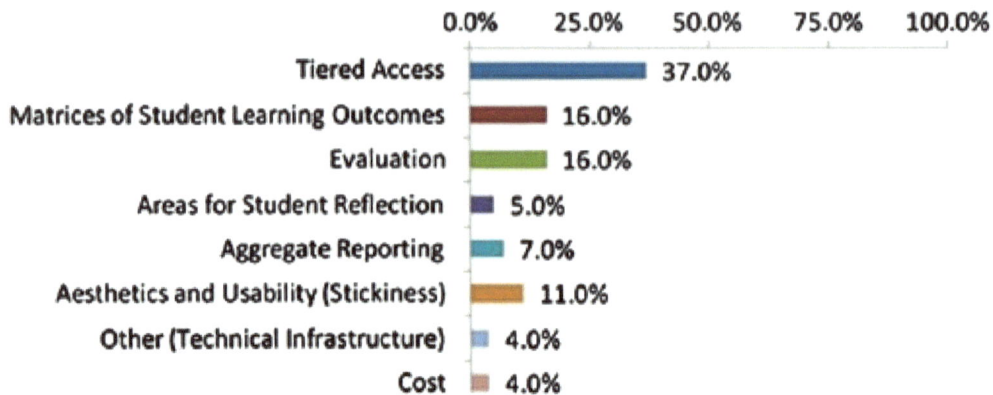

Fig. 10.3 Pesos de los criterios de selección de ePortfolio desde la perspectiva de los administradores

Tabla 10.1 Integración de las prioridades de diferentes alternativas desde las perspectivas de los docentes, estudiantes y administradores

	Docentes (F)	Estudiantes (S)	Admin (A)	Media Geométrica (GM) (F * S * A)	Resultados Normalizados GM/GM_SUM
Foliotek©	(1) 0.80	(1) 0.83	(1) 0.80	0.8099	(1) 0.80
LiveText©	(2) 0.64	(2) 0.66	(2) 0.64	0.6466	(2) 0.64
Epsilen©	(3) 0.61	(3) 0.70	(3) 0.60	0.6351	(3) 0.60
iWebfolio™	(4) 0.58	(4) 0.59	(4) 0.60	0.5899	(4) 0.60
GM_SUM				2.6815	

La ventaja de utilizar un enfoque de AHP para evaluar las alternativas de ePortfolios es que las diferentes jerarquías nos permiten entender las diferentes perspectivas y hacer que el proceso de negociación sea mucho más fácil. Cuando entendemos el punto de vista de la otra parte, podemos entender su racionalidad, en lugar de atribuirlo simplemente a su terquedad, y por ello hacer que estemos más dispuestos a buscar un terreno común.

10.2 Modelo de Calificación de AHP en Decisiones Públicas

Uno de los usos más populares del modelo de calificación es que la evaluación de los candidatos obtenga un ganador. Mu (2014) informa sobre una aplicación sencilla para evaluar al ganador del Balón de Oro de la FIFA en la Copa Mundial de Fútbol 2014, que se muestra en la Fig. 10.4.

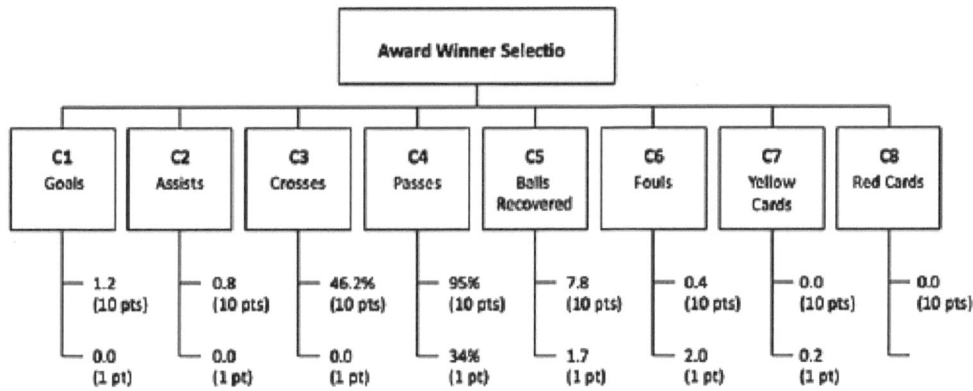

Fig. 10.4 Selección del ganador del balón de oro usando el modelo de AHP

En esta aplicación, el rendimiento más alto obtenido por los jugadores constituyó la puntuación máxima de 10 puntos, mientras que el rendimiento más bajo correspondió a 0 puntos. Por ejemplo, para el criterio C1-Goles, la mayor proporción de goles por juego fue de 1.2; por lo tanto, esta actuación constituyó 10 puntos. La proporción de goles más baja fue de 0 goles por juego; por lo tanto, 0 goles/juego constituyó la puntuación más baja posible de 1 punto.[29] De manera similar, en el caso de razón de pases exitosos, el porcentaje de rendimiento más alto fue del 95%; por lo tanto, esto constituyó la puntuación máxima de 10 puntos, mientras que el porcentaje de pases exitosos más bajo fue del 34%; por lo tanto, esto constituyó la puntuación más baja posible de 1 punto. En el caso de comportamientos negativos como faltas, cuanto menor fuera el número de faltas, mayor sería la puntuación y viceversa. La única excepción fue en el caso de C8: tarjetas rojas, ya que ninguno de los candidatos a la bola dorada había recibido una tarjeta roja (expulsión del juego); por lo tanto, todos los candidatos fueron calificados con el puntaje más alto posible (10 puntos) en esta categoría.

La ventaja de utilizar un modelo de calificación para evaluar a los ganadores de los premios tiene la ventaja de que la decisión sea totalmente transparente. En la toma de decisiones pública, el elemento más importante con respecto a la confianza en la gestión está dado por la transparencia en el proceso de toma de decisiones. Aun cuando no estemos de acuerdo con una decisión específica, ciertamente podemos entendemos cómo se tomó la decisión.

10.3 Uso de AHP para Extraer Conocimiento Tácito

Nonaka (1995) clasificó el conocimiento como: explícito y tácito. El conocimiento explícito se puede explicar, codificar, empaquetar y transmitir fácilmente de una persona a otra. Por ejemplo, cuando estos autores están listos para enviar un artículo a una revista,

---

[29] Tal vez el lector se pregunte por qué no usamos 0 como la puntuación más baja posible. Si bien el rango de puntos para la escala de calificación es arbitrario, decidimos tener una escala de 1 a 10 simplemente porque en varios criterios el rendimiento más bajo no significaba falta de rendimiento (por ejemplo, C4: pases exitosos). Sin embargo, como se indicó anteriormente, la escala en sí es arbitraria.

confiamos en las "Pautas para el autor" que brindan instrucciones sobre el formato del documento, largo de página, etc. Esto constituye un conocimiento explícito. Por otro lado, cuando un chef explica cómo cocinar un plato específico, una receta puede proporcionar el conocimiento explícito en parte, pero el conocimiento tácito (lo que llamaríamos trucos según la experiencia del chef) generalmente se omite. Esto puede ocurrir simplemente porque la persona no está consciente de este conocimiento tácito o no sabe cómo explicarlo.

Se han realizado varios estudios de validación a lo largo de los años para ilustrar la efectividad del AHP para facilitar la obtención de conocimiento tácito en el proceso de toma de decisiones. En un estudio de validación clásico (Saaty 2008; Whitaker 2007), a un grupo de participantes se les mostraron las figuras geométricas en la Fig. 10.5 y se les solicitó clasificar las figuras geométricas en términos del tamaño del área y estimar las áreas relativas de cada figura (por ejemplo, , el participante puede adivinar que la figura geométrica A — el círculo — tiene un área que es el 30% (0.3) del área total (A + B + C + D + E), seguida de la figura geométrica C — el cuadrado — que tiene solo el 20% (0.2) del área total y así sucesivamente).

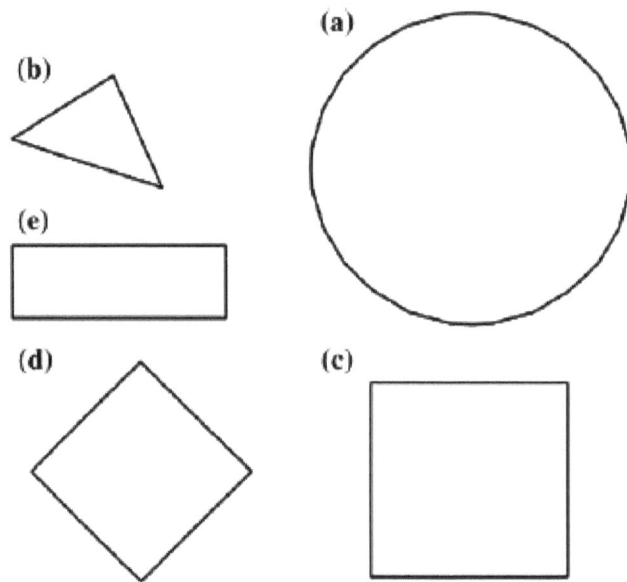

Fig. 10.5 Tarea de figuras geométricas: estimación de áreas relativas de figuras geométricas.

Desde un punto de vista de AHP, dichas tareas pueden conceptualizarse como una tarea de toma de decisiones jerárquica que comprende un objetivo de decisión (es decir, la priorización en términos de áreas) y las alternativas para elegir (es decir, las diferentes figuras geométricas), como se muestra en la figura 10.6.

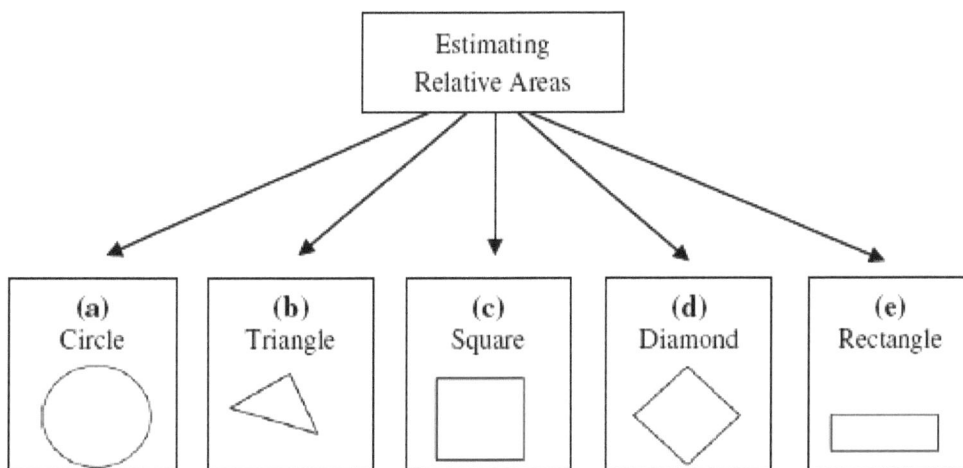

Fig. 10.6 Priorización de áreas relativas basadas en la metodología AHP

En términos técnicos, el método de AHP consiste en comparaciones por pares de las áreas de las figuras geométricas seguidas de un cálculo de las prioridades finales. Tanto las comparaciones por pares como las áreas relativas finales obtenidas (constituidas por las prioridades) se muestran en la Tabla 10.2. Cuando las prioridades relativas finales (áreas) se comparan con los tamaños relativos reales, podemos ver que las diferencias son mínimas (compare la columna de Prioridades con los tamaños relativos reales en la Tabla 10.2)

Tabla 10.2 Matriz completa de comparación por pares para la tarea de figuras geométricas (Saaty 2008)

Alternativas	A Círculo	B Triangulo	C Cuadrado	D Rombo	E Rectángulo	Prioridades	Tamaños relativos reales
A—círculo	1	9	2	3	5	0.462	0.471
B—triángulo	1/9	1	1/5	1/3	½	0.049	0.050
C—cuadrado	1/2	5	1	3/2	3	0.245	0.234
D—rombo	1/3	3	2/3	1	3/2	0.151	0.149
E—rectángulo	1/5	2	1/3	2/3	1	0.093	0.096

Se han realizado estudios de validación similares utilizando problemas con respuestas conocidas que van desde la estimación de la cantidad de bebidas consumidas en los EE. UU. Hasta los pesos relativos de diferentes objetos (Whitaker 2007). En todos los casos, la metodología de AHP permite al decisor desarrollar prioridades que son muy cercanos a los valores reales. En otras palabras, AHP es una herramienta eficaz para optimizar la calidad del resultado de decisiones complejas.

Sobre la base de las razones anteriores, Mu y Chung (2013) han propuesto el uso de AHP para la identificación de sospechosos criminales. Identificación de testigos presenciales; o el proceso de selección de un sospechoso criminal de una lista de posibles candidatos puede modelarse como un problema complejo de toma de decisiones que involucra la priorización de los candidatos, como se ilustra en la Fig. 10.7. La aplicación de la metodología AHP no solo proporciona un enfoque estructurado para la identificación de testigos presenciales, sino que también permite una cuantificación de la calidad de la identificación con más matices.

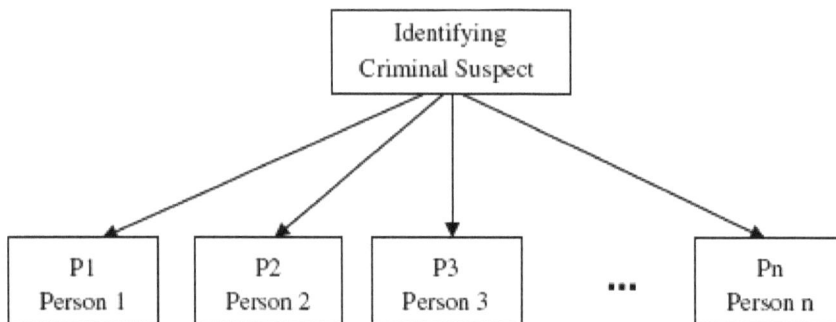

Fig. 10.7 Identificación de testigos presenciales como un proceso de toma de decisiones de AHP

La aplicación de la metodología AHP al procedimiento de identificación de testigos presenciales implica dos desviaciones significativas del paradigma actual. Primero, la metodología de AHP requiere la presentación de sospechosos potenciales en forma de pares (PAIR). En segundo lugar, con cada par de sospechosos, el testigo presencial hace un juicio relativo en una escala (es decir, entre 1 y 9) con respecto a la persona evocada en su memoria. Esto es cualitativamente distinto del formato categórico (es decir, Sí o No) de las respuestas de los testigos presenciales en el método actual de alineación secuencial (SEQ).

Dado el historial de AHP en la optimización de la calidad de la decisión, se ha propuesto que el formato de presentación PAIR aumentaría la tasa de identificaciones correctas y disminuiría la tasa de identificaciones incorrectas. En otras palabras, se han propuesto las siguientes hipótesis:

H1: La tasa de identificaciones correctas es mayor con la alineación PAIR que en la alineación SEQ

H2: la tasa de identificaciones incorrectas es menor con la alineación PAIR que con las alineaciones SEQ

El estudio preliminar de Mu y Chung (2013) apoya estas hipótesis. Además estudios subsecuentes también sugieren que la ventaja del enfoque de AHP se puede extender a las alineaciones en las que el criminal está ausente de la alineación (Mu et al. 2015). Este equipo de investigación continúa realizando más estudios.

10.4 Conclusión

El propósito de este capítulo es proporcionar algunos ejemplos adicionales del uso de AHP en diferentes situaciones de decisión y enfatizar las ventajas que se han obtenido al hacerlo. Sin embargo, el lector debe haber notado en este punto que trabajar con AHP es bastante similar a trabajar con bloques LEGO. El número de bloques diferentes es bastante limitado y relativamente fácil de comprender; sin embargo, las posibilidades de lo que se puede hacer con ellos es relativamente ilimitada. De manera similar, utilizando un conjunto limitado de conceptos relativos-modelo jerárquico, comparación por pares, consistencia, síntesis y sensibilidad- es posible abordar un número muy amplio de problemas y situaciones de toma de decisiones.

Referencias

Mu, E. (2014). An MCDM reflection on the FIFA 2014 world cup golden ball award. The International Journal of the Analytic Hierarchy Process, 6(2), 124–131.

Mu, E., & Chung R. (2013). A new approach to eyewitness police identification. Proceedings of the international symposium of the analytic hierarchy process (ISAHP). Malaysia, 23–26 June.

Mu, E., Chung, R., & Reed, L. (2015) New Developments in Using an AHP Approach for Eyewitness Identification. Philadelphia: INFORMS.

Mu, E., Wormer, S., Barkon, B., Foizey, R., & Vehec, M. (2012). Group modelling and integration of multiple perspectives in the functional selection of a new technology: The case of a next-generation electronic Portfolio system. Journal of Multi-Criteria Decision Analysis, 19, 15–31.

Saaty, T. L. (2008). Relative measurement and its generalization in decision making why pairwise comparisons are central in mathematics for the measurement of intangible factors the analytic hierarchy/network process. RACSAM - Revista de la Real Academia de Ciencias Exactas, Fisicas y Naturales. Serie A. Matematicas, 102(2), 251–318. doi: 10.1007/BF03191825.

Nonaka, I., & Takeushi H. (1995). The knowledge-creating company: How Japanese companies create the dynamics of innovation. First Edition. Oxford University Press.

Whitaker, R. (2007). Validation examples of the analytic hierarchy process and analytic network process. Mathematical and Computer Modelling, 46(7–8), 840–859. doi: 10.1016/j.mcm.2007.03.018.

Capítulo 11: Construcción de Modelos AHP Usando Super Decisions v3

Enrique Mu[a*,1] and Milagros Pereyra-Rojas[b,2]

[a] Carlow University, Pittsburgh, PA, USA
[b] University of Pittsburgh, Pittsburgh, PA, USA
[1] Email: muex@carlow.edu
[2] Email: milagros@pitt.edu

Sinopsis

Super Decisions v3 (Super Decisions, 2017) es la última versión del paquete de software desarrollado para el análisis, síntesis y justificación de decisiones complejas basadas en la metodología del Proceso Jerárquico Analítico (AHP).

Super Decisions v3 ha sido desarrollado para simplificar el análisis, síntesis y justificación de decisiones complejas basadas en la metodología del Proceso Jerárquico Analítico (AHP). El propósito de esta sección no es enseñar todos los usos posibles de Super Decisions—que puede ser utilizado no solo para AHP sino también para su generalización como Proceso de Red Analítica ANP (por sus siglas en inglés, Analytic Network Process), sino ilustrar los fundamentos del software cuando se aplica al análisis AHP en la toma de decisiones. Para este propósito, usamos Super Decisions v3, la versión más reciente disponible en este momento. Se recomienda a los lectores que revisen toda la documentación de Super Decisions v3 disponible en el sitio web de Super Decisions (Super Decisions, 2017).

Para fines ilustrativos, usaremos un ejemplo clásico de AHP: la compra de un auto. Nuestra compra se basará en cuatro criterios (u objetivos): costo, comodidad, estética y seguridad. Podemos evaluar varias alternativas, pero para nuestros propósitos, supongamos que tenemos tres: Auto 1, Auto 2 y Auto 3.

Desarrollo de Modelo en Super Decisions v3
https://youtu.be/qel1DS5RBiU
Derivación de Prioridades para Criterios en Super Decisions v3
https://youtu.be/l3VP10WcxZc
Derivación de Prioridades Locales para Alternativas en SD v3
https://youtu.be/47ikBTHacxg
Derivación de Prioridades Globales en Super Decisions v3
https://youtu.be/n7xob48czSo
Ejecución de Análisis de Sensibilidad en Super Decisions v3
https://youtu.be/YF4QOq4AGRY

El lector notará que tenemos cuatro criterios y tres alternativas en este ejemplo. Tener cuatro criterios y tres alternativas significa que debemos completar cinco matrices de comparación: Comparar criterios con respecto al objetivo (una matriz) y comparar alternativas con cada uno de los cuatro criterios (cuatro matrices). Además, debemos asegurarnos de que la relación de consistencia (C.R.) sea inferior a 0.10 en todas las matrices de comparación. Este nivel de complejidad nos permitirá apreciar la ventaja de usar Super Decisiones. A medida que aumenta el número de criterios y alternativas, también aumenta el número requerido de comparaciones por pares. Si el responsable de la toma de decisiones estuviera utilizando una hoja de cálculo, la complejidad del cálculo de la coherencia y los ajustes relacionados aumentaría drásticamente. Es aquí donde Super Decisions se vuelve extremadamente útil al permitir que el usuario trabaje con una gran cantidad de criterios y alternativas mientras oculta la complejidad de los cálculos de AHP.

Los pasos necesarios para llegar a una decisión usando *Super Decisions* son básicamente los mismos del método AHP. Estos pasos se pueden resumir de la siguiente manera:

7. Desarrollar un modelo para la decisión: descomponer la decisión en una jerarquía de meta, criterios y alternativas.

8. Derivar prioridades para los criterios: la importancia de los criterios se compara por pares con respecto al objetivo deseado para derivar sus prioridades. Luego verificamos la consistencia de los juicios—es decir, revisamos los juicios para asegurar un nivel de consistencia razonable en términos de proporcionalidad y transitividad.

9. Derivar prioridades para las alternativas: derivar prioridades (preferencias) para las alternativas con respecto a cada criterio (siguiendo un proceso similar al del paso previo, es decir, comparando las alternativas por pares con respecto a cada criterio). Verificar y ajustar la consistencia según se necesite.

10. Sintetizar el modelo: todas las prioridades alternativas obtenidas se combinan en una suma ponderada—tomando en cuenta el peso de cada criterio—para establecer las prioridades globales de las alternativas. La alternativa con la prioridad global más alta constituye la mejor elección.

11. Realizar el análisis de sensibilidad: se realiza un estudio de cómo cambios en los pesos de los criterios podrían afectar el resultado para entender la lógica de los resultados obtenidos.

12. Tomar una decisión final: basándonos en los resultados de la síntesis y el análisis de sensibilidad podemos tomar una decisión.

A continuación, veamos el desarrollo de cada uno de estos pasos usando Super Decisions v3.

11.1 Desarrollo de Modelo

El primer paso en el análisis AHP es construir un modelo jerárquico para la decisión.

Cuando se inicia el programa, se abre una pantalla que muestra un panel de información a la izquierda y un panel de pantalla en blanco a la derecha, la sección del modelo. Aquí es donde se construye una jerarquía de decisión. Los pasos para construir el modelo son:

Presione el botón [➕] en la esquina superior izquierda de la pantalla - justo encima de la etiqueta "information panel" (panel de información"). Aparecerá un mensaje "Creating new cluster" (creando un nuevo cluster) en la sección del panel de información. Cada nivel de la jerarquía se considera un cluster en el lenguaje de Super Decisions. Sin embargo, Super Decisions V.3 distribuye el cluster de izquierda a derecha (vista de árbol) en lugar de arriba hacia abajo, como se hacía en las versiones de software anteriores.

Llame al primer grupo 'Goal' (Meta) y haga clic en "Add more" (Agregar más). Repita este proceso para cada uno de los clusters. Necesitamos crear tres agrupaciones o clusters para la Meta (Goal), Criterios (Criteria) y Alternativas (Alternatives)[30] correspondientes a nuestro ejemplo.

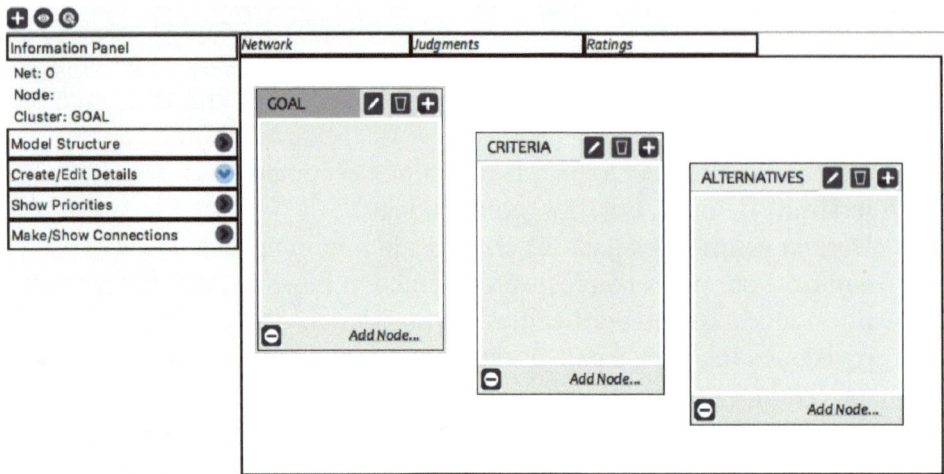

Fig. 11.1 *Clusters* o niveles de jerarquía para el ejemplo de compra de auto

El siguiente paso consiste en crear los elementos correspondientes de la jerarquía—llamados "nodes" (nodos) en *Super Decisions*—dentro de cada uno de los clusters. Para crear un nodo en el cluster "GOAL," seleccione este cluster y haga clic en la opción "Add Node…" (Añadir Nodo) en la parte inferior derecha del cluster. Después de un momento aparecerá el mensaje "Please set the values for the new node in cluster GOAL" (Por favor establezca los valores para el nuevo nodo en el cluster GOAL) en la sección del panel de información (parte izquierda del la pantalla). Usando los cuadros de diálogo debajo del mensaje, llame al nodo 'Buying a Car' y provea una descripción pertinente. Cuando añada nodos a un cluster, use la opción "Add more" (Añadir más) hasta que haya añadido el ultimo nodo y luego use la opción "Save" (guardar). Hemos creado un nodo llamado 'Buying a Car' (Comprar un Auto) dentro del cluster Goal. Luego repetiremos este proceso para crear los nodos 'cost (costo),' 'comfort (comodidad),' 'safety (seguridad),' y ' aesthetic (estética)' dentro del grupo Criteria (Criterios). Finalmente, crearemos los nodos correspondientes 'Car (Auto) 1,' ' Car (Auto) 2' y 'Car (Auto) 3' dentro del grupo Alternatives (Alternativas) como se muestra en la Fig. 11.2.

---

[30] Asegúrese de no deletrear la palabra 'Alternatives' de manera incorrecta porque si esto sucede Super Decisions reportará un error indicando que faltan las Alternatives (alternativas) en el modelo jerárquico.

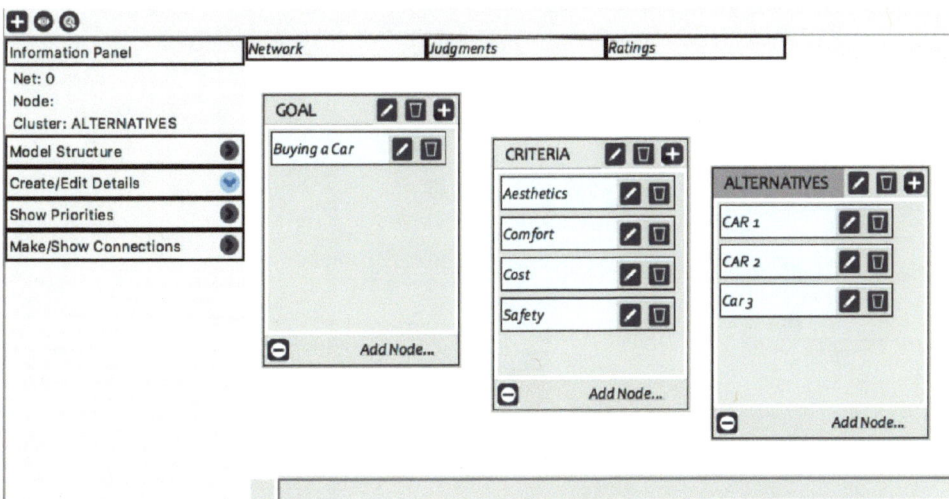

Fig. 11.2 Clusters modelo con nodos para la decidir la compra de auto

El primer nivel de la jerarquía está constituido por el cluster de la izquierda "GOAL" que consta del nodo de la meta (en nuestro ejemplo, "Comprar un Auto"). El segundo nivel (cluster "CRITERIA") contiene los nodos de criterios específicos a ser usados: costo, comodidad, seguridad, y estética. El tercer nivel (cluster "ALTERNATIVES") consta de las alternativas a evaluar: Auto 1, Auto 2, y Auto 3 (Fig. 11.2).

El siguiente paso para construir el modelo usando Super Decisions es conectar los nodos. Es más fácil hacerlo moviéndonos de izquierda a derecha. Seleccione (haga clic con el cursor sobre) el nodo de la meta ('Buying a Car') en el modelo, luego seleccione el botón "make/show connections" en el panel de información y aparecerá un cuadro de diálogo. Usando el cursor seleccione cada uno de los nodos de criterios (cost, comfort, aesthetics and safety) a los que quiere conectar el nodo "Buying a Car" como se muestra en la Fig. 11.3.[31] Después de marcar la casilla del último nodo que se conectará, haga clic fuera del área de selección (es decir, en el área en blanco justo debajo de la casilla 'buying a car') para asegurarse de que se haya seleccionado correctamente. Si se hace esto, todas las marcas de las casillas se verán idénticas como se muestra en la Fig. 11.3.

Una vez que complete todas las conexiones deseadas, puede cerrar este cuadro de diálogo haciendo clic nuevamente en la opción "make/show connections." Al realizar las conexiones, es importante tener en cuenta las siguientes observaciones:

---

[31] Tenga cuidado de no conectar el nodo 'Buying a Car' a ningún otro nodo, sino tan solo a los correspondientes a los criterios. El software le permite conectar cualquier nodo con cualquier otro nodo, pero el modelado de AHP requiere que el nodo goal (meta) esté conectado solo a los nodos de criterios (y cada criterio solo a las alternativas).z

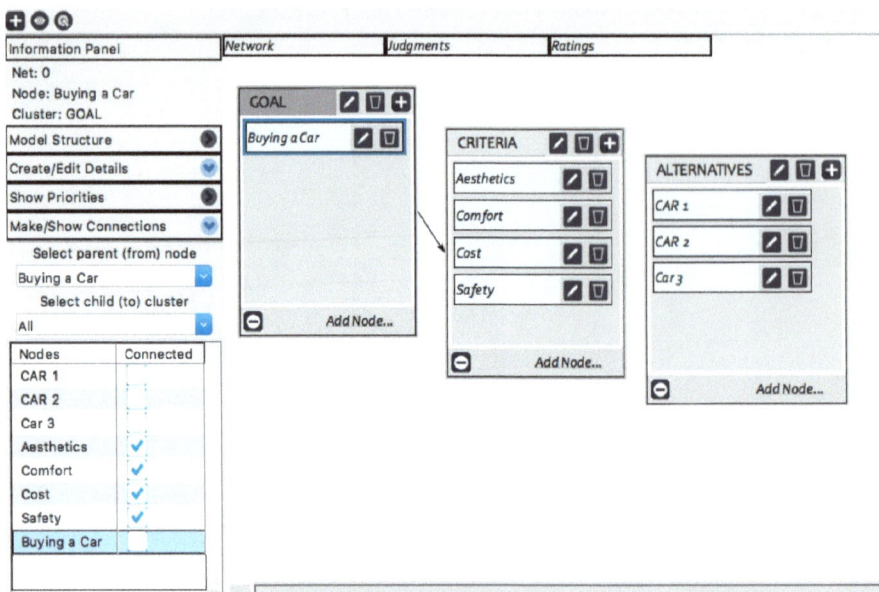

Fig. 11.3 Nodo de conexiones para "Comprar un Auto"

Fíjese que para poder ver las conexiones establecidas, es necesario presionar el botón [🔍] , el tercer botón de derecha a izquierda, en la barra horizontal sobre "information panel." Cuando lo presione, este botón se pondrá de color azul [🔍]. Luego seleccione con el cursor el nodo 'Buying a Car' y el programa enmarcará en rojo todos los nodos a los que 'Buying a Car' está conectado. Como puede ver en la Fig. 11.4, "Buying a Car" está conectado a cada uno de los Criterios y a nada mas, lo cual es correcto para nuestro modelo AHP. Para simplificar y para evitar congestionar la pantalla, el software solo muestra una flecha desde el cluster Goal al cluster de Criterios, en vez de tres flechas para cada conexión, pero el cuadro rojo claramente identifica los nodos conectados.

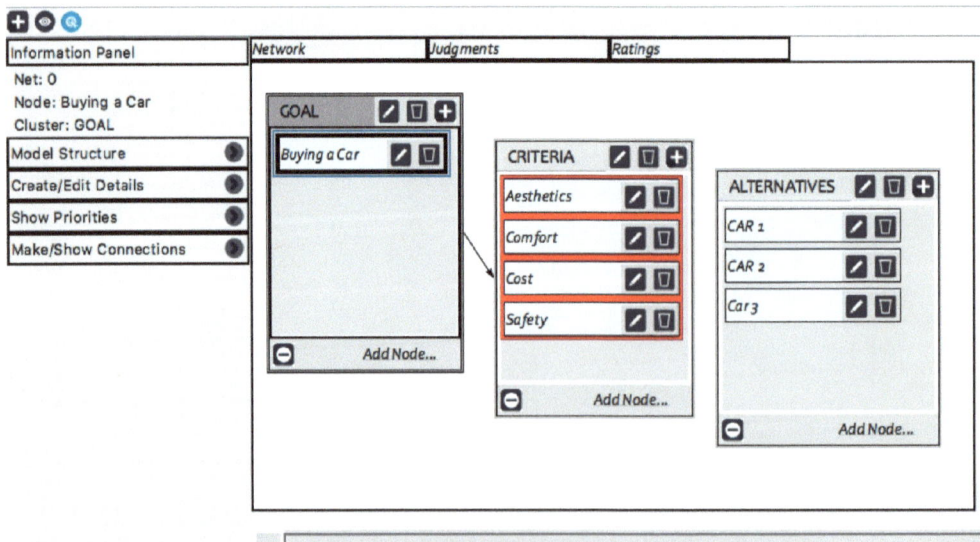

Fig. 11.4 El nodo "Comprar un Auto" conectado a cada criterio.

Luego conectamos cada nodo del cluster criteria (de criterios) a cada nodo en el cluster alternatives (alternativas) y verificamos que estén correctamente conectados usando el mismo procedimiento antes explicado. La jerarquía final se muestra en la Fig. 11.5.

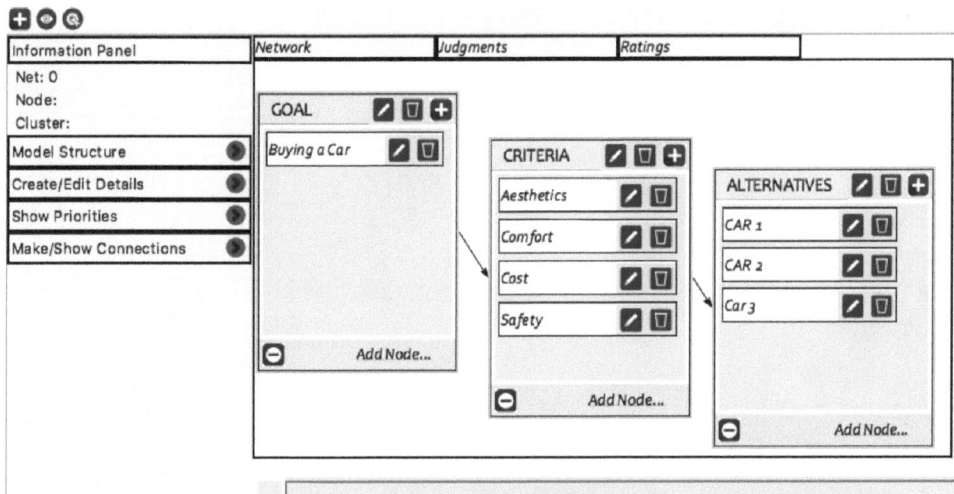

Fig. 11.5 Jerarquía final para 'Comprar un Auto'

11.2 Para Derivar las Prioridades (Pesos) de los Criterios

No todos los criterios tendrán el mismo peso (importancia). Por lo tanto, el siguiente paso en el proceso AHP es derivar las prioridades relativas (pesos) para los criterios. Se le llaman relativas porque los pesos de los criterios se miden uno respecto al otro, como veremos en la siguiente discusión.

Dado que vamos a trabajar en el modelo que acabamos de crear, podemos cerrar la sección del panel de información (information panel) presionando el botón [⊙] (que es el botón central en la parte izquierda de la pantalla del software, justo arriba del panel de información). De manera consistente con los otros íconos de esta sección, se volverá azul cuando se presione y hará que la sección del panel de información se cierre para dar más espacio en la pantalla para el modelo en sí. Podemos abrir/cerrar la sección del panel de información presionando este icono según sea necesario.

Seleccione con el cursor el nodo "Buying a Car" en su modelo para poder hacer una comparación por pares de los nodos de criterios. Luego, haga clic sobre la opción superior "Judgments" (Juicios). Aparecerá la pantalla que se muestra en la Fig. 11.6a. A continuación daremos mas detalles sobre los tres paneles (izquierda, centro y derecha) que se muestran.

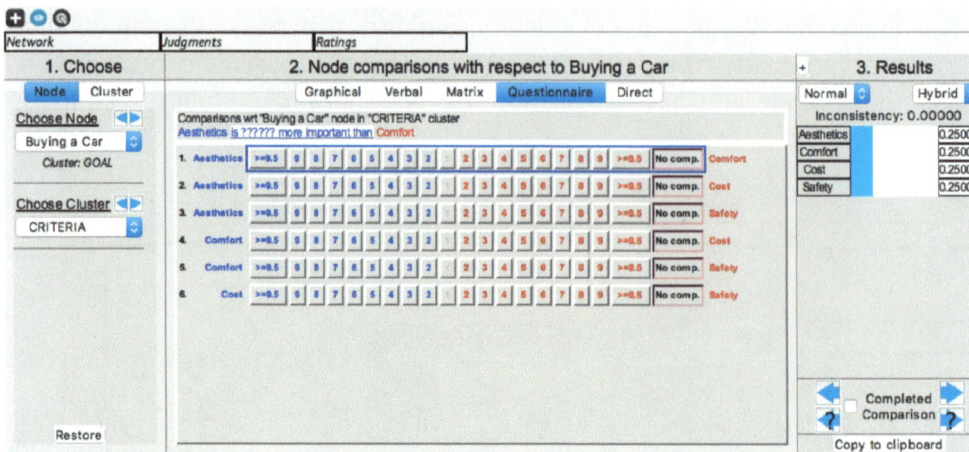

Fig. 11.6 a Modo de cuestionario para comparación de criterios con respecto al nodo 'Comprar un Auto.'

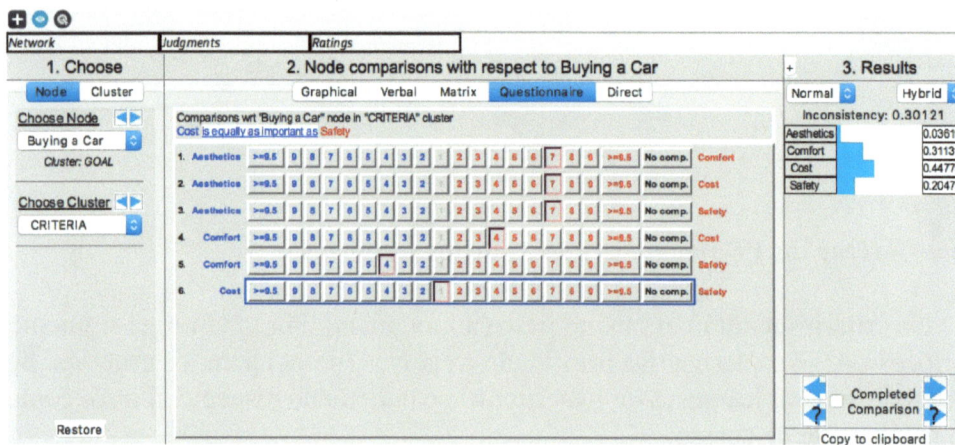

Fig. 11.6 b Comparación de criterios con respecto al nodo 'Comprar un Auto'

El lado izquierdo de la pantalla (Fig. 11.6a) indica que el nodo "Buying a car" correspondiente al Cluster Goal (Meta) del nodo Goal será el punto de referencia para comparar por pares los nodos ubicados en el Cluster de Criterios (Cluster Criteria). En el panel central de la pantalla (Fig. 11.6a), la comparación por pares de los criterios (con respecto al nodo "Buying a Car") se puede realizar en modo de cuestionario.

Luego ingresaremos nuestros juicios de comparación seleccionando la intensidad de los valores correspondientes a cada comparación como se muestra en la Fig. 11.6b. Por ejemplo, la cuarta comparación (indicada por el número 4 a la izquierda) muestra que con respecto a "Comprar un Auto," el costo es de *moderadamente a fuertemente más importante* que el criterio "Comodidad," dado que una intensidad de 4 ha sido seleccionada en el lado correspondiente a "Costo" en el cuestionario. Además, "Comodidad" se considera muy fuertemente más importante que la "Estética" (primera comparación en el cuestionario) como lo indica el valor de intensidad 7 seleccionado en el lado de "Comodidad" (parte izquierda) del cuestionario en la segunda comparación. La persona que está tomando la decisión tendrá que ingresar los juicios de intensidad correspondientes a cada una de las seis comparaciones por pares hasta completar todas las comparaciones.

Disponemos de una presentación gráfica para ver nuestras comparaciones haciendo clic en la pestaña "Graphical" (gráfico) del panel central. La figura 11.7 muestra el caso de la comparación gráfica de "Estética" y "Costo." Este panel provee las instrucciones sobre cómo usar la interfaz gráfica de manera interactiva. Super Decisions v3 nos permite hacer comparaciones de cuatro modos distintos: gráfica, verbal, matriz y cuestionario, de modo que podemos usar el modo que nos sea más natural. La comparación verbal de "costo" y "comodidad" se muestra en la Fig. 11.8. Puede ingresar a este modo haciendo clic sobre la pestaña "verbal" en la parte superior del panel central. Observe que en la Fig. 11.8, con respecto a nuestro objetivo Comprar un Auto, hemos establecido que el "costo" del auto es *moderadamente* a *fuertemente* más importante que la "comodidad" porque la selección coloreada está entre estos dos juicios. También fíjese que no necesitamos pensar en la equivalencia de los juicios verbales a valores numéricos porque esta comparación la realiza internamente el software.

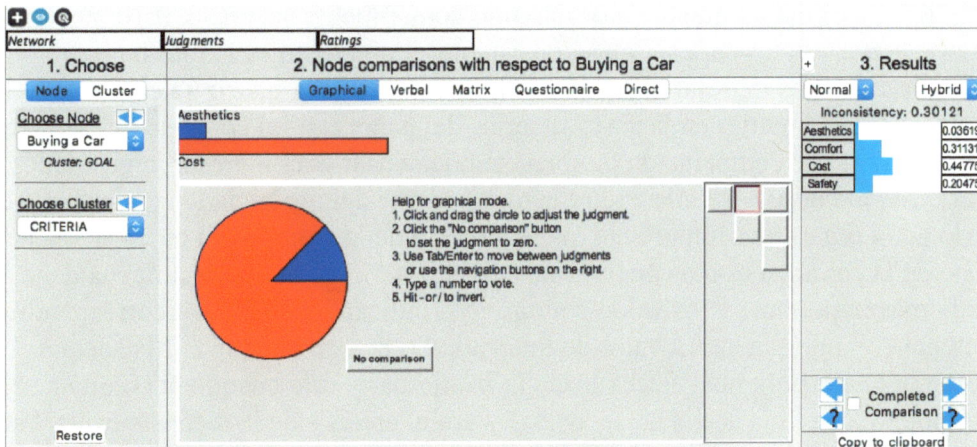

Fig. 11.7 Comparación gráfica de dos criterios: estética y costo

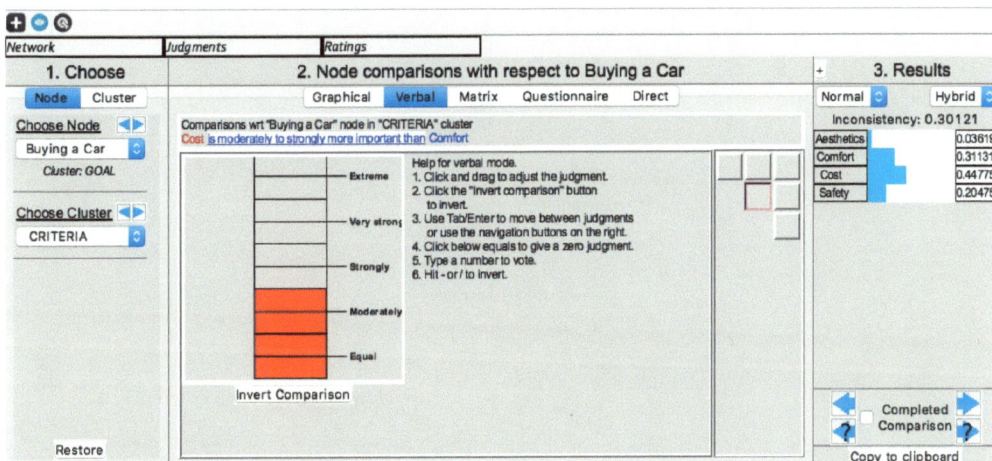

Fig. 11.8 Comparación verbal de dos criterios: costo y comodidad

Cada juicio se ingresa, usando el modo de comparación de su elección, como se muestra en la pantalla de comparación (panel central de la Fig. 11.6b). Cuando ha realizado todas las comparaciones, las prioridades calculadas aparecen en el panel derecho de la interfaz de comparación como se muestra en las Figs. 11.6b, 11.7 y 11.8.

Por consiguiente, el costo es el criterio más importante con una prioridad de 0.447. Sin embargo, antes de aceptar estas prioridades como válidas, debemos verificar que la razón de consistencia sea menor a 0.10. El panel derecho de la interfaz de nodos de comparación indica una inconsistencia de 0.30, lo cual es mucho más alto que el valor recomendado de 0.10. Esto significa que debemos corregir esta inconsistencia para obtener prioridades confiables. El procedimiento para corregir esta inconsistencia se explica a continuación.

11.2.1 Consistencia

Super Decisions es particularmente útil para ajustar la consistencia. El cálculo de la razón de consistencia (CR) lo realiza automáticamente el software y se muestra como inconsistencia (0,30121) en el panel derecho de las Figs. 11.6b, 11.7 y 11.8.[32] Dado que el valor CR 0.30 es mayor que el valor máximo comúnmente aceptado, 0.10, necesitamos ajustar nuestros juicios para ser más consistentes y obtener un CR más bajo.

Necesitamos ingresar al modo de comparación de la matriz seleccionando la pestaña "matrix" (matriz) en la parte superior del panel central como se muestra en la Fig. 11.9. Este modo de comparación también se puede usar para ingresar intensidades numéricas. Para ello, haga clic en la flecha hasta que apunte hacia la izquierda (si el criterio de la fila es más importante que el criterio de la columna) o hacia arriba (si el criterio de la columna es más importante que el criterio de la fila). La flecha debe apuntar al nodo más importante y los valores numéricos indican la intensidad correspondiente de preferencia o importancia. El valor de intensidad será azul cuando la fila sea más importante que la columna (flecha hacia la izquierda) y rojo cuando la columna sea más importante que la fila (flecha hacia arriba). Para el análisis de la inconsistencia, este modo de matriz es importante porque en esta pantalla, el botón 'Inconsistency' (inconsistencia) debe presionarse para obtener los informes de inconsistencia.

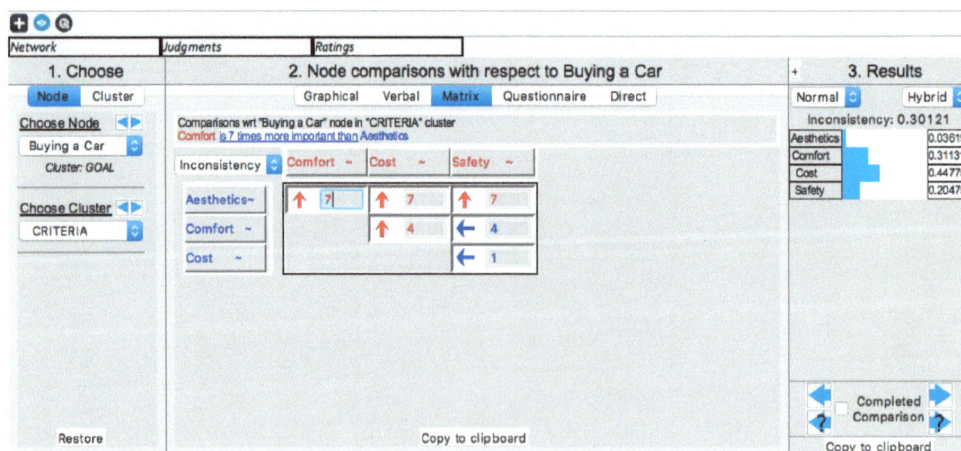

Fig. 11.9 Modo matriz para acceder a los reportes de inconsistencia

---

[32] Super Decisions v2 usa la etiqueta inconsistencia para referirse a la razón de consistencia AHP.

Una vez que se presiona el botón de inconsistencia, se obtiene un menú desplegable con dos opciones: *Inconsistency of current* (Inconsistencia del actual) e *Inconsistency Report* (Reporte de Inconsistencia), como se muestra en la Fig. 11.10. La primera opción se refiere al nivel de inconsistencia aportado por el juicio actualmente seleccionado (es decir, la celda donde se encuentra posicionado el cursor). La segunda opción proporciona el informe de inconsistencia general para la matriz de comparación en cuestión. Este informe de inconsistencia proporciona la contribución a la inconsistencia general de todos y cada uno de los juicios que se consideran en la matriz. Seleccione la opción del informe de inconsistencia como se muestra en la Fig. 11.10.

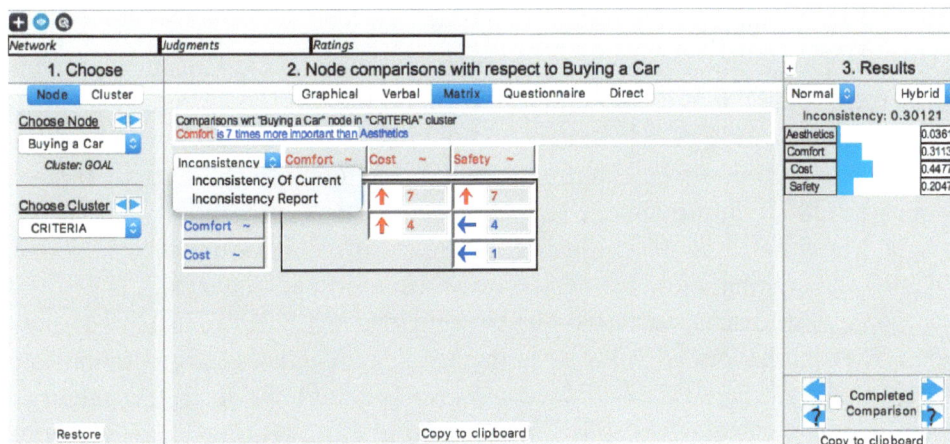

Fig. 11.10 Selección del reporte de inconsistencia

Una vez que se haya seleccionado el reporte de inconsistencia, éste aparecerá como se muestra en la figura 11.11

Rank	Row	Col	Current Val	Best Val	Old Inconsist.	New Inconsist.	% Improvement
1.	Comfort	Safety	4.000000	1.798568	0.301214	0.070047	76.75 %
2.	Comfort	Cost	4.000000	2.226467	0.301214	0.070047	76.75 %
3.	Cost	Safety	1.000000	4.000000	0.301214	0.187266	37.83 %
4.	Aesthetics	Safety	7.000000	4.873666	0.301214	0.283501	5.88 %
5.	Aesthetics	Cost	7.000000	19.494664	0.301214	0.283501	5.88 %
6.	Aesthetics	Comfort	7.000000	9.803567	0.301214	0.307101	-1.95 %

Fig. 11.11 Análisis de inconsistencia: reporte de inconsistencia

El reporte de inconsistencia enumera todas las comparaciones en términos de su grado de efecto en la inconsistencia general. Comenzando con la comparación más inconsistente (comodidad con seguridad), rango # 1 (lado izquierdo, columna de Rango en la figura 11.11) seguida en orden de importancia decreciente, hasta la comparación menos inconsistente (estética con comodidad, rango # 6 en la columna izquierda Fig. . 11.11). La Figura 11.11 muestra la contribución de cada comparación a la matriz de juicios de inconsistencia.

La forma de leer este informe es la siguiente: la comparación más inconsistente (rango # 1) es la comparación de "Comfort" (Comodidad, fila) versus "Safety" (Seguridad, columna) que tiene una intensidad de juicio de 4 (como también se muestra en la Fig. 11.9). El valor actual es 4 y la fuente azul en la figura 11.11 indica que la fila (comodidad) es más importante que la columna (seguridad). La columna "Best

Val" (mejor valor) indica cuál sería el valor requerido para tener una matriz perfectamente consistente (CR = 0.0). Como se puede ver en esta primera comparación, el mejor juicio sería ingresar una intensidad de 1.796568. Sin embargo, la fuente roja para este valor indica que sería necesario invertir nuestra preferencia; es decir, hacer que la seguridad (columna) sea más importante que el costo (fila) como lo indica la fuente roja para este mejor valor. El reporte también indica que si realizamos este cambio en los juicios de comparación, la inconsistencia actual (columna 'Old Inconsist' en la figura 11.11) de 0.301214 se convertirá en 0.070047 (columna "Best Val"), lo que corresponde a una mejora del 76.75% en la inconsistencia actual [columna "% improvement" (% de mejora) en la Fig. 11.11]. El informe de contribuciones de inconsistencia para cada una de las otras cinco comparaciones ("Rank," Rango con valores 2 - 6) se interpreta de manera similar. Tenga en cuenta que un ajuste a cualquiera de los tres primeros juicios tendría un efecto mucho mayor en la mejora de la relación de consistencia (76.75% para los dos primeros y 37.83% para la tercera comparación) que un ajuste a cualquiera de los otros juicios (vea la columna en el extremo derecho en la figura 11.11 para el porcentaje de mejora esperado '% improvement').

Matemáticamente, el ajuste ideal de inconsistencia significaría, por ejemplo, asignar 1.796 a la comparación "comfort-safety" (comodidad-seguridad, la primera comparación en el informe), haciendo que la seguridad sea más importante que la comodidad. De esta manera, el valor de la inconsistencia actual (antigua inconsistencia) 0.301214 se convertiría en 0.070047 (nueva inconsistencia). Es decir, una mejora del 76.75% en la inconsistencia. Sin embargo, cambiar el valor recomendado sería opuesto a nuestra preferencia de que la comodidad (en la fila) es más importante que la seguridad (en la columna). Sin embargo, nuestro objetivo no es ser matemáticamente perfectos, sino ser honestos con nuestras comparaciones, manteniendo un nivel de menos de 0.10 de inconsistencia. Por lo tanto, mantendremos nuestros juicios de que la comodidad es más importante que el costo y la comodidad es más importante que la seguridad, pero para reducir la inconsistencia, reduciremos la intensidad de nuestra preferencia de 4 a 2. Haremos lo mismo para el caso de la comparación de costo-comodidad (en el rango # 2 en términos de inconsistencia); es decir, mantendremos nuestra preferencia de que el costo es más importante, pero también reduciremos el valor original de 4 a 2 en la primera y segunda comparación. La Figura 11.12 muestra los juicios de comparación después de haber realizado estos dos cambios en el modo de cuestionario. (Sería recomendable que el lector compare las nuevas intensidades de juicio correspondientes a costo-comodidad y comodidad-seguridad con respecto a los valores originales en la Figura 11.6b). Fíjese que solo estamos ajustando la intensidad de nuestros juicios de comparación en lugar de cambiar nuestra dirección en la preferencia de cual criterio es más importante que el otro. Sin embargo, al mirar la Fig. 11.6b (juicios originales) y la Fig. 11.12 (juicios ajustados) notará (en el panel derecho) que el nivel de inconsistencia ha cambiado de 0.30121 (Fig. 11.6b) a 0.06948, siendo este último valor (0.069) mucho más bajo que el umbral de 0.10 requerido para los cálculos de AHP confiables. Super Decisions recalcula las prioridades y la inconsistencia respectiva, con el resultado que se muestra en la Fig. 11.13.

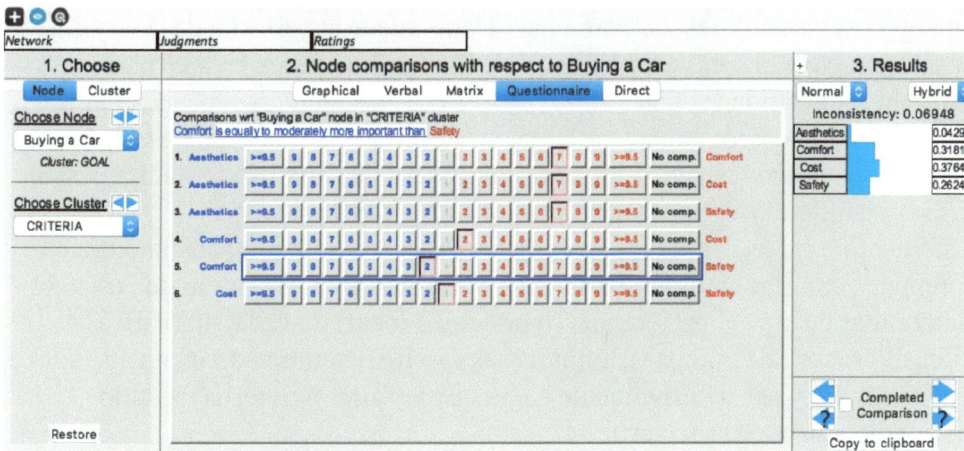

Fig. 11.12 Matriz comparativa por pares ajustada por inconsistencia

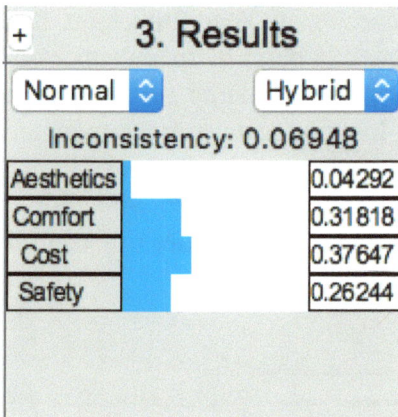

Fig. 11.13 Prioridades e inconsistencia final después de ajustar la matriz de comparación por pares

Al realizar estos cambios en la matriz de comparación, se genera un nuevo valor de inconsistencia como se muestra en la Fig. 11.13 (panel derecho de la interfaz de comparación). Observe que en esta figura el nuevo valor de inconsistencia estimado por el software es 0.06948, que ahora es inferior a 0.10; por lo tanto, podemos concluir que nuestra matriz de juicios se ha vuelto razonablemente consistente para el análisis de AHP. Además, tenga en cuenta que hemos mantenido nuestras preferencias (donde la comodidad es más importante que el costo y la comodidad es más importante que la seguridad). Solo hemos ajustado la intensidad de nuestras preferencias como se puede ver al comparar las nuevas prioridades (Fig. 11.13) con las antiguas (Fig. 11.6b). En ambos casos, nuestras prioridades y magnitudes son similares, con la única diferencia de que ahora la matriz de juicios es más consistente.

11.3 Cómo derivar las Prioridades Locales (Preferencias) para las Alternativas

Nuestro siguiente paso consistirá en derivar las prioridades relativas (preferencias) de las alternativas con respecto a cada criterio. Puesto de otra manera, contestaremos la pregunta ¿cuáles son las prioridades de las alternativas con respecto a la estética, el costo, la comodidad y la seguridad, respectivamente? Dado que estas prioridades son válidas solo con respecto a cada criterio específico, se le llama prioridades locales para diferenciarlas de las prioridades generales o totales que se calcularán más adelante.

Tendremos que volver a la pantalla de nuestra red (modelo) y, para ello, seleccionaremos la opción "Network", que es la primera pestaña izquierda. La pestaña "Network" nos permite ir y venir a nuestra pantalla de red (modelo).

El siguiente paso es priorizar las alternativas de acuerdo con cada uno de los criterios (uno por vez). Por ejemplo, basándose únicamente en el criterio de costo, se requiere determinar cuál es la preferencia (o prioridad local) de cada alternativa. A continuación, el proceso de comparación por pares se realiza tomando en cuenta solo el criterio de comodidad y así sucesivamente hasta que las alternativas hayan sido priorizadas en relación a todos los criterios.

Seleccione el nodo de criterios *Cost* (Costo, haciendo clic en el cursor en *Cost*) como se muestra en la Fig. 11.14. Observe que el nodo primario seleccionado para la comparación (el criterio "Cost") está resaltado con un marco azul. A continuación, haga clic en la pestaña "Judgments" (Juicios, segunda pestaña en la barra de menú superior, enmarcada en un óvalo en la figura 11.14), como hicimos anteriormente, para entrar en el modo de comparación. Puede seleccionar cualquiera de los modos de comparación mostrados en la barra horizontal (gráfico, verbal, matriz, cuestionario y directo). Para nuestro ejemplo, ingresaremos nuestros juicios en el modo de cuestionario y obtendremos la pantalla que se muestra en la Fig. 11.15 (solo se muestra el panel izquierdo y central para mayor conveniencia).

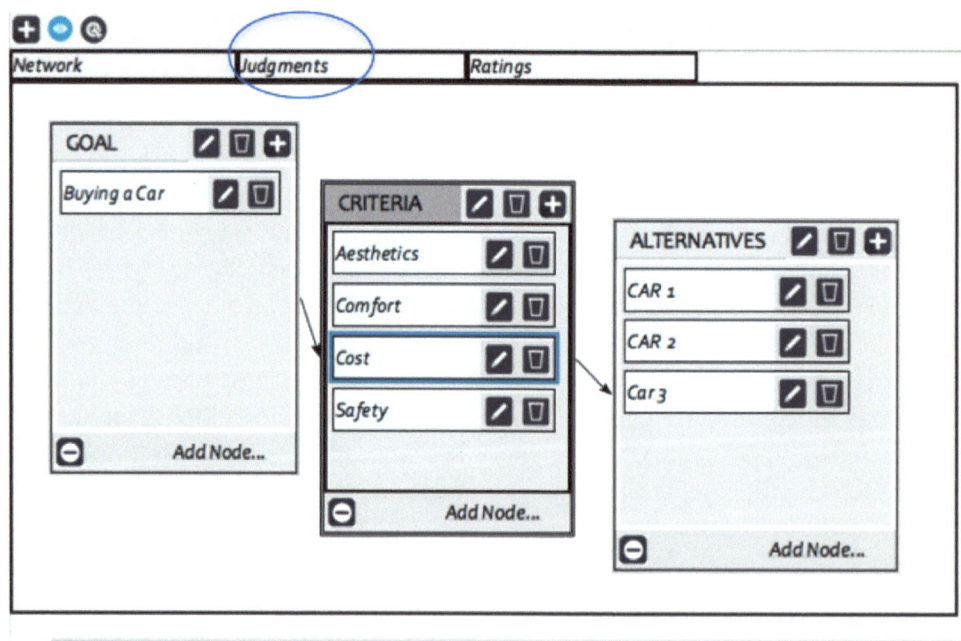

Fig. 11.14 Selección de comparación de alternativas con respecto al costo

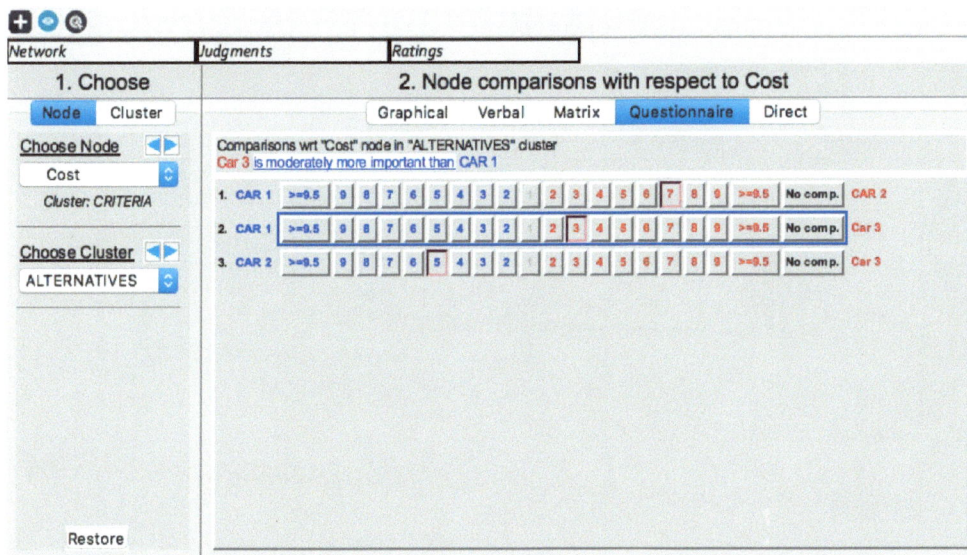

Fig. 11.15 Comparación de alternativas con respecto al criterio de costo

Ahora procedemos a comparar las alternativas en pares utilizando el modo de cuestionario (a menos que prefiera el modo de comparación gráfica, verbal o matricial) como se muestra en la Fig. 11.15 (panel central de la interfaz de comparación). Esta figura muestra el caso específico de la comparación por pares de diferentes alternativas con respecto al costo. La Figura 11.16 (el panel derecho de la interfaz de comparación) muestra las prioridades locales de las alternativas con respecto a este único criterio de costo. Este proceso se repite para cada uno de los otros criterios en el modelo.

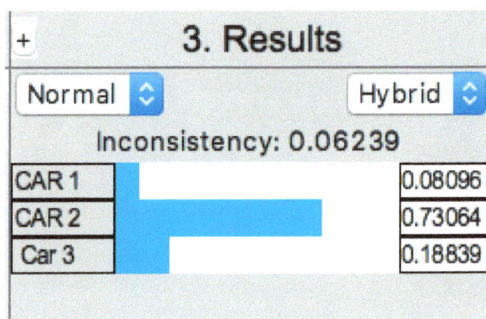

Fig. 11.16 Prioridades de las alternativas con respecto al criterio de costo

Las Figuras 11.17, 11.18 y 11.19 muestran las comparaciones (panel central) y las prioridades locales de las alternativas (panel derecho) con respecto a cada uno de los criterios (seleccionados en el panel derecho) en el modelo.[33] Una vez que haya

---

[33] Una práctica saludable al completar los juicios en una matriz de comparación determinada es marcar la casilla "Comparación completada" en la parte inferior derecha de la pantalla. Al final, cuando haya ingresado los juicios en todas sus matrices de comparación siguiendo este procedimiento, puede ir al menú de la barra superior, seleccionar "Computations" seguido de "Sanity Check" y el software le indicará si existe una matriz de comparación sobre la que no haya trabajado (es decir, donde la casilla "Comparación completada" no está marcada).

completado todas las comparaciones, sería recomendable que vuelva a la vista de su modelo haciendo clic nuevamente en "Network."

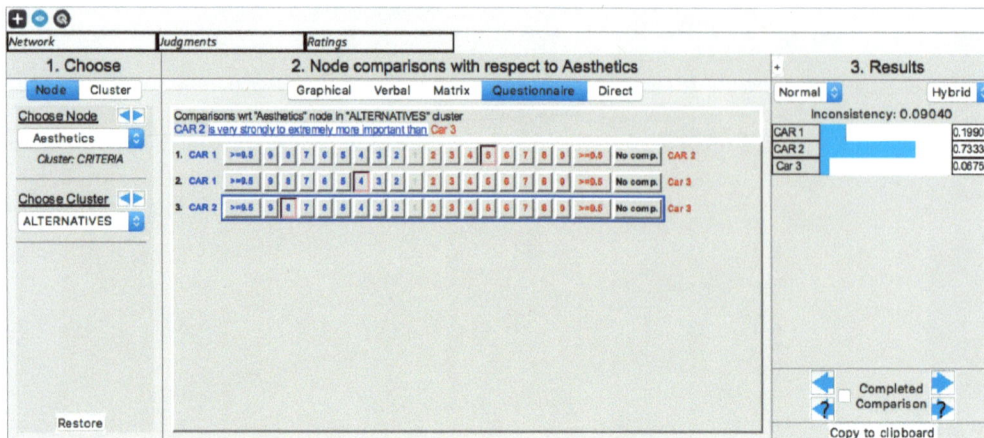

Fig. 11.17 Comparación de las alternativas con respecto a la estética

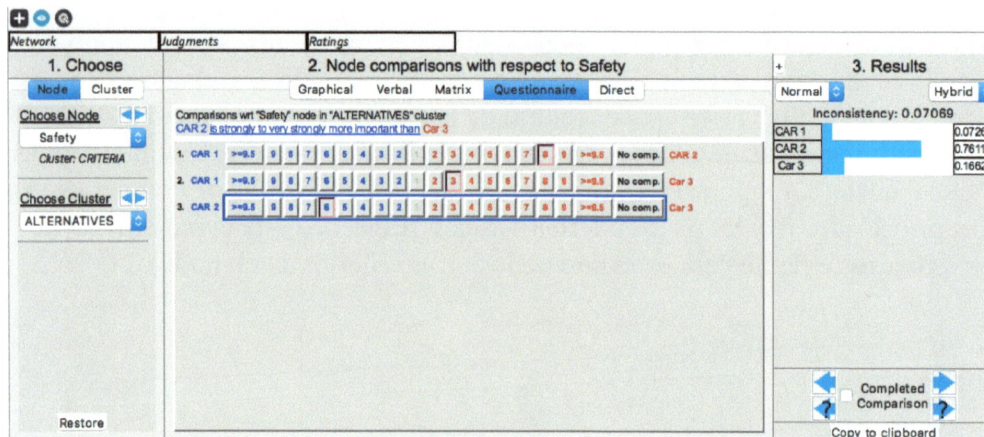

Fig. 11.18 Comparación de las alternativas con respecto a la seguridad

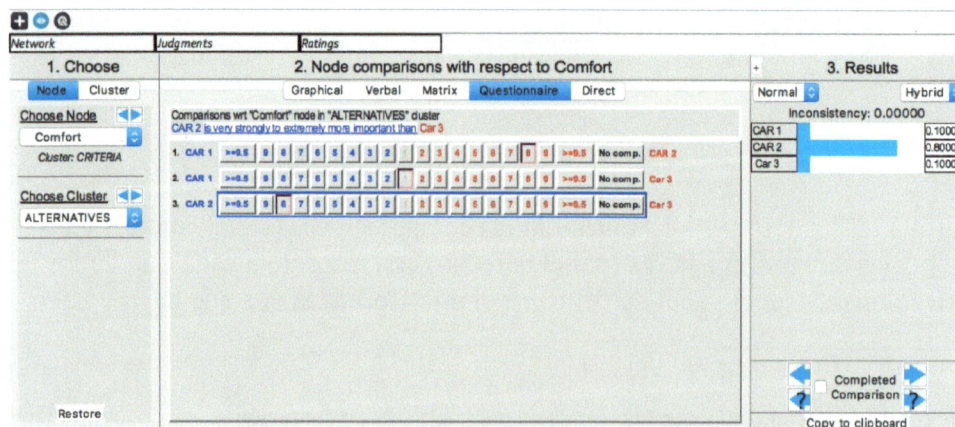

Fig. 11.19 Comparación de las alternativas con respecto a la comodidad

11.4 Derivación de prioridades globales (Síntesis del Modelo)

Ahora debemos ocuparnos del proceso de síntesis general; es decir, debemos determinar las prioridades generales de las alternativas teniendo en cuenta el nivel de importancia que hemos asignado a los criterios.

La síntesis se realiza desde la ventana principal de todo el modelo. Seleccione la opción *Computations* (Cálculos, de la barra de menú en la parte superior de la pantalla de su computadora) y luego *synthesize* (sintetizar) como se muestra en la Fig. 11.20. La figura 11.21 muestra el resultado de este proceso. En la Fig. 11.21 podemos ver, bajo la columna *Normals* (Normales), que la alternativa con mayor prioridad, para este ejemplo, es el Auto 2 (0.760837); seguido por el Auto 3 (0.14266) y el Auto 1 (0.089896).

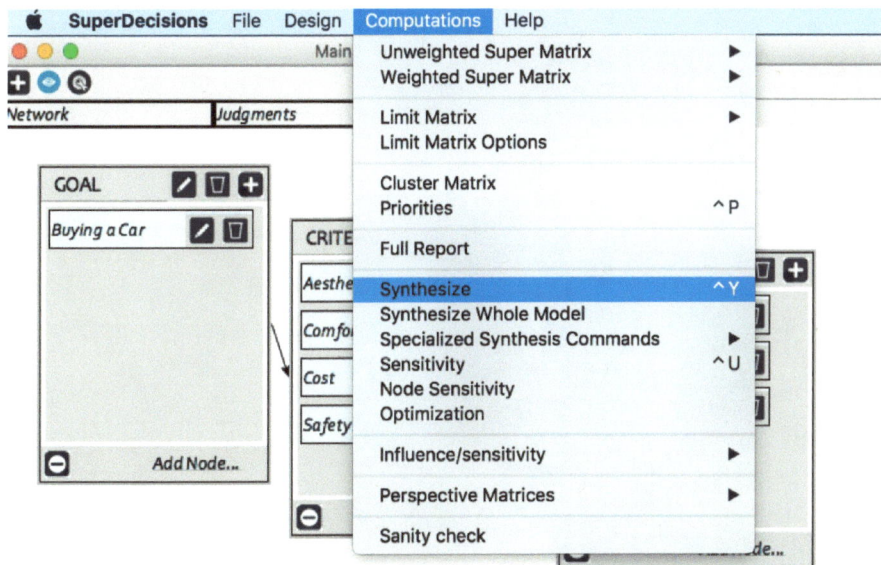

Fig. 11.20 Cómo seleccionar la opción de sintetizar

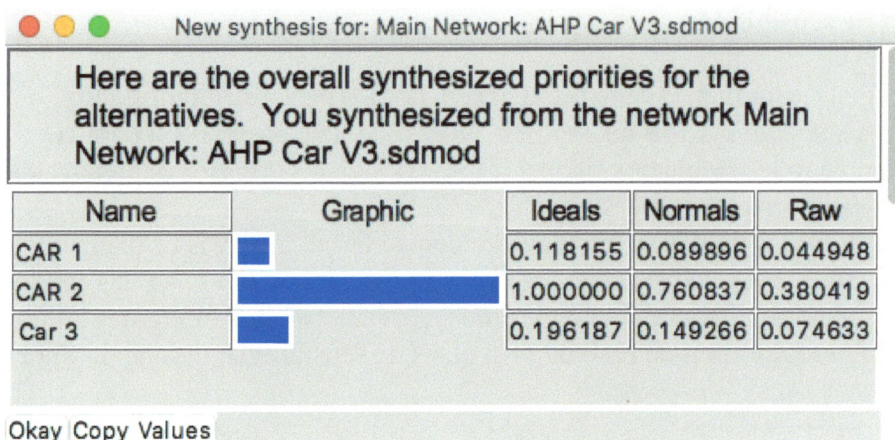

Here are the overall synthesized priorities for the alternatives. You synthesized from the network Main Network: AHP Car V3.sdmod

Name	Graphic	Ideals	Normals	Raw
CAR 1		0.118155	0.089896	0.044948
CAR 2		1.000000	0.760837	0.380419
Car 3		0.196187	0.149266	0.074633

Fig. 11.21 Prioridades globales como resultado de la síntesis

La columna *Normals* (Normales) en la Fig. 11.21 muestra las prioridades generales o globales, también llamadas preferencias finales, de forma estandarizada. Según esta columna, el auto 2 tiene el 76% de la preferencia, según las comparaciones realizadas. La columna *Ideals* (Ideales) se obtiene dividiendo cada valor de la columna *Normals* entre el valor más alto de dicha columna (0.760837 en este ejemplo). Por lo tanto, la prioridad más alta tiene un valor de 1 (=0.760837/0.760837) o 100%. Esto indica, por ejemplo, que la segunda mejor opción, Auto 3, es 14.9% (= 0.14927/0.760837) de la mejor opción (ideal). [34]

También podemos mostrar las prioridades generales (Fig. 11.21) junto con los pesos de los criterios (Fig. 11.22) en la misma pantalla de síntesis que se muestra en la Fig. 11.22. Para obtener esta pantalla, seleccionamos nuevamente *Computations* pero esta vez seguida de *Priorities* (en lugar de Synthesis) del menú desplegable en la Fig. 11.20.

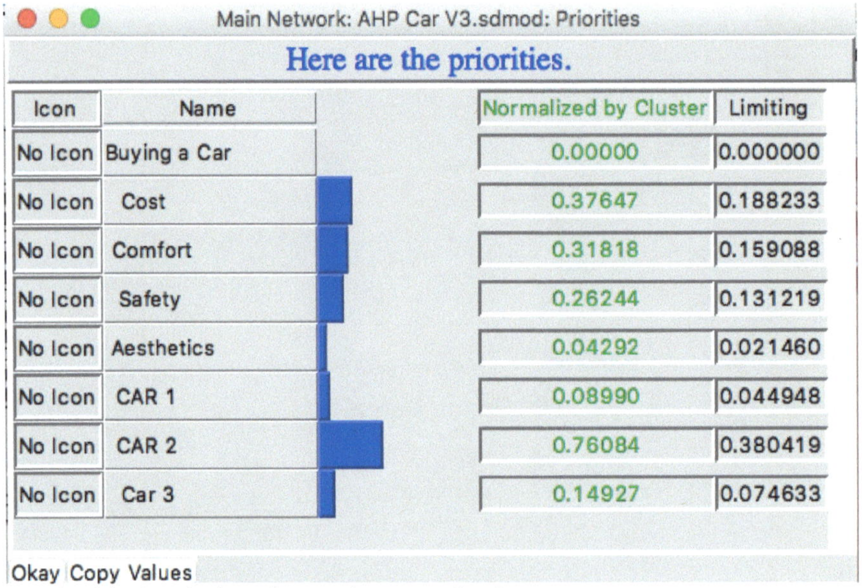

Fig. 11.22 Prioridades de las alternativas y criterios

11.5 Análisis de sensibilidad

La prioridad final estará fuertemente influenciada por los pesos atribuidos a los criterios respectivos. Es útil realizar un análisis "what if" ("qué pasaría si") para ver cómo habrían cambiado los resultados finales si los pesos de los criterios hubieran sido diferentes.

Por esta razón, el último paso en la evaluación de las alternativas es realizar un análisis de sensibilidad. Este análisis se realiza para investigar qué tan sensibles son los resultados con respecto a la importancia que hemos derivado para los diferentes criterios. Si bien existen diferentes formas de realizar el análisis de sensibilidad utilizando Super

---

[34] La columna *Raw* (Sin procesar) en la captura de pantalla de prioridades (la columna de la extrema derecha que no se muestra en la Fig. 11.22) no se usa para el análisis de AHP.

Decisions v3, proporcionaremos una forma sencilla y práctica de llevarlo a cabo, dado el alcance de este libro.

En la vista del modelo (que se obtiene al hacer clic en "Network"), seleccione (clic con el botón izquierdo del mouse) el nodo "Buying a Car" y luego haga clic en la pestaña "Judgment" en el menú de la barra, enmarcado con un óvalo, como se muestra en la Figura 11.23, para entrar en el modo de comparación de criterios con respecto al nodo objetivo. A continuación, haga clic en la pestaña "direct" para elegir el modo de comparación directa que se muestra en la Fig. 11.24. Observe que los pesos de los criterios en esta figura corresponden a las prioridades derivadas de los criterios. En otras palabras, este es nuestro escenario de análisis original previamente obtenido. Sin embargo, el modo directo no es simplemente una forma diferente de presentar las prioridades de los criterios, sino que también nos permite cambiar los valores de prioridad directamente.

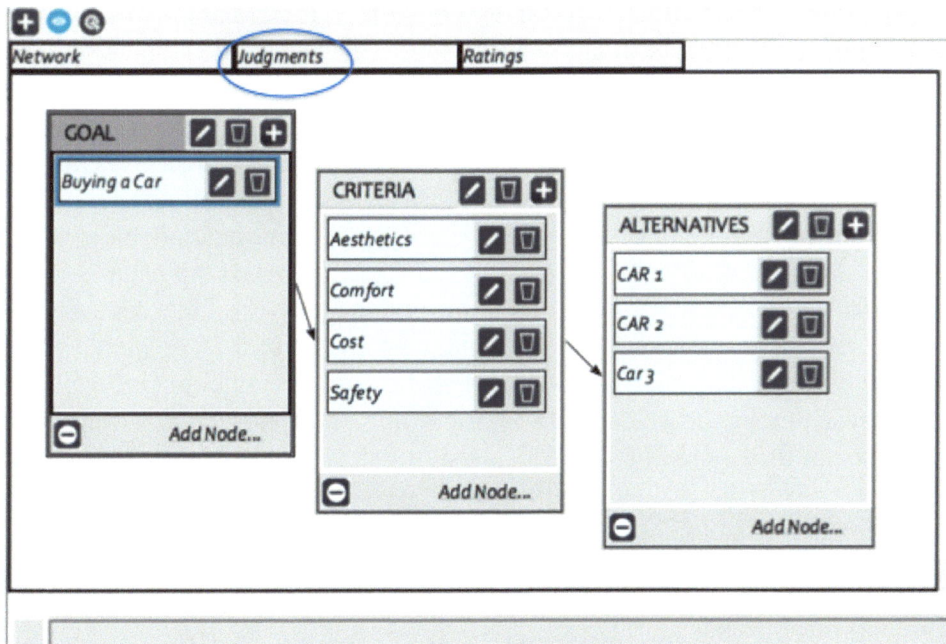

Fig. 11.23 Selección de comparación de criterios ("Juicios") con respecto a "Comprar un Auto"

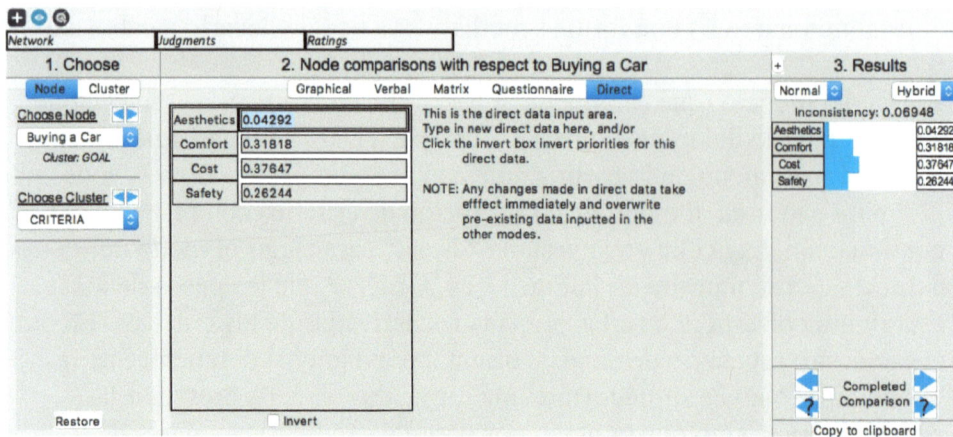

Fig. 11.24 La situación hipotética original de "Comprar un auto" en modo directo

Podríamos estar interesados en saber si el Auto 2 hubiera sido la mejor opción si todos los criterios hubieran tenido el mismo peso. Para evaluar esta situación hipotética, primero guardamos nuestro archivo de la situación hipotética original con un nombre como, por ejemplo, "Buying a Car Original Scenario" (Situación Hipotética Original de Compra de Auto) o un nombre similar. A continuación, podemos abrirlo de nuevo y guardarlo como "Buying a Car Sensitivity Scenario 1" (Situación Hipotética 1 de Sensibilidad de Compra de Auto) o un nombre similar. A continuación, en el modo directo de la figura 11.24, ingresaremos el valor 0.25 como peso para cada uno de los criterios[35]. Para hacer esto, ingrese 0.25 en la primera celda y presione "Enter" o "Return" en su teclado. El cursor se moverá a la siguiente celda. Ingrese 0.25 de nuevo y haga clic en "Enter". Repita este proceso hasta que todas las celdas tengan el mismo valor de 0.25 (inspeccione visualmente las celdas para verificar que este sea el caso) y obtendrá la pantalla que se muestra en la Fig. 11.25. Vaya al menú superior del software y seleccione *Computations > Priorities* (Cálculos> Prioridades, en el menú desplegable de la Fig. 11.20) para obtener la pantalla que se muestra en la Fig. 11.26.

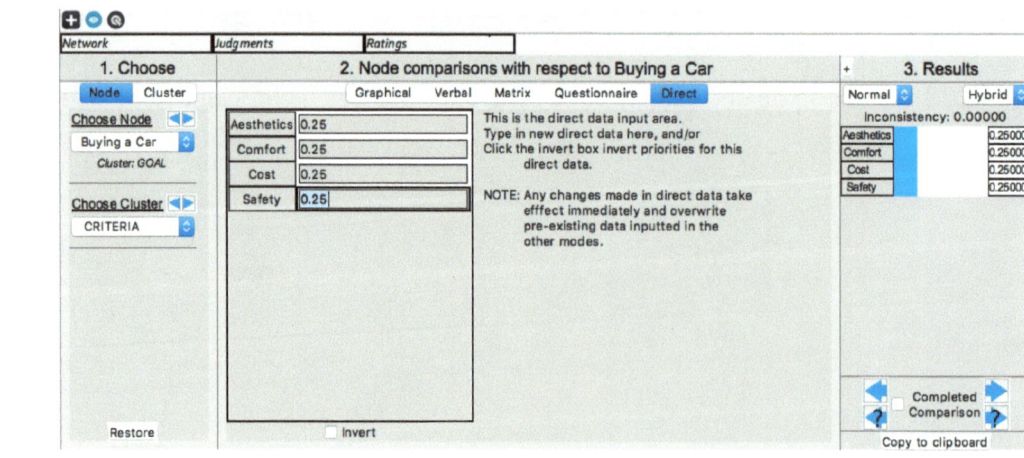

---

[35] Dado que hay 4 criterios, la forma de distribuir los pesos de manera equitativa entre ellos es realizar el cálculo 1/4 = 0.25. Si hubiera 5 criterios, el peso a distribuir por igual sería 1/5 = 0.2 y así sucesivamente.

Fig. 11.25 Modo directo con criterios con igual peso

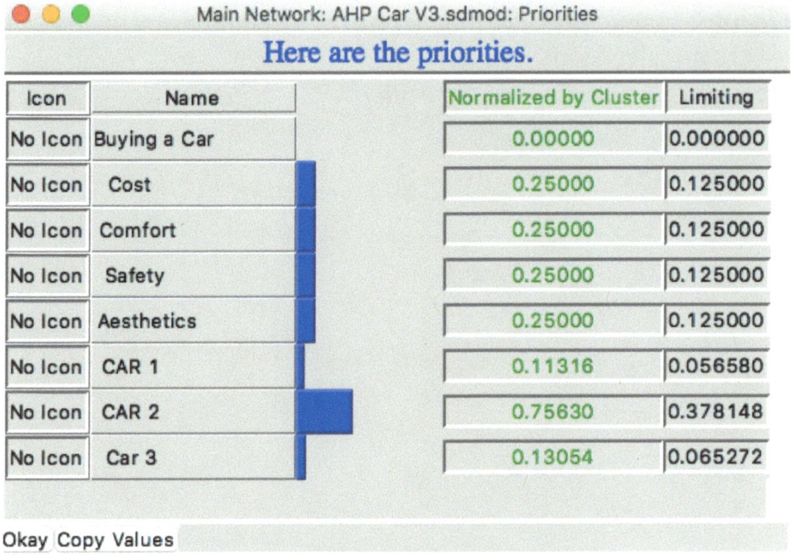
Main Network: AHP Car V3.sdmod: Priorities
Here are the priorities.
Icon
Name
Normalized by Cluster
Limiting
No Icon Buying a Car 0.00000 0.000000
No Icon Cost 0.25000 0.125000
No Icon Comfort 0.25000 0.125000
No Icon Safety 0.25000 0.125000
No Icon Aesthetics 0.25000 0.125000
No Icon CAR 1 0.11316 0.056580
No Icon CAR 2 0.75630 0.378148
No Icon Car 3 0.13054 0.065272
Okay
Copy Values

Fig. 11.26 Todos los criterios son igualmente importantes

Como se puede ver en la Fig. 11.26, aun si todos los criterios son igualmente importantes, nuestra mejor opción sigue siendo el Auto 2, mientras que las otras dos alternativas siguen estando bastante lejos. Podemos analizar varias situaciones hipotéticas posibles de interés para comprender en qué casos la opción original dejaría de ser la mejor.

11.6 Toma de una Decisión Final

Sobre la base de los resultados de la síntesis y la información obtenida del análisis de sensibilidad se debe tomar una decisión final.

En general, la mejor alternativa es la de más alta prioridad global. El usuario ahora puede elegir esta alternativa (si lo desea) y al mismo tiempo puede justificar el motivo de esta selección. Ahora tiene la oportunidad de explicar los criterios usados y la importancia asignada y, además, puede explicar qué hubiera sucedido si los pesos de los criterios hubieran cambiado.

11.7 Conclusión

En resumen, hemos visto que debido a las anomalías cognitivas que nosotros, como seres humanos, experimentamos, es necesario utilizar una metodología que sea intuitivamente simple, eficiente y segura para tomar decisiones. El proceso de análisis jerárquico (AHP), implementado en el software Super Decisions proporciona una metodología para tomar decisiones de una manera intuitiva pero también racional y fácil de usar. Esta es la razón por la cual la metodología AHP y el software relacionado se utilizan ampliamente en todo el mundo para todo tipo de decisiones.

Referencias

Creative Decisions Foundation (2017). *Creative decisions foundation*. Recuperado de http://www.creativedecisions.net.

Super Decisions (2017). *Super Decisions*. Recuperado de: http://sdbeta.superdecisions.com

Capítulo 12: Modelos AHP con Sub-criterios usando v3

Enrique Mu[a*,1] and Milagros Pereyra-Rojas[b,2]

[a] Carlow University, Pittsburgh, PA, USA
[b] University of Pittsburgh, Pittsburgh, PA, USA
[1] Email: muex@carlow.edu.
[2] Email: milagros@pitt.edu.

Sinopsis

En muchas situaciones, es necesario añadir sub-criterios a uno o más de los criterios originales. Además, se recomienda a los lectores que lean toda la documentación de Super Decisions proporcionada por el creador del software (Super Decisions 2017).

12.1. Introducción de sub-criterios en los modelos de Super Decision AHP

Supongamos que para el ejemplo de Compra de un auto (que se muestra en la Fig. 12.1), al crear el cluster de criterios, nos damos cuenta de que necesitamos agregar criterios secundarios al criterio de costo.

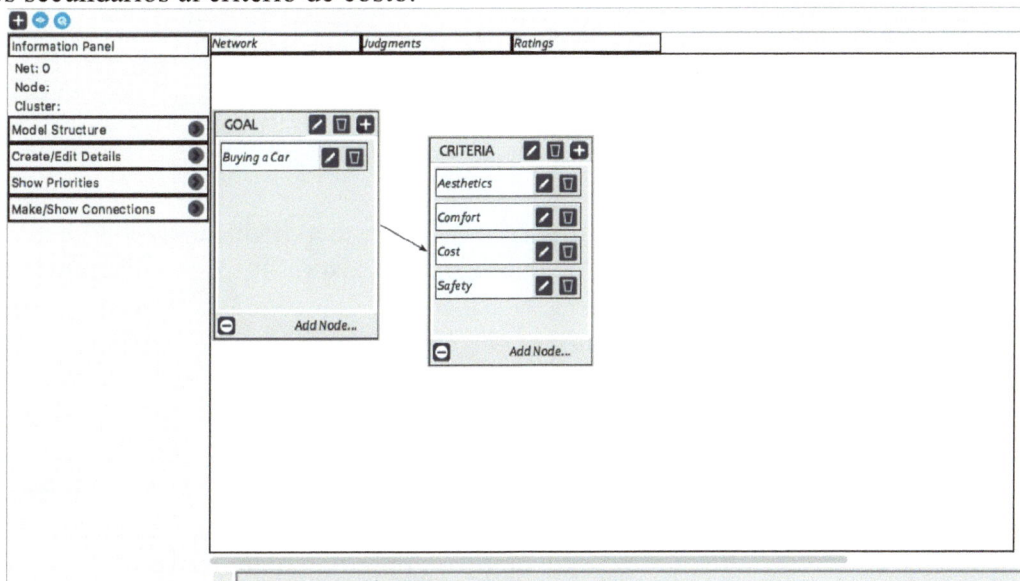

Fig. 12.1 Modelo de Compra de Auto con solo criterios

Para añadir sub-criterios en Super Decisions v3
https://youtu.be/qwslS6COax4

Comparaciones por pares con sub-criterios en Super Decisions v3
https://youtu.be/0mn4O8gPZB8

Para este propósito, seleccionamos el ícono ➕ de la esquina superior izquierda de la pantalla (sobre "Information Panel" para añadir un nuevo cluster que llamaremos

"Cost Subcriteria" (Sub-criterios de Costo) y luego "Save" (guardar). Luego, hacemos clic sobre "Add node…" (añadir nodo) en el cluster de sub-criterios de costo y procedemos a añadir el sub-criterio "Acquisition Cost" (Costo de Adquisición) usando el cuadro de dialogo en el panel de información, hacemos clic sobre "Add more" (Añadir más) e ingresar el sub-criterio "Maintenance Cost" (Costo de Mantenimiento). Obtendrá la pantalla que se muestra en la Fig. 12.2.

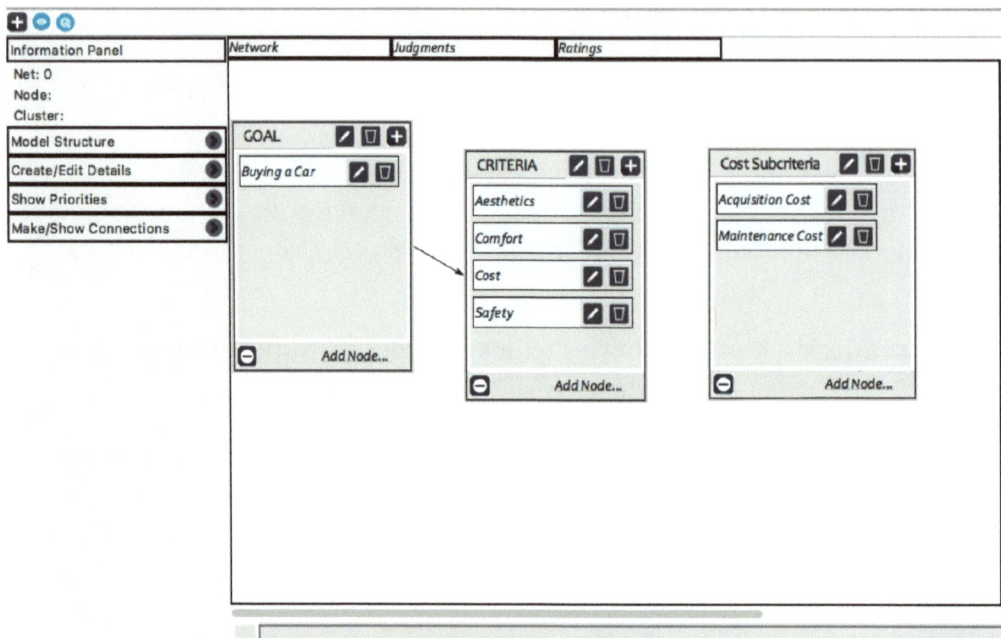

Fig. 12.2 Para añadir sub-criterios de costo

Nuestro siguiente paso es conectar el criterio de costo al nodo correspondiente de sub-criterios. Para este propósito, seleccionamos el nodo Cost (costo) en el diagrama de modelo y hacemos clic sobre la opción "Make/Show Connections" (Hacer/Mostrar Conexiones) sobre el panel de información en el lado izquierdo. Verifique que el "Parent node (From) node" seleccionado sea el "Cost" (Costo) y use el menú desplegable para seleccionar el "Child (To) Cluster" llamado "Cost Subcriteria" (Sub-criterios de Costo) como se muestra en la sección del panel de información en la Fig. 12.3. Luego, seleccione las casillas de los sub-criterios correspondientes de "Cost" para completar la conexión del nodo de criterios "Cost" a sus respectivos sub-criterios "Acquisition Cost" y "Maintenance Cost" y obtendrá la pantalla que se muestra en la Fig. 12.4.

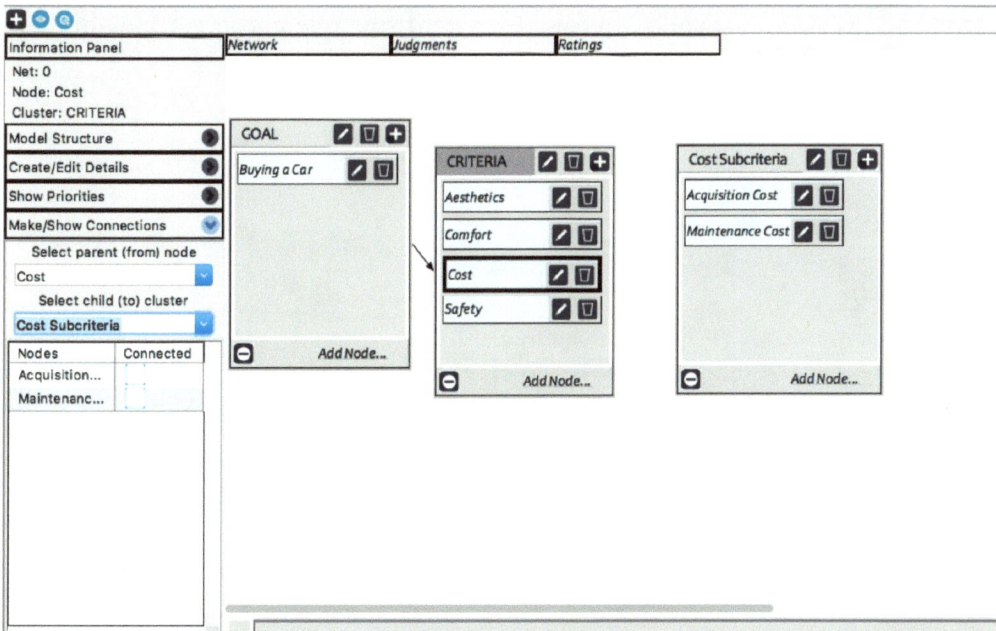

Fig. 12.3 Para seleccionar la opción "Node Connections" (Conexión de Nodos)

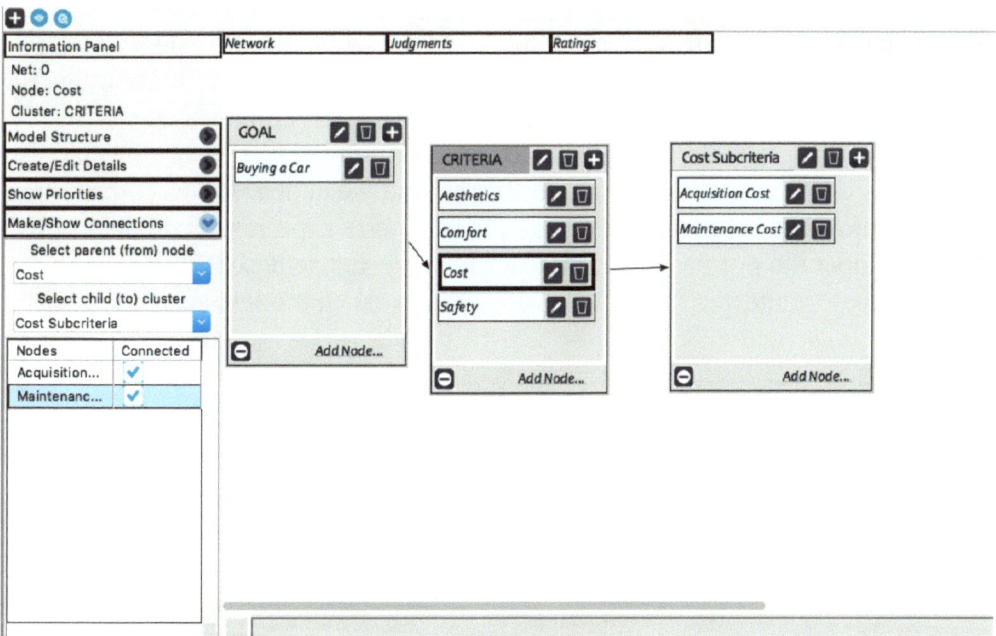

Fig. 12.4 Para conectar el Costo a sus sub-criterios

Ahora podemos cerrar el dialogo de conexión haciendo clic nuevamente sobre "Make/Show Connections." Para verificar nuestro modelo visualmente presione el botón ⊙ del menú superior del modelo (luego de presionarlo, su color cambiara a celeste) y seleccione el nodo de criterio de costo para ver a qué nodos está conectado. Como se puede ver en la Fig. 12.5, el nodo de criterio de costo está conectado a los nodos de sub-criterios de costo de adquisición y costo de mantenimiento, como lo indica el hecho de que estos dos nodos estén resaltados en rojo. Esto confirma que nuestras conexiones a los subcriterios se han realizado correctamente.

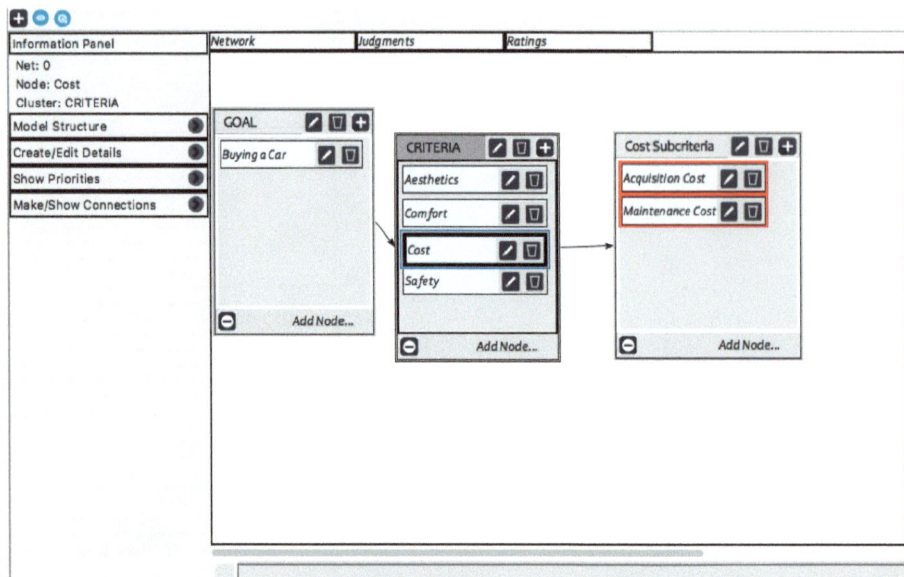

Fig. 12.5 Para verificar la conexión del costo a sus sub-criterios

También podemos verificar que nuestro nodo de "goal" (meta) esté a su vez conectado a los criterios. Seleccione el nodo del goal "Buying a Car" (Comprar un Auto) y verifique a qué nodos está conectado viendo qué nodos están enmarcados en rojo. Notará que, como se muestra en la Fig. 12.6, el nodo "Buying a Car" está conectado solo a los nodos de los criterios: costo, comodidad, seguridad y estética. Así es como debe ser porque comenzamos este ejemplo asumiendo que esta parte superior del modelo se había completado y comparado por pares para obtener los criterios de peso. Sin embargo, siempre es muy importante verificar que las conexiones de su modelo sean correctas.

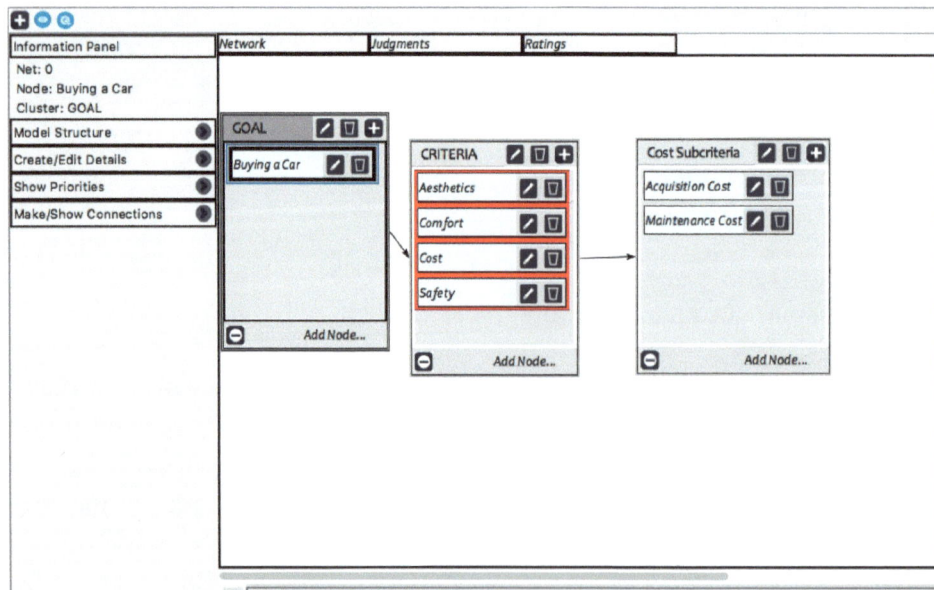

Fig. 12.6 Verificación de las conexiones de "Comprar un Auto" a sus criterios

Ahora, procedemos a crear el cluster de alternativas y sus nodos correspondientes (Car 1, Car 2 y Car 3) como se muestra en la Fig. 12.7.

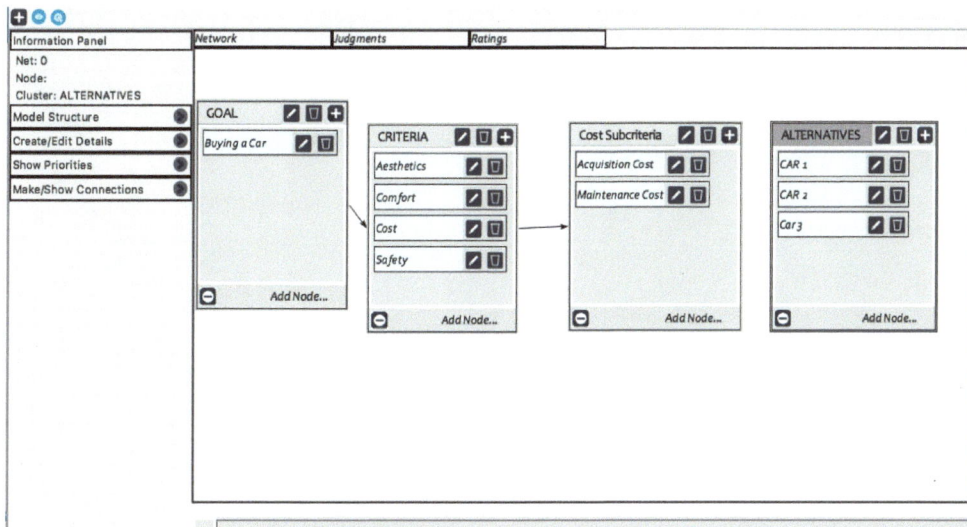

Fig. 12.7 Captura de pantalla del modelo antes de conectar las alternativas

Ahora necesitamos conectar los criterios a las alternativas. Lo haremos solo para los criterios: comodidad, seguridad y estética, como se muestra en la Fig. 12.8. Tenga en cuenta que NO conectamos el nodo de costo dado que tiene sub-criterios. En este caso, son los sub-criterios del costo los que se conectarán a las alternativas.

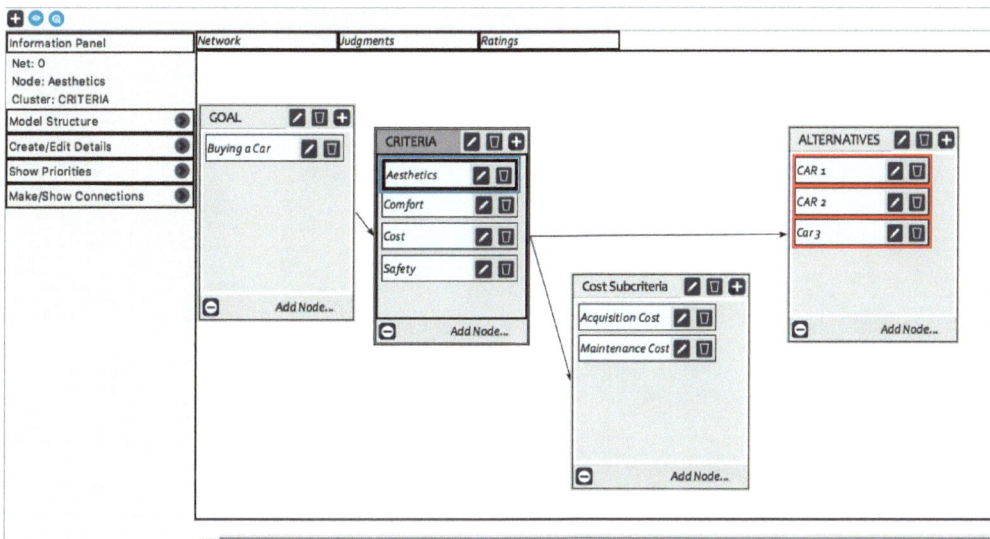

Fig. 12.8 Verificación de las conexiones de los criterios (excepto el costo) a las alternativas

Seleccione el nodo del sub-criterio de "acquisition cost" (costo de adquisición) y presione "Make/Show Connections" (Hacer/Mostrar Conexiones) y seleccione las casillas correspondientes a las tres alternativas Car 1, Car 2 y Car 3 (Auto 1, Auto 2 y Auto 3) para conectar el costo de adquisición a todas las alternativas. Para verificar que las conexiones se hayan realizado correctamente, seleccione el ícono [🔍], coloque el cursor sobre el sub-criterio de costo de adquisición y obtendrá la pantalla que se muestra en la Fig. 12.9, lo cual confirma que el costo de adquisición está conectado a todas las alternativas, como lo indican los recuadros resaltados en rojo en la figura 12.9.

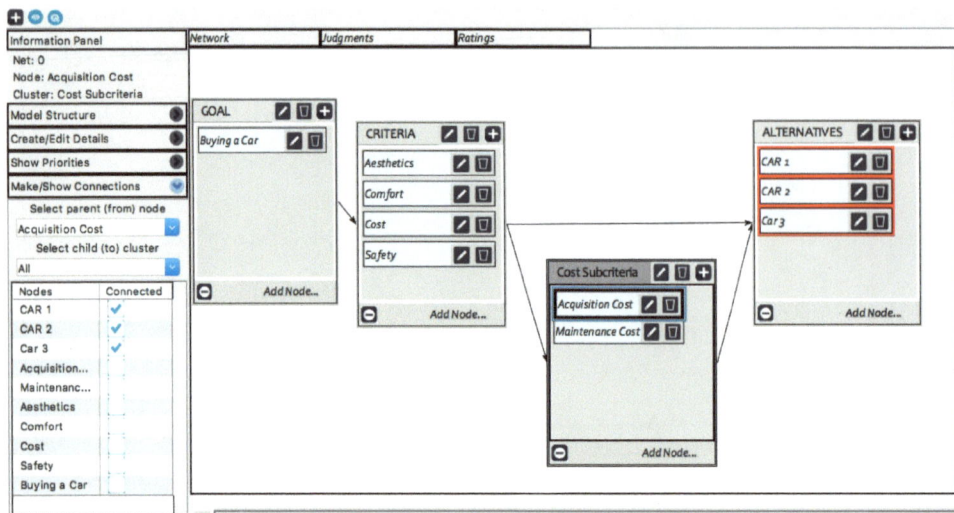

Fig. 12.9 Verificación de la conexión de "Costo de Adquisición" a las alternativas

Repita el mismo procedimiento para conectar el nodo del sub-criterio de costo de mantenimiento (maintenance cost) a cada una de las alternativas. Una vez completado este paso, verifique que este nodo esté conectado correctamente a las alternativas como se muestra en la Fig. 12.10.

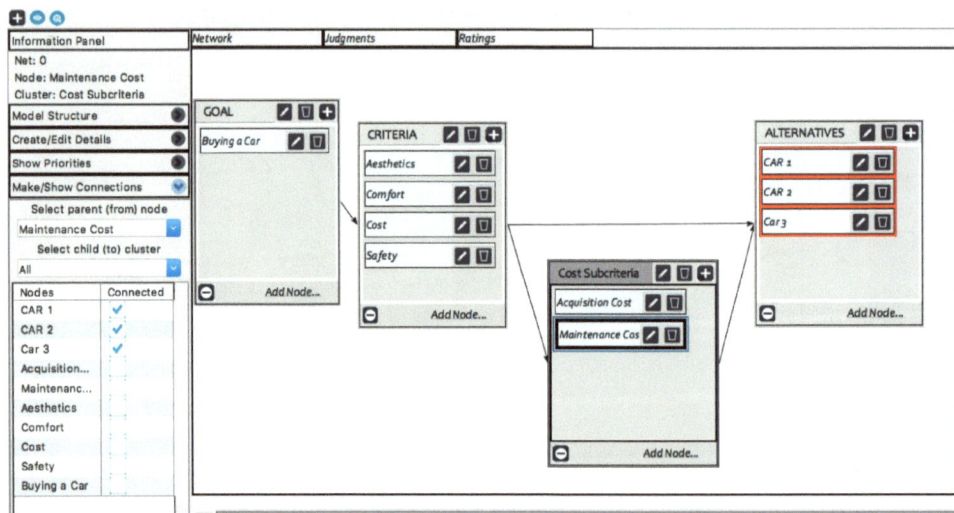

Fig. 12.10 Verificación de la conexión del "Costo de Mantenimiento" a las alternativas

Los criterios superiores de costo, comodidad, seguridad y estética deben compararse por pares para obtener sus pesos, para verificar que la inconsistencia de la matriz de comparación sea menor o igual a 0.1. Como se puede observar en la Fig. 12.11, la comparación de los criterios por pares se completó y se obtuvieron los pesos de los criterios (en el panel derecho etiquetado como "3. Resultados") con una inconsistencia de 0.06948 que es mucho menor a 0.1.

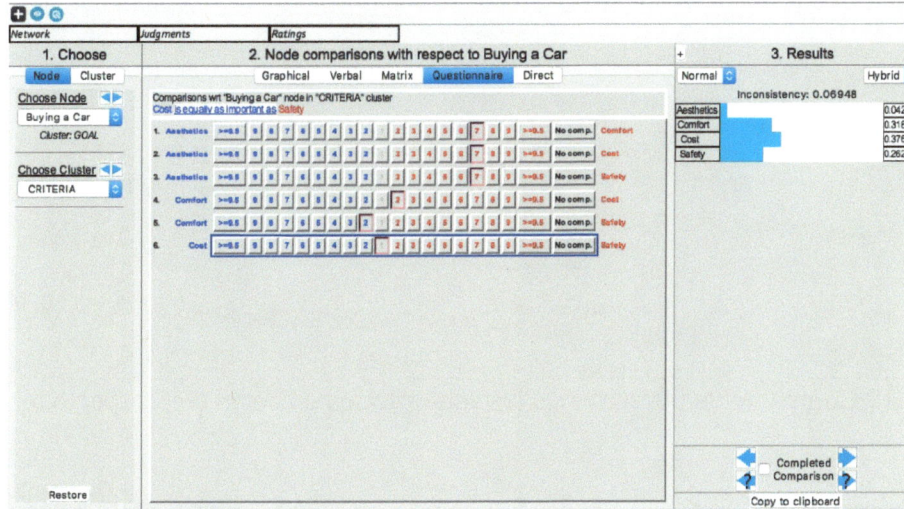

Fig. 12.11 Comparación de los criterios por pares

Ahora debemos comparar por pares los sub-criterios de costo: costo de adquisición y costo de mantenimiento, con respecto al nodo de criterio de costo. Con este fin haga clic sobre "Network" en el menú horizontal para regresar a nuestro modelo, luego seleccione el criterio "Cost" y "Judgments" y esto le dará la pantalla que se muestra en la Fig.124.12. En este ejemplo, el costo de mantenimiento es fuertemente más importante que el costo de adquisición con respecto al costo. Los resultados (panel derecho) indican que el costo de mantenimiento tiene un peso de 0.833, mientras que el costo de adquisición tiene 0.166. Además, tenga en cuenta que la inconsistencia es 0.000 porque solo vamos a comparar dos sub-criterios. Sin embargo, si tuviéramos tres o más sub-criterios, lo más probable es que hubiéramos obtenido una inconsistencia distinta de 0. En ese caso, asegurarnos de que esta inconsistencia sea menor o igual a 0.1 es importante y se deben hacer las correcciones a los juicios que sean necesarias.

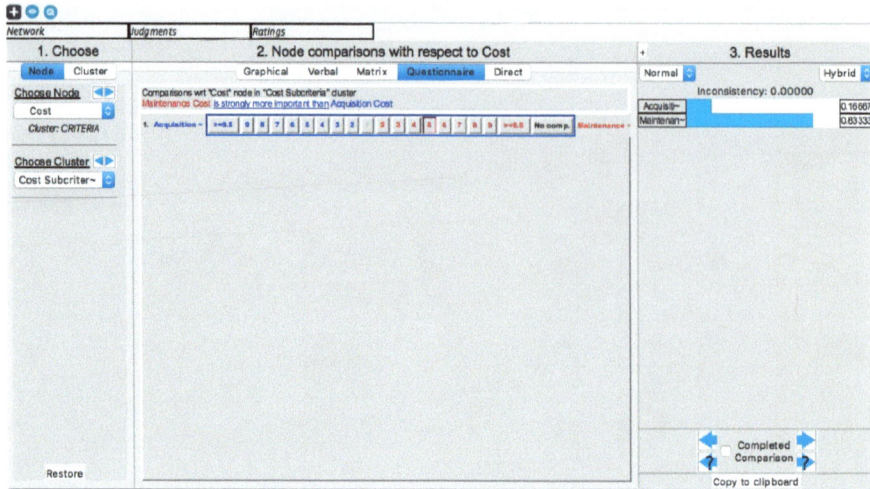

Fig. 12.12 Comparación por pares de los sub-criterios de costo con respecto al "Costo"

A continuación, comparamos las alternativas por pares con respecto a cada criterio. Pero, en el caso del costo, compararemos las alternativas con los sub-criterios de costo. Para este propósito, primero seleccionamos "Network" para obtener nuestro modelo, luego seleccionamos el nodo del sub-criterio de "acquisition cost" (costo de adquisición), hacemos clic sobre "Judgments" e ingresamos los juicios de comparación adecuados para obtener la pantalla que se muestra en la figura 12.13. Los resultados (panel derecho) muestran que el Auto 1 tiene la preferencia más alta (0.733) con respecto a los costos de adquisición. Además, el nivel de inconsistencia (0.090) es aceptable (<= 0.1); por lo tanto, no se requiere ni análisis de inconsistencia ni ajustes de comparación.

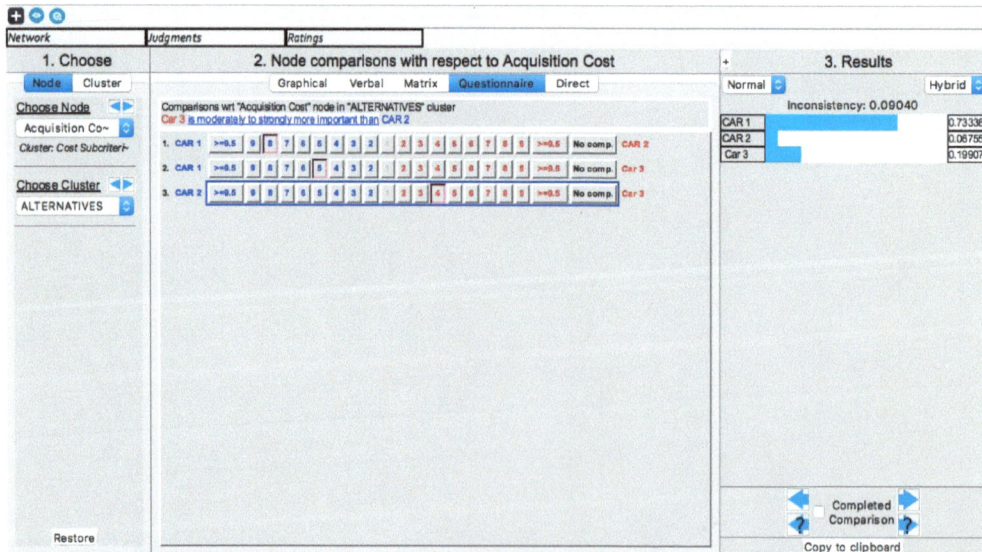

Fig. 12.13 Comparación de las alternativas con respecto al Costo de Adquisición

Repetimos el mismo procedimiento para comparar las alternativas con respecto al nodo del sub-criterio de "Maintenance Cost" (Costo de Mantenimiento) como se muestra en la figura 12.14. Nuevamente, verificamos que el nivel de inconsistencia sea aceptable (0.06239 <= 0.1) antes de aceptar los resultados que indican que el Auto 1 es la mejor opción (0.730) con respecto a los costos de mantenimiento, como se muestra en la Fig. 12.14.

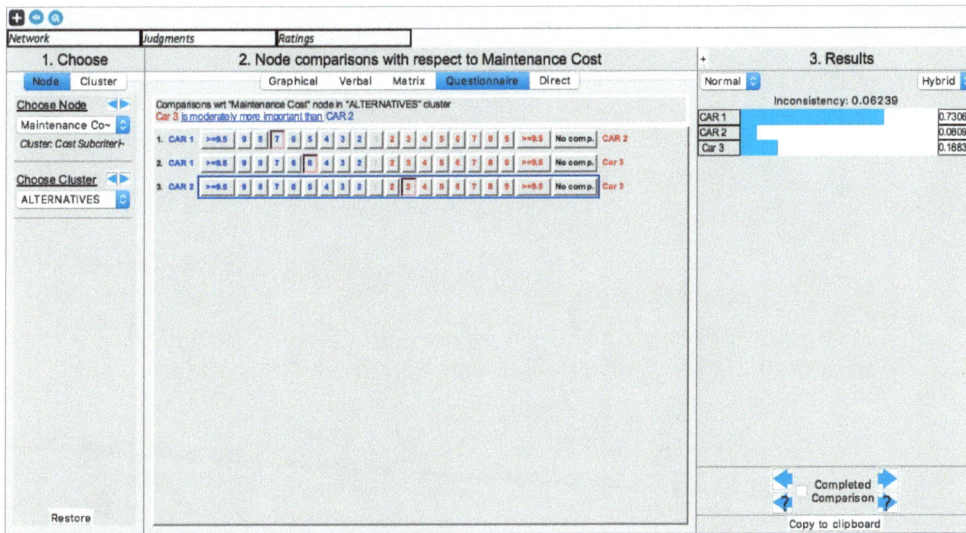

Fig. 12.14 Comparación de las alternativas con respecto al Costo de Mantenimiento

Luego repetimos la evaluación por pares de las alternativas con respecto a los otros criterios de comodidad, seguridad y estética; como se muestra en las Figs. 12.15, 12.16 y 12.17.

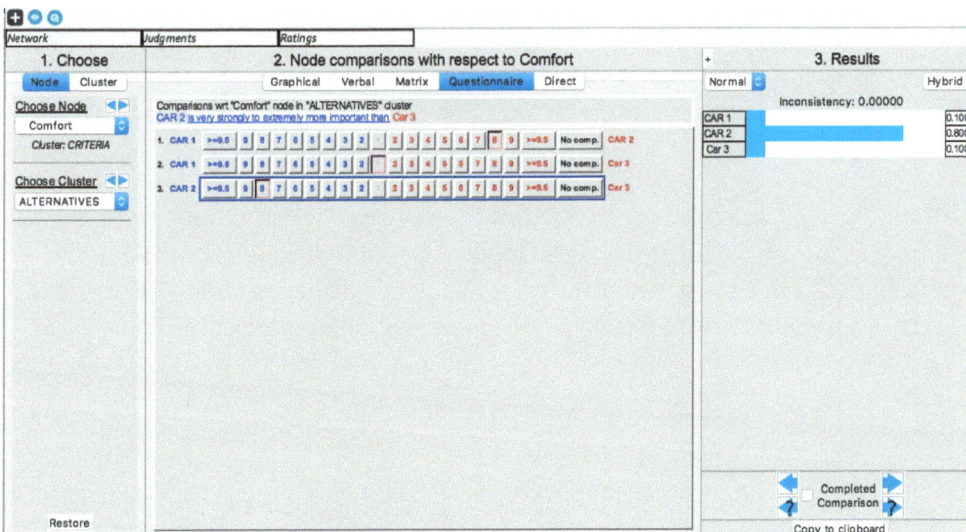

Fig. 12.15 Comparación de las alternativas con respecto a la "Comodidad"

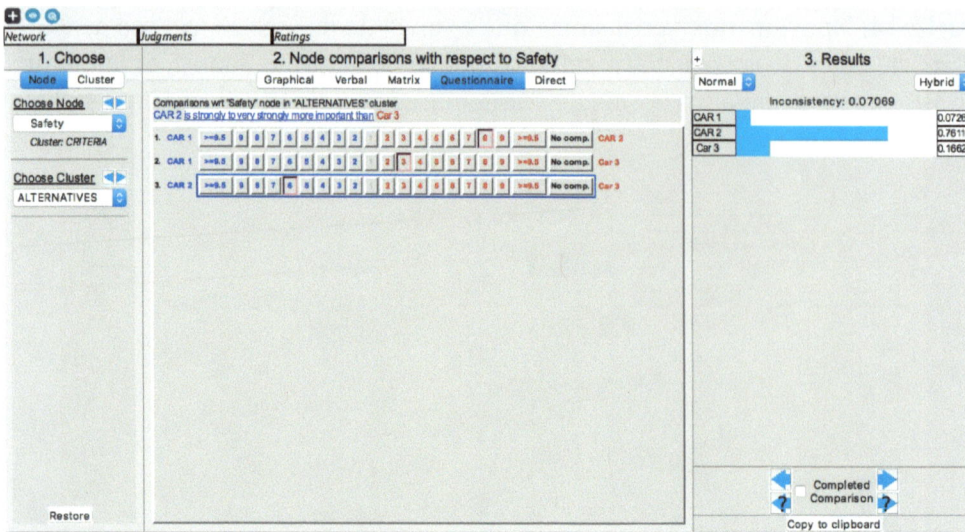

Fig. 12.16 Comparación de las alternativas con respecto a la "Seguridad"

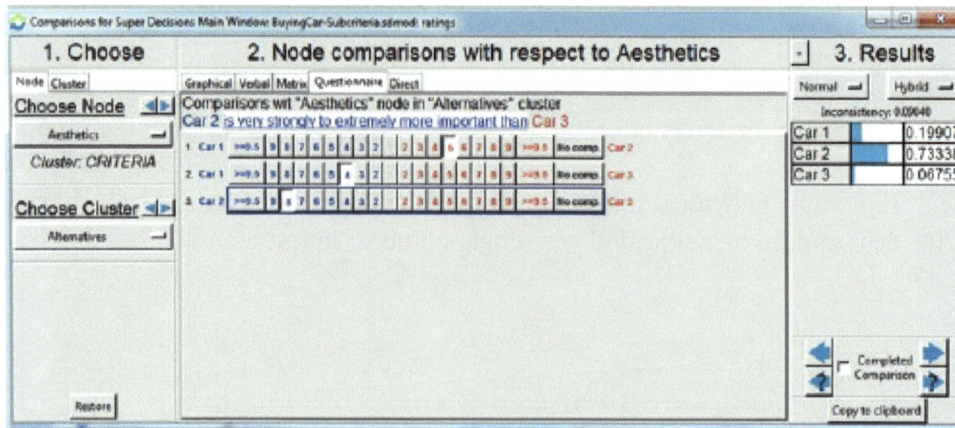

Fig. 12.17 Comparación de las alternativas con respecto a la "Estética"

El último paso es obtener las prioridades finales seleccionando del menú superior, "Computations > Priorities" (Cálculos> Prioridades) para obtener los resultados que se muestran en la Fig. 12.18. Esta figura muestra todas las prioridades (bajo el encabezado "Normalized by Cluster -- "Normalizado por Cluster") obtenidas en el modelo de decisión.

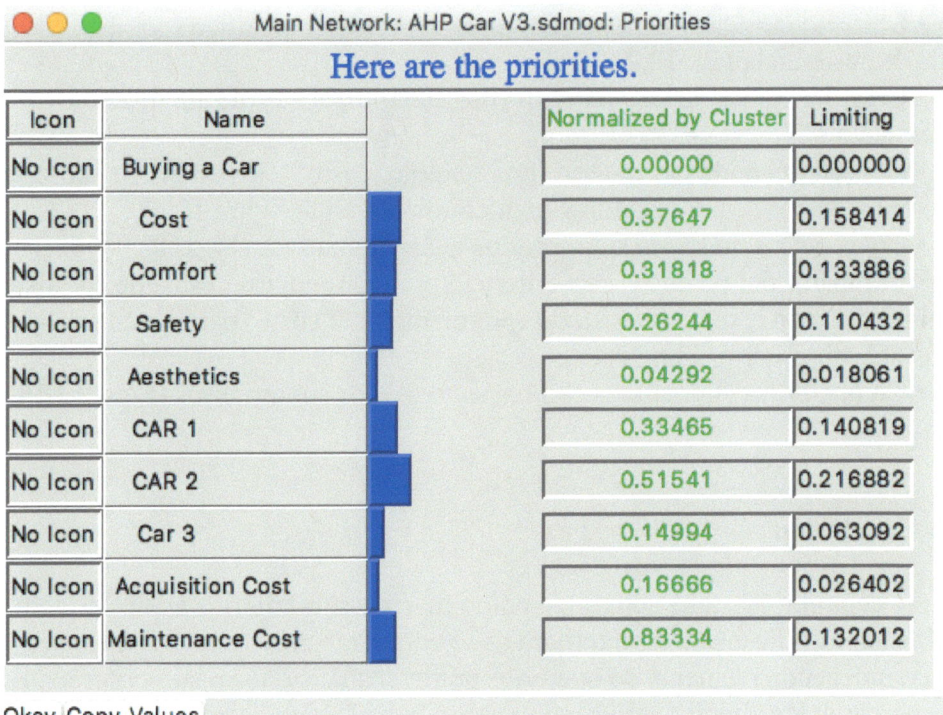

Fig. 12.18 Prioridades por criterios, sub-criterios y alternativas

Para enfocarnos solo en las prioridades obtenidas para las alternativas, seleccione Computations > Synthesis (Cálculos> Síntesis) para obtener los resultados que se muestran en la Fig. 12.19.

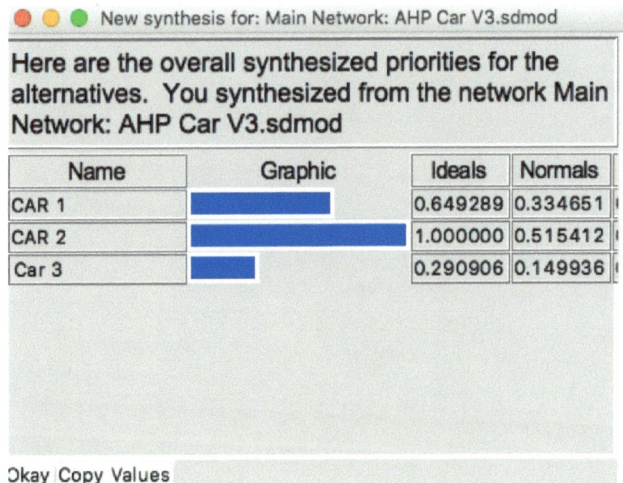

Fig. 12.19 Prioridades globales para el ejemplo de "Comprar un Auto"

En resumen, el procedimiento para insertar sub-criterios a un criterio específico (por ejemplo, Costo en la Fig. 12.1) consiste en[36]:

---

[36] Aquí estamos resumiendo solamente la inserción de sub-criterios, no el análisis de todo el modelo como hicimos en capitulo anterior.

• Crear un cluster de sub-criterios para el criterio específico (por ejemplo, sub-criterios de costo en la Fig. 12.2),

• Crear los nodos de sub-criterios (por ejemplo, costos de adquisición y mantenimiento en la Fig. 12.2),

• Conectar el nodo del criterio (por ejemplo, costo) a los nodos de sub-criterios (por ejemplo, costos de adquisición y mantenimiento en la figura 12.5),

• Conectar los nodos de sub-criterios a las alternativas (Figs. 12.9 y 12.10),

• Comparar por pares los sub-criterios (por ejemplo, los costos de adquisición y mantenimiento) con respecto al criterio (por ejemplo, el costo) para obtener los pesos relativos del sub-criterio (Fig. 12.12).

• Comparar las alternativas con respecto a estos sub-criterios (Figs. 12.13 y 12.14).

12.2 Conclusión

En este capítulo, usted ha aprendido cómo insertar sub-criterios en un Modelo de Super Decisions. Fíjese que las alternativas se comparan con los nodos inferiores de la jerarquía, independientemente de que estos nodos sean criterios o sub-criterios. En nuestro ejemplo, las alternativas se compararon con el costo de adquisición, el costo de mantenimiento, la comodidad, seguridad y estética donde los primeros dos nodos son sub-criterios. Con qué nodos se comparan las alternativas se determina por las conexiones verticales de arriba hacia abajo de los criterios/sub-criterios a las alternativas.

Referencias

Creative Decisions Foundation (2017). *Creative decisions foundation*. Recuperado de http://www.creativedecisions.net.

Capítulo 13: Uso de Modelos de Puntajes con Super Decisions v3

Enrique Mu[a],[*],[1] and Milagros Pereyra-Rojas[b],[2]

[a] Carlow University, Pittsburgh, PA, USA
[b] University of Pittsburgh, Pittsburgh, PA, USA
[1] Email: muex@carlow.edu.
[2] Email: milagros@pitt.edu.

Sinopsis

En este capítulo, aprenderemos cómo construir modelos de puntajes utilizando Super Decisions v.3. Esta versión del software es particularmente útil para los modelos de puntajes. Puede ser útil revisar la discusión teórica sobre los modelos de puntajes en el capítulo titulado "Cómo entender los modelos de puntajes." Aquí nos centraremos en los aspectos prácticos del uso de Super Decisions para los modelos de puntajes. Se recomienda a los lectores que lean el manual de Super Decisions provisto por el creador del software (Creative Decisions Foundation 2017).

13.1 Cómo Construir Modelos de Puntajes en Super Decisions

A fin de mantener la consistencia, usaremos el mismo ejemplo de *Comprar un Auto* con *Super Decisions*. El modelo correspondiente al objetivo y los criterios se muestran en la Fig. 13.1. Se presiona el botón 🔍 y se selecciona el nodo meta "Buying a Car" (Comprar un auto) para mostrar que está conectado a todos los criterios del modelo. Aún no hemos agregado las alternativas porque lo haremos como parte del modelo de puntuación.

Building Ratings Models using Super Decisions v3
https://youtu.be/JJXIuY9Zixc

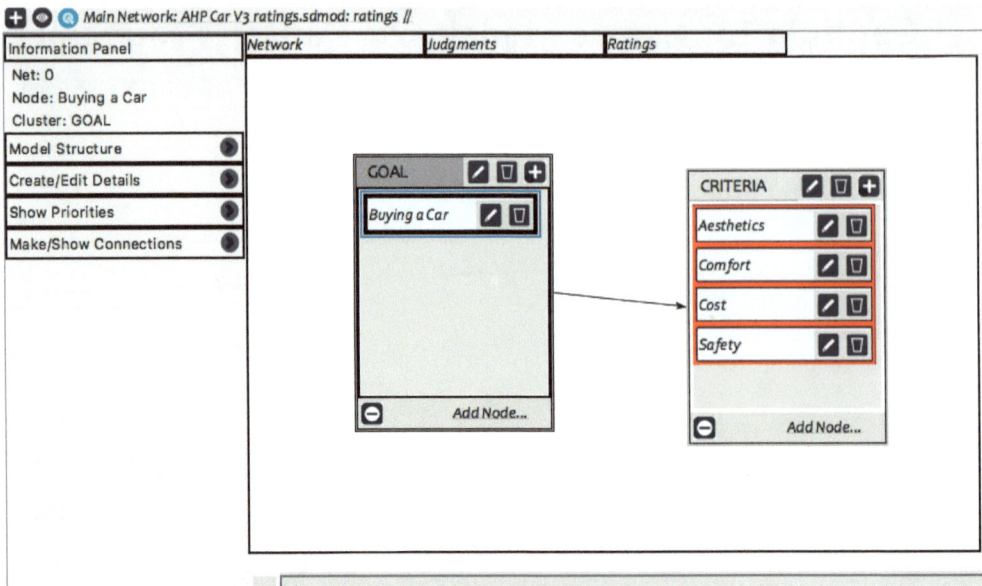

Fig. 13.1 Modelo de criterios para comprar un auto

Primero, priorizaremos los criterios (costo, comodidad, seguridad y estética). Esta etapa sigue el mismo procedimiento que antes.[37] Para este propósito, después de haber seleccionado el nodo meta "Buying a Car," haga clic en la opción "Judgments" (Juicios) en el menú horizontal como se indica en la Fig. 13.2 y obtendrá la pantalla de comparación.

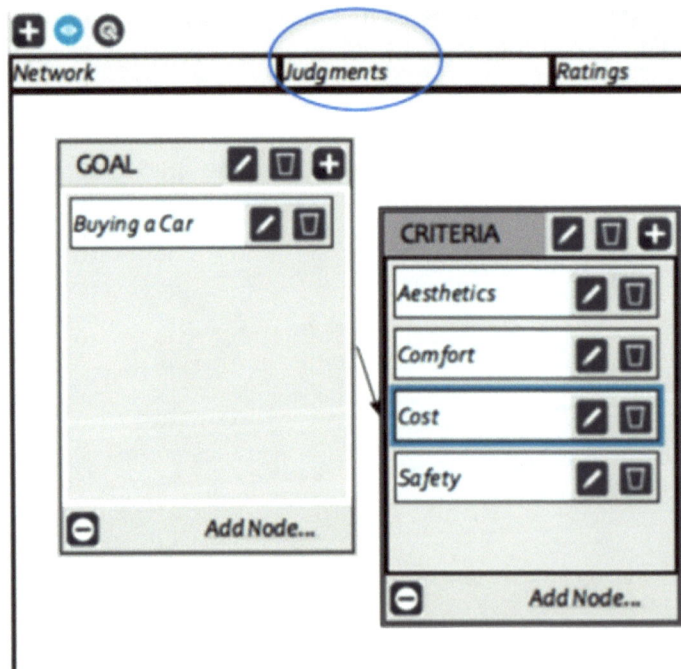

Fig. 13.2 Selección de la opción "Juicios" para comparar las alternativas

---

[37] Es decir, la priorización de criterios se realiza mediante comparación por pares tanto en el modelo relativo como en el modelo de puntuación.

Haga clic en el formulario de comparación apropiado que desea utilizar. Utilizaremos el formato de "questionnaire" (cuestionario) para ingresar los juicios en nuestro ejemplo, como se muestra en la Fig. 13.3. Además, Super Decisions muestra las prioridades calculadas (pesos) para cada uno de los criterios en nuestro ejemplo. Fíjese también que la inconsistencia es inferior a 0.10, lo cual es aceptable para continuar nuestro análisis.

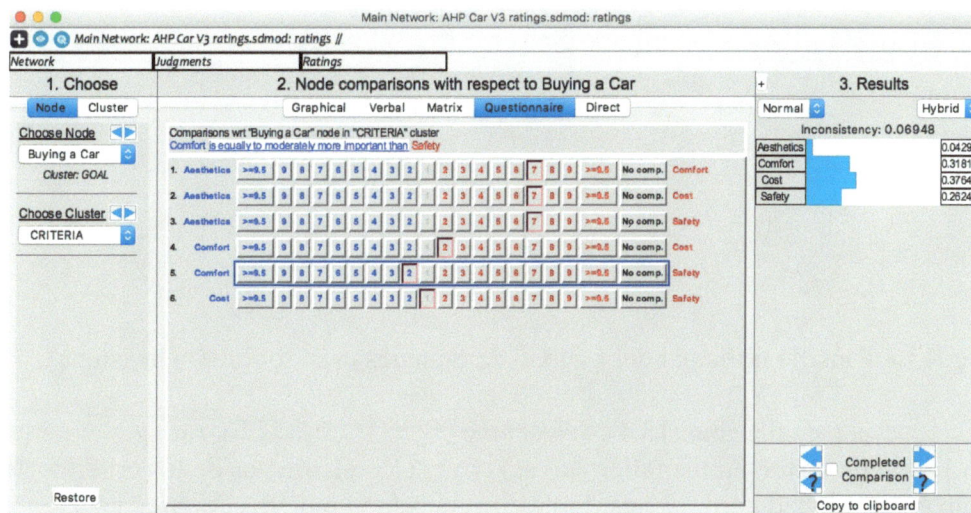

Fig. 13.3 Juicios de comparación de criterios

En los modelos de puntajes, la evaluación de las alternativas (auto 1, auto 2 y auto 3) no se realiza mediante comparación por pares, sino que se puntúan con respecto a cada criterio por separado.[38] Para este propósito, necesitamos crear una escala de puntuación (o calificación) para cada criterio. En otras palabras, este paso requiere la priorización de las alternativas de acuerdo a cada uno de los criterios utilizando su escala de puntuación respectiva (en breve, aprenderemos cómo crear escalas de puntuación). Es decir, basándonos únicamente en el criterio *costo*, debemos establecer la prioridad para cada alternativa utilizando la escala de puntuación del costo, luego, repetimos el proceso para el criterio de comodidad (utilizando la escala de puntuación de comodidad) y así sucesivamente hasta que las alternativas hayan sido puntuadas en relación a todos los criterios.

Primero, necesitamos crear un modelo de puntuación. Para crear un modelo de puntuación utilizando Super Decisions 3, seleccione la opción "Ratings" (Puntajes) y obtendrá la pantalla que se muestra en la Fig.13.4.

---

[38] Esta es la diferencia clave entre los modelos relativos y de puntuación. En los modelos relativos, la priorización de las alternativas se realiza mediante una comparación por pares, pero en los modelos de puntuación, la priorización de las alternativas se realiza mediante la puntuación de cada alternativa mediante una escala de puntuación (denominada categorías) para cada uno de los criterios.

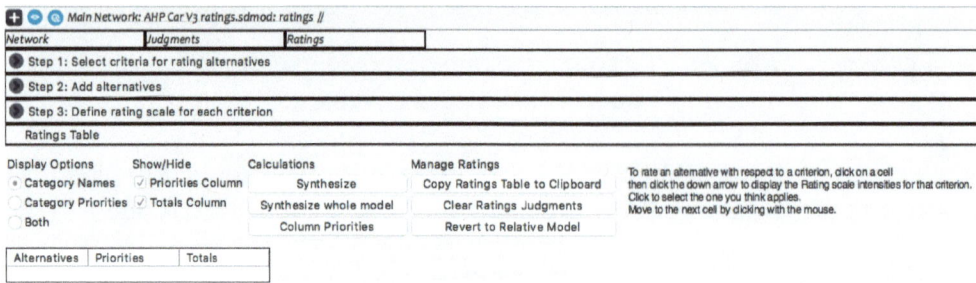

Fig. 13.4 Pantalla principal del método de puntajes usando Super Decisions

En esta pantalla (Fig. 13.4), seleccione "Step 1: criteria for rating alternatives" (Paso 1: criterios para puntuar alternativas) y verá los elementos de los criterios del modelo en el lado izquierdo. Haga doble clic en cada uno de los criterios para agregarlos a nuestro modelo de puntuación. Al finalizar este paso, tendrá la pantalla que se muestra en la Fig. 13.5 (solo mostramos una vista ampliada de la mitad superior de la pantalla).

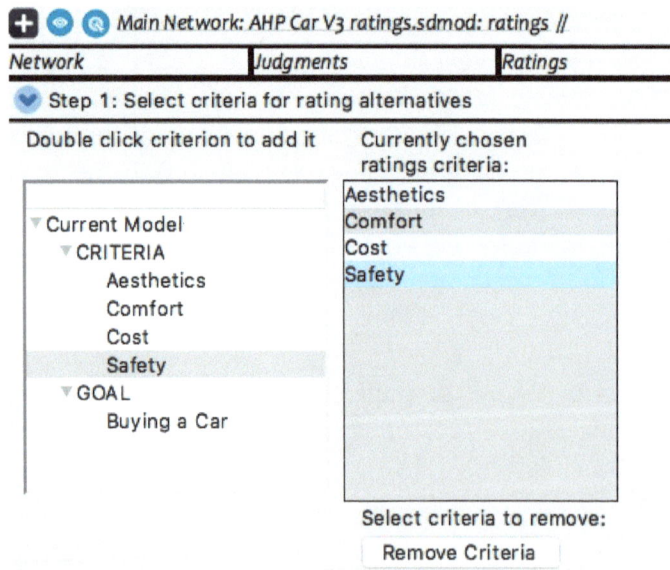

Fig. 13.5 Ventana de selección de criterios

La figura 13.6 muestra "Ratings Table" (la Tabla de Puntajes) en la mitad inferior de nuestra pantalla de modelo de puntajes. Tenga en cuenta que el software asigna automáticamente los pesos de los criterios (entre paréntesis, bajo el nombre del criterio) en función de la comparación de los criterios realizados anteriormente (Fig. 13.3).

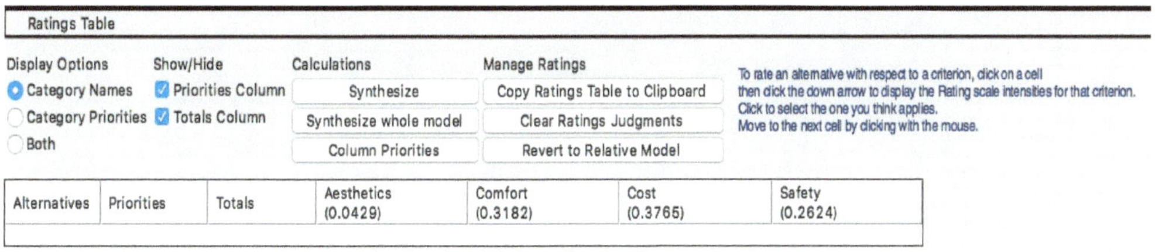

Fig. 13.6 Modelo de puntajes con alternativas

En el siguiente paso, necesitamos agregar las alternativas. Para ello, hacemos clic sobre la barra "Step 2: Add alternatives" (Paso 2: Agregar alternativas) y obtendremos un cuadro de diálogo para ingresar las alternativas. Ingrese la primera alternativa "Car 1" (Auto 1) en el cuadro "New alternative name" (Nuevo nombre de alternativa) y haga clic en "Create Alternative" (Crear Alternativa). Siga el mismo procedimiento para las otras dos alternativas (Car 2 y Car 3) y al finalizar, aparecerá la pantalla que se muestra en la Fig. 13.7. La mitad superior de esta pantalla muestra las "Current Alternatives" (Alternativas Actuales), mientras que "Ratings Table" (la Tabla de Puntajes) muestra Car 1, Car 2 y Car 3 como alternativas en la tabla (la columna de la izquierda en la mitad inferior de la captura de pantalla).

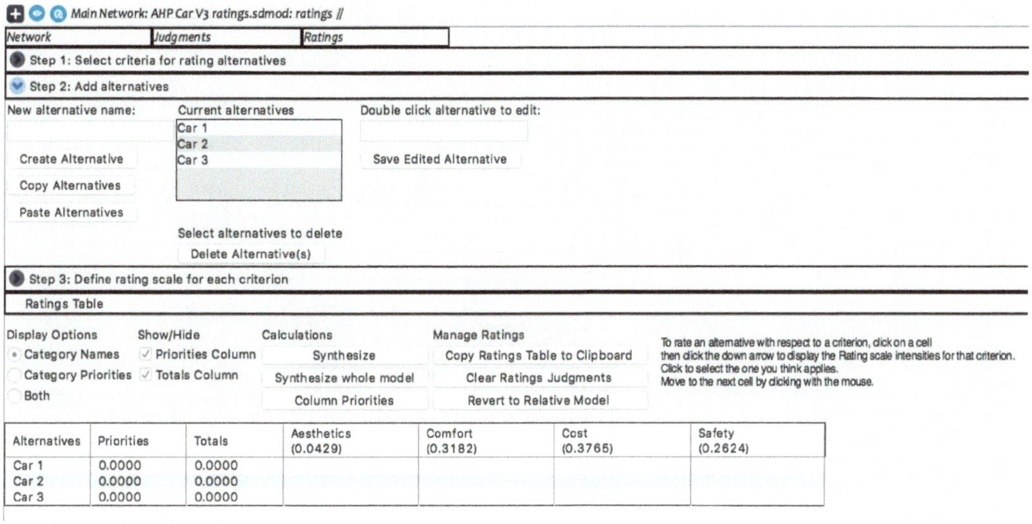

Fig. 13.7 Modelo de puntajes con alternativas

Ahora debemos crear una escala de puntuación para cada criterio (costo, comodidad, seguridad y estética) para evaluar las alternativas. Con este fin, haga clic en "Step 3: Define rating scale for each criterion" (Paso 3: Defina la escala de puntuación para cada criterio) y seleccione el primer criterio "Aesthetics" (el software resaltará en celeste el criterio seleccionado) para el cual crearemos una escala de puntuación como se muestra en la Fig. 13.8.[39]

---

[39] Como se ha indicado anteriormente, las escalas de puntuación desarrolladas para cada criterio se llaman "categories" (categorías) en el software de Super Decisions.

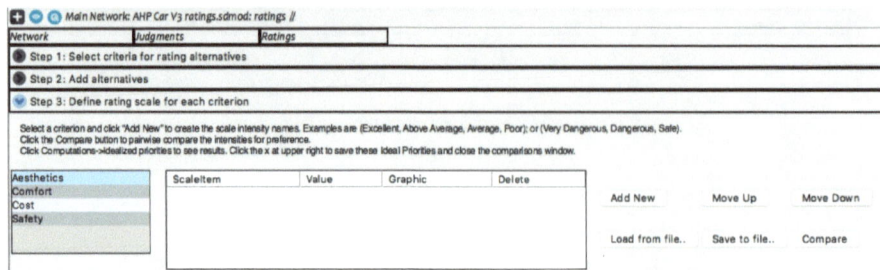

Fig. 13.8 Selección de criterio para crear una escala de puntuación

A continuación, usaremos el botón "*Add New*" (Agregar nuevo) para ingresar cada uno de los nombres de intensidad: Excellent, Above Average, Average, Below Average and Poor (Excelente, Superior al promedio, Promedio, Inferior al promedio y Pobre) como se muestra en la Fig. 13.9 (solo se muestra la mitad superior de la pantalla del software). Podríamos haber utilizado diferentes nombres de intensidad si quisiéramos y su posición puede modificarse seleccionando un nombre y usando los botones "Move Up" (Mover hacia Arriba) o "Move Down" (Mover hacia Abajo) para cambiar su posición en la escala.

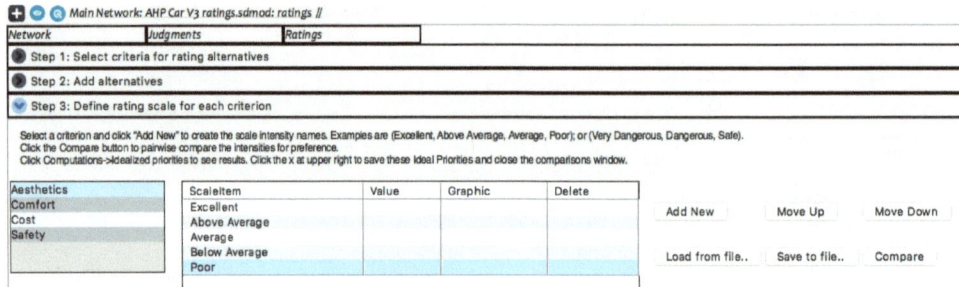

Fig. 13.9 Creación de escala de puntajes

Ahora debemos atribuirle un puntaje a cada categoría. Para este fin, presione el botón *Compare* (Comparar) en el extremo derecho de la pantalla "Step 3" (que se muestra en la Fig. 13.9) y el software le llevará, de forma predeterminada, a comparar los elementos de la escala de puntajes en forma pareada usando el modo de cuestionario como se muestra en la Fig. 13.10.

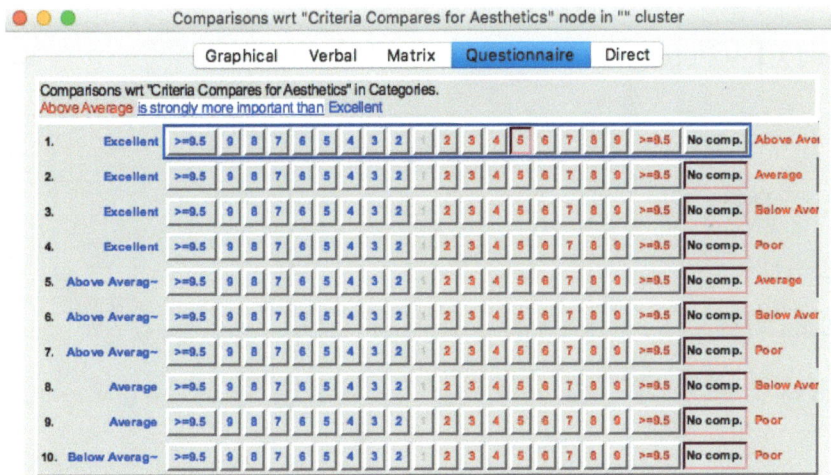

Fig. 13.10 Interfaz de comparación para elementos de la escala—modo cuestionario

Podemos realizar una comparación por pares para obtener las prioridades de cada elemento de la escala. Otra posibilidad, que es la que se utilizará en este ejemplo, es ingresar directamente los pesos para cada categoría. Para ello, es necesario seleccionar la pestaña *Direct* (Directo) en la pantalla que se muestra en la Fig. 13.10, y aparecerá la pantalla que se muestra en la figura 13.11.

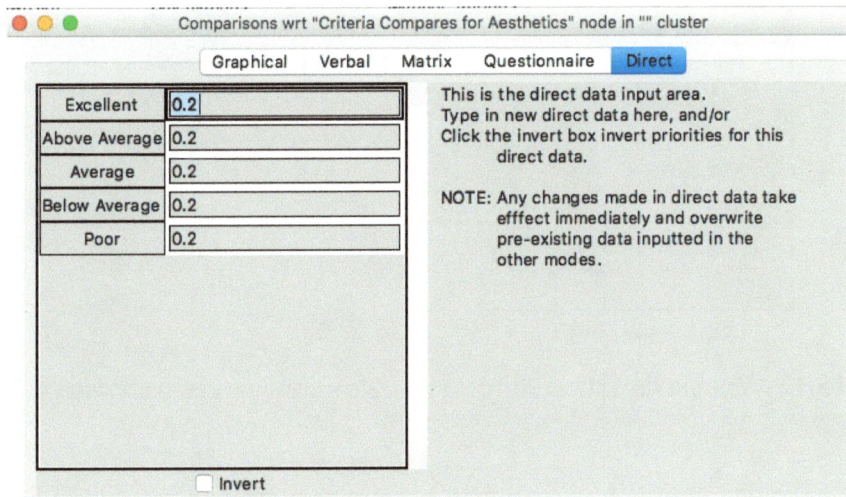

Fig. 13.11 Ventana de entrada directa de datos para ingresar pesos para cada elemento de la escala

Si desea usar una escala de Likert de 1 a 5, lo puede hacer ingresando los valores que se muestran en la columna "Normal" en la Tabla 13.1.

Tabla 13.1 Valores para la escala de nuestro ejemplo

Categoría	Escala	Normal[a]	Ideal[b]
Excelente	5	0.33	1.0
Superior al promedio	4	0.27	0.8
Promedio	3	0.20	0.6
Inferior al promedio	2	0.13	0.4
Pobre	1	0.07	0.2

[a]Se calcula dividiendo cada valor de la escala entre el total de la escala (por ejemplo, 5/15 = 0.33, 5/15 = 0.27)

[a]Se calcula dividiendo cada valor de la escala entre el valor más alto (por ejemplo, 5/5 = 1, 4/5 = 0.8, 3/5 = 0.6)

En la figura 13.12, los pesos se calculan normalizando la escala.

Los valores normalizados de esta tabla se ingresan en la ventana de comparación directa como se muestra en la Fig. 13.12.[40]

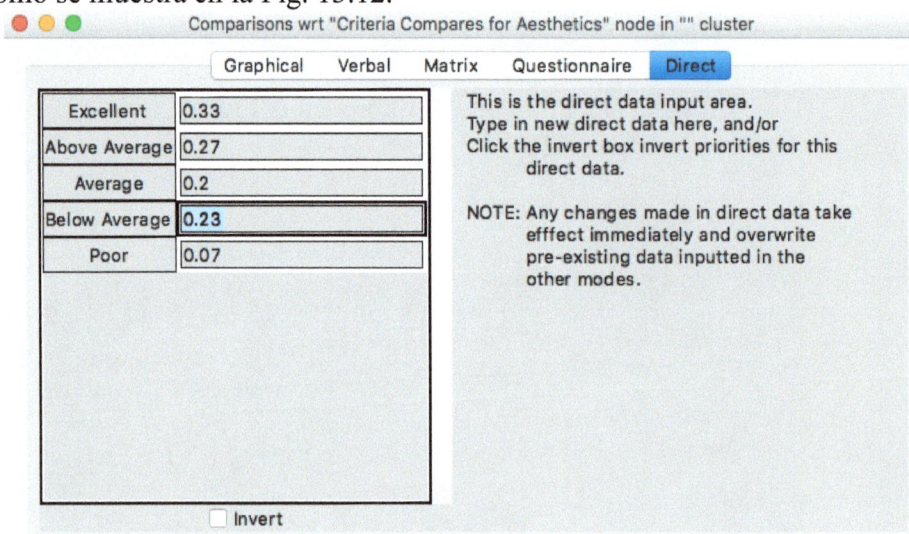

Fig. 13.12 Ventana de entrada directa de datos con valores para cada elemento de la escala

Luego de ingresar estos pesos en la ventana que se muestra en la Fig. 13.12, habremos concluido con la ponderación de los elementos de la escala para el primer criterio (Estética). Cierre esta ventana de comparación y volveremos a la pantalla que se muestra en la Figura 13.13, donde podemos ver los valores de puntuación, debajo de la columna "Value" (Valor), que se calculan automáticamente para cada elemento de la escala, según los pesos ingresados en la Fig. 13.12. Estos valores de puntuación corresponden a la columna ideal de la Tabla 13.1. Estos valores constituyen los valores de puntuación que se utilizarán al calificar las alternativas. Después de verificar que todo

---

[40] Después de ingresar el último valor, siempre es buena práctica hacer clic en el valor de una celda diferente para garantizar que el sistema haya actualizado su último valor ingresado.

esté correcto con respecto a los elementos y valores de la escala, estamos listos para crear escalas de puntuación para los demás criterios.

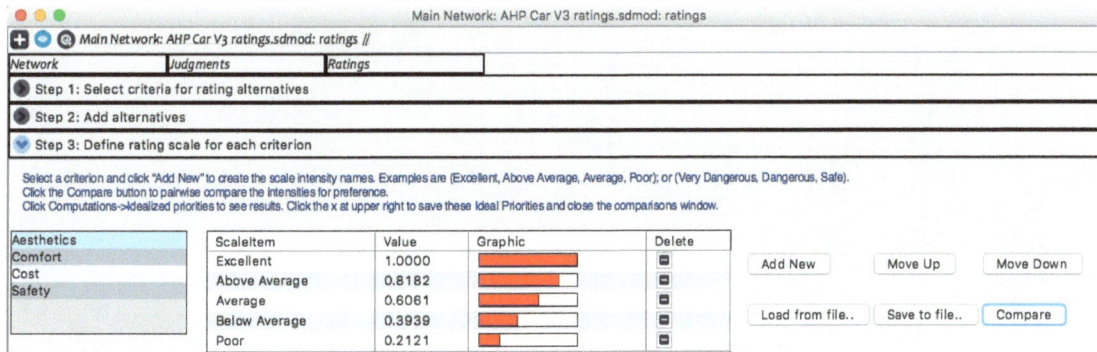

Fig. 13.13 Valores de la escala de puntuación para el criterio "Estética"

Siguiendo el mismo procedimiento, podemos crear las categorías y escalas para cada criterio. Sin embargo, cuando hay muchos criterios, puede ser más conveniente usar la misma escala para todas las categorías.

Para reutilizar la misma escala de categorías que hemos creado para "Estética" para todos los criterios, debe crear una plantilla que pueda reutilizarse más adelante. Para crear una plantilla, asegúrese de seleccionar el criterio cuya escala de puntuación quiera usar como plantilla. En nuestro caso, el criterio a usar es "Aesthetics" y debemos verificar que esté seleccionado (sabemos que un criterio está seleccionado porque aparece resaltado en celeste como se muestra para el caso de "Aesthetics" en la Fig. 13.13). Luego, haga clic en el botón "Save to File" (guardar a archivo) para darle un nombre al archivo que va a guardar. Cambie el nombre de "untitled.rcp" a "Likert.rcp" y guárdelo (asegúrese de guardarlo en el folder en el que está trabajando).

Ahora, podemos reutilizar esta plantilla para los otros criterios. Para este fin, vamos a seleccionar el siguiente criterio "Comfort" (Comodidad) para el que aún no tenemos una escala de puntuación. En lugar de crear una escala de puntuación utilizaremos nuestra plantilla. Para este propósito, haga clic en "Load from file" (Cargar desde archivo) y cargue su archivo "Likert.rcp" previamente guardado. Si el proceso se realiza correctamente, verá la misma pantalla que se muestra en la Fig. 13.13, excepto que el criterio seleccionado es "Comfort." Continúe cargando la plantilla de la escala de puntuación para los otros criterios hasta que los cuatro criterios tengan su escala de puntuación correspondiente.

Luego, debemos evaluar las alternativas (auto 1, auto 2, auto 3) para cada criterio (costo, comodidad, estética y seguridad) utilizando las escalas de puntuación creadas. Por ejemplo, para evaluar el Auto 1 con respecto al criterio Estética, vaya a la tabla de puntajes y coloque el cursor en la celda correspondiente (intersección de la fila *Car* 1 y Columna *Aesthetics*), utilizando la flecha derecha en la celda, obtendrá el menú desplegable con las cinco categorías (excelente, superior al promedio, promedio, etc.) como se muestra en la Fig. 13.14.

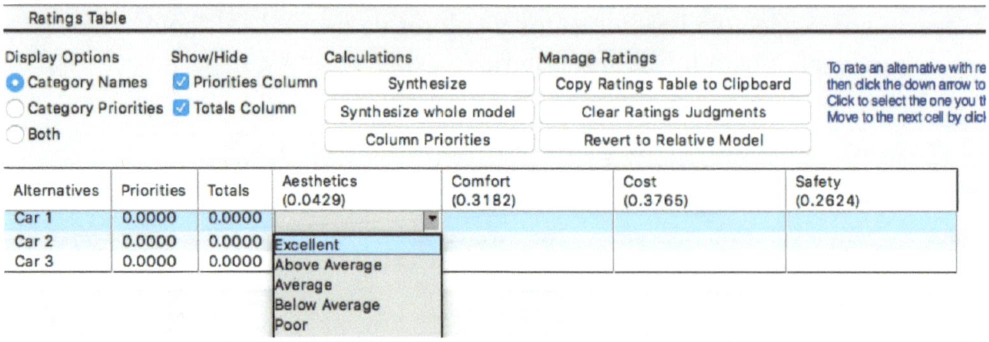

Fig. 13.14 Selección de un valor de puntuación para evaluar el criterio "Estética"

Seleccione y haga clic en la puntuación deseada, en nuestro ejemplo será *Average* (Promedio) y esta puntuación aparecerá ahora en la celda correspondiente. Repita este procedimiento hasta que todas las alternativas hayan sido evaluadas con respecto a cada criterio como se muestra en la Fig. 13.15.

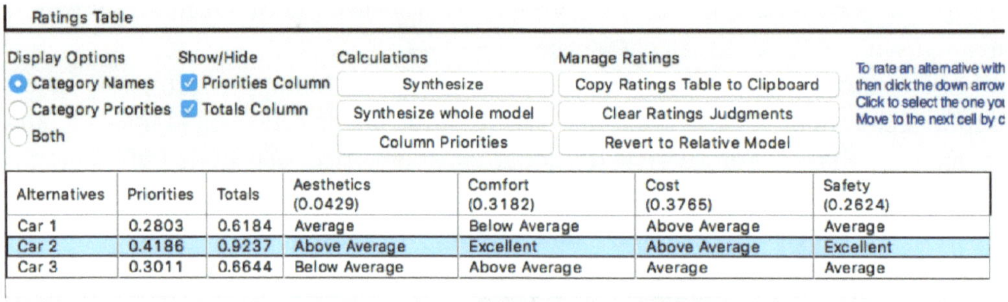

Fig. 13.15 Evaluación de las alternativas usando el modelo de puntajes

Para ver los puntajes calculados y las prioridades normalizadas, asegúrese de que las opciones "Priorities Column" (Columna de Prioridades) y "Totals Column" (Columna de Totales) estén marcadas en la Tabla de Puntajes como se muestra en la Fig. 13.15. En la figura 13.15, la columna Totals (Totales) corresponde a la suma de puntuación ponderada de cada alternativa. Recuerde que cada puntuación verbal (por ejemplo, Excelente, Superior al promedio) en la Fig. 13.15 corresponde a un valor numérico específico (por ejemplo, 1, 0.8), también llamado "Prioridad de Categoría". Puede ver estos valores en la tabla seleccionando "Category Priorities" (Prioridades de Categoría). Una alternativa que sea Excelente con respecto a cada criterio en el modelo obtendría la puntuación total máxima de 1. Al normalizar la columna de Totales (dividiendo cada valor por la suma total de los valores de la columna) obtenemos la columna de Prioridades que muestra la importancia relativa de cada alternativa. También puede ver estos resultados de la manera tradicional, como barras de prioridad, seleccionando *Computations>Synthesize* (Cálculos> Sintetizar) en la parte superior de la barra del menú de Super Decisions como se muestra en la Fig. 13.16.

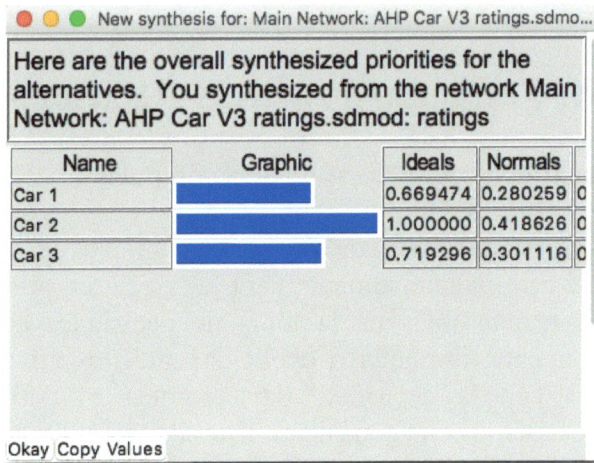

Fig. 13.16 Resultados del modelo de puntajes en forma de prioridades

13.2 Conclusión

La Figura 13.15 muestra cómo usar Super Decisions para los Modelos de Puntuación. Incluso alguien que no haya participado en la construcción del modelo de decisión puede usarlo fácilmente para evaluar alternativas. Además, es bastante simple agregar y eliminar alternativas, y ésta, claramente, es una de las razones principales para usar los modelos de puntuación de AHP.

Referencias

Creative Decisions Foundation. (2017). *Creative Decisions Foundation*. Recuperado de
http://www.creativedecisions.net.
Super Decisions. (2017). *Super Decisions*. Recuperado de
http://sdbeta.superdecisions.com.

Apéndice A: Preguntas Prácticas Relacionadas al Modelo

1. ¿Cuál es el mejor tipo de problemas de decisión para AHP?

Si bien el AHP se puede usar para una gran cantidad de problemas de toma de decisiones, el AHP se usa tradicionalmente para la selección, priorización y pronóstico. AHP asume que los responsables de la toma de decisiones conocen o propondrán, individual o colectivamente, implícita o explícitamente, los criterios u objetivos y las alternativas asociadas con la decisión. AHP también es particularmente útil para situaciones en las que tenemos que considerar criterios tangibles e intangibles en la toma de decisión.

2. ¿Cuántas jerarquías se necesitan para realizar el análisis de AHP?

Cuando se trabaja con un solo tipo de parte interesada, una jerarquía puede ser suficiente (o 4 si realiza un análisis BOCR); sin embargo, cuando se trabaja con diferentes tipos de partes interesadas, se puede necesitar una jerarquía para cada perspectiva. En cualquier caso, no hay reglas sobre el número de jerarquías para analizar un problema.

3. ¿Cuántos criterios se necesitan para la jerarquía de AHP?

La intensidad de la escala de Saaty, así como el AHP en su totalidad, se basa en los hallazgos de la ciencia cognitiva que sugieren que la capacidad de memoria de trabajo de una persona es del orden de 7 ± 2; Es decir, entre 5 y 9 elementos. Esto sugiere que de 5 a 9 criterios debería ser lo ideal. Si tiene más, puede considerar agrupar algunos de ellos bajo un criterio general y crear subcriterios para ellos (por ejemplo, el costo puede agrupar subcriterios como el costo de adquisición y el costo de mantenimiento). Un paso importante en el proceso, que generalmente no se aborda adecuadamente, es la importancia de modelar el problema con una jerarquía correcta. Si los criterios están incompletos o no están claramente definidos y son diferentes entre sí, el modelo no será adecuado para la decisión en cuestión y cualquier decisión obtenida de esta manera será insatisfactoria.

4. ¿Cuántos niveles debería tener una jerarquía de AHP?

El mismo razonamiento de la pregunta anterior se puede aplicar aquí. Si bien no hay un límite para el número de niveles en una jerarquía, probablemente sea deseable mantenerlo dentro del límite de 7 ± 2, de ser posible. Una forma de hacerlo es descomponer el problema en un conjunto de jerarquías en lugar de utilizar una jerarquía gigantesca.

5. ¿El AHP elimina los problemas de sesgo cognitivo?

Si bien los sesgos cognitivos pueden afectar los juicios que hacemos, la comparación de elementos en el modelo, la visibilidad y la transparencia del proceso de toma de decisiones nos permiten detectar sesgos potenciales mucho más fácilmente, en particular, durante el análisis de sensibilidad.

6. En pocas palabras, ¿cuáles son las ventajas de usar AHP?

En términos de ventajas, las más importantes son: (a) la capacidad de estructurar un problema de manera que sea fácilmente manejable; (b) hacer que los criterios de decisión sean explícitos y que el proceso total de toma de decisiones sea transparente; (c) derivar prioridades a través de un proceso matemático riguroso usando escalas de razón; (d) permitir la medición y comparación de elementos tangibles e intangibles y (e) permitir compartir fácilmente el proceso de toma de decisiones para propósitos de retroalimentación y aceptación.

7. ¿Cuáles son las limitaciones potenciales en el uso de AHP?

Basándonos en nuestra experiencia en el uso de AHP, se han encontrado las siguientes limitaciones: (a) el proceso de comparación puede ser largo si la decisión es compleja (b) el juicio de comparación puede ser poco confiable si los participantes no están completamente involucrados en el proceso (c) la transparencia en la toma de decisiones puede ser contraproducente para los gerentes que estén interesados en manipular los resultados (d) la toma de decisiones en grupo puede dificultar el manejo de los problemas de consistencia.

Apéndice B: Teoría Básica de AHP

Con el propósito de brindarle un presentacion completa, le ofrecemos aquí, los conceptos básicos de la teoría de AHP.[41] Si bien los fundamentos teóricos fueron presentados por Saaty (2012), Brunnelli (2015) e Ishizaka y Nemery (2013) también han logrado hacer presentaciones muy accesible de los fundamentos teóricos de AHP. La metodología de AHP requiere los siguientes pasos: primero, desarrollo de la jerarquía (meta, criterios y alternativas). Segundo, evaluar los pesos relativos de los criterios. Tercero, evaluar la prioridad relativa de las alternativas con respecto a los criterios y, finalmente, calcular las prioridades globales. Estos pasos se explicarán con un modelo simple (Fig. B.1).

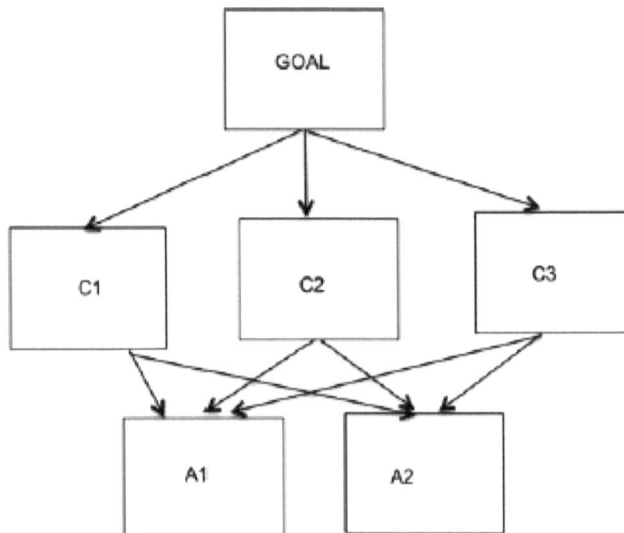

Fig. B.1 Ejemplo de Modelo Básico de AHP

Desarrollo de la Jerarquía

En una jerarquía básica de AHP, podemos considerar tres niveles (como se muestra en la Fig. B.1): la meta (*Goal*), los criterios[42] y las alternativas.

Evaluación de criterios de importancia relativa

En el ejemplo de AHP que se muestra en la Fig. B.1, los criterios C_1–C_3 se utilizan para evaluar las alternativas. Sin embargo, no todos los criterios tienen la misma importancia para los responsables de la toma de decisiones. Podría darse el caso que para una institución C_3 tenga mayor importancia que C_2. En AHP, los criterios deben compararse por pares con respecto a la meta para establecer su importancia relativa

---

[41] Este apéndice es opcional y se requieren algunos conocimientos básicos de álgebra lineal y notación vectorial.

[42] En jerarquías más complejas, los criterios pueden tener sub-criterios y también es posible que las alternativas tengan sub-alternativas.

utilizando una escala de intensidad desarrollada para este propósito como se muestra en la Fig. B.2.

Intensidad Relativa	Importancia	Explicación
1	Igual	Ambos criterios son igualmente importantes
3	Moderada	Un criterio es moderadamente más importante que el otro
5	Fuerte	Un criterio es fuertemente más importante que el otro
7	Muy fuerte	Un criterio es muy fuertemente más importante que el otro
9	Extrema	Un criterio es extremadamente más importante que el otro
2,4,6,8	Valores Intermedios	Se necesita alcanzar un compromiso

Fig. B.2 Escala de intensidad para la comparación de criterios por pares

Usando la escala de la figura B.2, haremos preguntas como: Con respecto al propósito de esta decisión, ¿cuál es el criterio más importante "C_3" o "C_2"? Si consideramos que C_3 es moderadamente más importante que C_2, estamos estableciendo matemáticamente $C_3/C_2 = 3$ (usando la escala de la Fig. B.3). Tenga en cuenta que este juicio implica automáticamente que la comparación de C_2 con $C_3 = 3$ producirá la razón $C_2/C_3 = 1/3$. Esto constituye la regla de reciprocidad que se puede expresar matemáticamente como $C_{ij} = 1/C_{ji}$ donde i y j son cualquier elemento (i corresponde a la fila y j se refiere a la columna) en la matriz de comparación.

	C1	C2	C3	Weights
C1	1	1/5	1	0.481
C2	5	1	1/3	0.114
C3	1	3	1	0.405

Fig. B.3 Matriz de comparación por pares

Estos juicios se registran en una matriz de comparación como se muestra en la Fig. B.3. Observe que la diagonal del juicio siempre será igual y es 1 en la matriz de comparación, dado que la importancia de un criterio comparado consigo mismo (Cij / Cij) siempre será igual y por lo tanto tiene una intensidad de 1 en la matriz de comparación. Además, solo se necesitan las comparaciones que completan la parte superior de la matriz (área sombreada). Los juicios en la parte inferior de la matriz de comparación son los recíprocos de los valores en la parte superior, como se muestra en la Fig. B.3.

Otra consideración importante al completar la matriz de comparación es en qué medida respeta la regla de transitividad. Si la importancia de $C_1/C_2 = 1/5$, y la importancia de $C_2/C_3 = 1/3$, entonces se espera que $C_1/C_3 = (1/5) \times (1/3) = 1/15$. En otras palabras, $C_{ij} = C_{ik} \times C_{kj}$ donde C_{ij} es la comparación de los criterios i y j. Sin embargo, este no es el caso en la Fig. B.3 donde $C_1/C_3 = 1$ como lo indica la persona que toma la decisión. Esto significa que hay una cierta inconsistencia en esta matriz de juicio, como se explicará a continuación.

Comprobación de la Consistencia de los Juicios

Se dice de cualquier matriz de comparación que cumpla con las reglas de reciprocidad y transitividad que es consistente. La regla de reciprocidad es relativamente fácil de respetar, cada vez que obtenga el juicio C_{ij} (como regla general) registre el juicio C_{ji} como el valor recíproco en la comparación. Por otra parte, es mucho más difícil cumplir con la regla de transitividad debido al uso de las comparaciones verbales en inglés de la Fig. B.2, como "strongly more important than," "very strongly more important than," "extremely more important than," etc. (fuertemente más importante que, muy fuertemente más importante que, extremadamente más importante que, etcetera).

La derivación del peso de los criterios en AHP solo tiene sentido si la matriz de comparación es consistente o casi consistente, y para evaluar esto, Saaty (2012) ha propuesto el siguiente índice de consistencia (CI, *consistency index*):

$$CI = (\lambda_{max} - N)/(N-1)$$

donde λ_{max} es el valor propio máximo de la matriz. Esto se utiliza para calcular la razón de consistencia definida como:

$$CR = CI/RI$$

donde RI es el índice aleatorio (el promedio CI de 500 matrices llenadas al azar que está disponible en las tablas publicadas). Una razón de consistencia (CR) menor de 10% significa que la inconsistencia es menor que el 10% de 500 matrices aleatorias. Los valores de CR de 0.1 o inferiores constituyen una consistencia aceptable.

$$C.R. = 0.028$$

Para la matriz de comparación utilizada en nuestro análisis del ejemplo, CR puede calcularse como 0.028, lo que constituye una consistencia aceptable y significa que podemos proceder a calcular las prioridades (pesos) para nuestra matriz de comparación de criterios que se muestra en la Fig. B.3.[43]

Derivación de los Pesos de los Criterios

El vector de prioridades o pesos (*Weights* in Fig. B.3) **p** para la matriz de criterios, dado que es consistente, se calcula resolviendo la ecuación (Ishizaka y Nemery 2013):

$$\mathbf{Cp} = n\mathbf{p}$$

donde n es la dimensión de la matriz de C, la matriz de criterios, y **p** = (p_1, p_2, ... p_n).

Saaty (2012) demostró que para una matriz consistente, el vector de prioridad se obtiene al resolver la ecuación anterior. Sin embargo, para una matriz inconsistente, esta ecuación ya no es válida. Por lo tanto, la dimensión n es reemplazada por la λ desconocida. El cálculo de λ y p se constituye resolviendo el problema del valor propio $\mathbf{Cp} = \boldsymbol{\lambda p}$. Cualquier valor λ que satisfaga esta ecuación se denomina valor propio y **p** es su vector propio asociado. De acuerdo con la teoría de Perron, una matriz positiva tiene un valor propio positivo único llamado el valor propio máximo λ_{max}. Para matrices perfectamente consistentes, λ_{max} = n; de lo contrario, la diferencia λ_{max} - n es una medida

---

[43] Dada la amplia disponibilidad de software comercial (por ejemplo, Decision Lens, Expert Choice) y de libre disponibilidad (por ejemplo, SuperDecisions, MakeItRational), no mostramos los cálculos aquí, sino que simplemente informamos sobre la consistencia reportada por el paquete de software.

de la inconsistencia. Los paquetes de software[44] calculan el vector propio[45] asociado al valor propio máximo elevando la matriz de comparación a potencias sucesivas hasta que se alcanza la matriz límite, donde todas las columnas son iguales. Cualquier columna constituye el vector propio deseado. Las prioridades calculadas, utilizando este método de valor propio, para nuestra matriz de comparación de criterios tentativos se muestran en la columna de la derecha (bajo el encabezado Pesos) en la Fig. B.3.

Referencias

Brunnelli, M. (2015). Introduction to the analytic hierarchy process. Springer.

Ishizaka, A., & Nemery, P. (2013). *Multi-criteria decision analysis: Methods and software*. West Sussex, UK: John Wiley and Sons.

Saaty, T. L. (2012). *Decision making for leaders: The analytic hierarchy process for decisions in a complex world* (Tercera Edición Revisada) Pittsburgh: RWS Publications.

---

[44] En nuestras aplicaciones, el software abierto SuperDecisions se usó para realizar los cálculos de la matriz de comparación para obtener el vector propio (criterios y pesos de los subcriterios), así como para garantizar que el valor de C.R. fuera menor o igual a 0.1 (SuperDecisions 2014).

[45] Naturalmente, cabe la pregunta de si el valor propio sigue siendo válido para matrices inconsistentes. Saaty (2012) justificó esto utilizando la teoría de la perturbación que dice que las variaciones leves en una matriz consistente implican solo variaciones leves del vector propio y el valor propio (Ishizaka y Nemery 2013).

FIN

www.ingramcontent.com/pod-product-compliance
Lightning Source LLC
Chambersburg PA
CBHW041453210326
41599CB00005B/238